# LA RÉVÉLATION D'ARÈS

La présente édition comporte
**le texte intégral de La Révélation d'Arès**
telle qu'entendue et transcrite en 1974 et 1977 par le témoin,
Michel Potay, dit Frère Michel,
qui a rédigé pour cette édition pratique
des annotations nouvelles, courtes et de style moderne.

---

*D'autres documents de la main du témoin de l'événement surnaturel d'Arès,
peuvent être consultés :*

**La Révélation d'Arès (dite Intégrale), éditions 1984, 1987 et 1989.**

**La Révélation d'Arès (dite bilingue : français-anglais) 1995.**
Cette édition très complète comporte intégralement :
Les Liminaires des éditions 1974, 1981 et 1982
La Préface de 1983 (première édition Intégrale)
Les Introductions Générales des éditions 1984, 1989 et 1995
Les Récits, Notes et Réflexions concernant les théophanies (1977)
Le Manifeste "Nous Croyons, Nous Ne Croyons Pas" (1992)
Les annotations complètes et développées du témoin (1995)

**Les publications périodiques :**
"Le Pèlerin d'Arès" Trimestriel de 1978 à 1988
"Le Pèlerin d'Arès, Et ce que tu auras écrit", livres périodiques de 1989 à 1996

**Les sites sur l'Internet :**
Le site d'informations générales : http://michelpotay.info
Le blog bilingue de Michel Potay : http://michelpotayblog.net

---

*On trouvera également des informations :*

**Concernant l'édition, la librairie, les bibliothèques, etc.,**
ADIRA (Association pour la Diffusion Internationale de La Révélation d'Arès)
30, rue du Rhône, CH-1204 Genève (Suisse)
http://www.adira.net

**Concernant le mouvement des Pèlerins d'Arès,
le témoin de La Révélation d'Arès, le Pèlerinage et autres sujets spirituels, etc.,**
Frère Michel Potay
BP 16, 33740 Arès (France)
http://michelpotay.info

# LA RÉVÉLATION D'ARÈS

Présentation et annotations
nouvelles par le témoin
Michel Potay

Première révision
Juin 2009

ADIRA
Genève, Suisse

Cet ouvrage contient
# La Révélation d'Arès
Textes révisés,
annotations entièrement nouvelles.

Tous droits réservés. Aucune partie de cet ouvrage ne peut être copiée ou reproduite sous aucune forme ni par aucun procédé que ce soit, mécanique, photographique, électronique, y compris la photocopie, l'ordinateur, le scanner, l'enregistrement sonore, etc., sans autorisation préalable expresse de Michel Potay et de l'éditeur ADIRA (Association pour la Diffusion Internationale de La Révélation d'Arès).

Principales éditions antérieures :
L'Évangile Donné à Arès 1974
Le Livre paru par fragments dans le périodique "Le Pèlerin d'Arès" de 1978 à 1980
La Révélation d'Arès Intégrale 1984, 1987, 1989 (nombreuses réimpressions)
La Révélation d'Arès, édition bilingue franco-anglaise (avec annotations entièrement réécrites et appendices) 1995
La Révélation d'Arès, édition bilingue franco-allemande (avec annotations et appendices complets) 2007

© Michel Potay, 2009

Copyright Washington, Library of Congress
First 1988 — Second 1995 — German Edition (bilingual) 2007
For this edition 2009

ISBN 978-2-9700584-1-0

à mes sœurs et frères de foi,
les *pénitents* et *moissonneurs*
qui, par milliers, ont battu le pavé
comme les apôtres d'autrefois
pour annoncer le retour du Père
et relancer l'espérance d'un monde *d'amour,*
de *pardon,* de *paix,* un monde *libre*
de tous préjugés et de toutes peurs
et qui retrouvera *l'intelligence* du cœur,

à Christiane, mon épouse
mon premier auditoire
des Messages que je reçus de Jésus et du Père,
mon épouse dont la confiance,
la lucidité, la droiture et le dévouement
n'ont cessé de faire mon admiration,

à Nina, Anne et Sara, nos trois filles,
dont l'amour et l'espérance
n'ont eu d'égaux que ceux de leur maman
et à ceux et celles qu'elles engendreront
par l'amour ou par le sang.

CONTENU

―――――

Présentation du Logo des Pèlerins d'Arès    11

Introduction    13

L'ÉVANGILE DONNÉ À ARÈS (1974)    23

LE LIVRE (1977)    101

Ce livre est venu du Créateur.
Il est la base de foi de milliers, demain de millions
d'hommes de *bien,*
notamment ceux que le Père appelle *petit reste,*
que le monde appela d'abord d'un quolibet : Pèlerins d'Arès,
par quoi ils se désignent eux-mêmes aujourd'hui.
Gens simples, ils ont pour logo
le simple parallélogramme :

Un côté en haut : les *Hauteurs* qu'il faut atteindre,
un côté en bas : la terre, le *péché* qu'il faut vaincre,
deux côtés penchant vers le *Bien.*
L'image du *pénitent* et du *moissonneur,*
que le Créateur appelle
à redevenir son *image et ressemblance,*
l'homme recréateur de sa propre humanité
par le courage et la volonté d'être
*libre* de tous préjugés contre son prochain,
*libre* de toutes les *dominations*
et de pratiquer *l'amour,* le *pardon,*
la *paix* et *l'intelligence* du cœur sans restriction.

*La Vérité, c'est que le monde doit changer.*
Quand chaque homme et femme d'un *petit reste*
aura *changé sa vie,*
le monde redeviendra Éden,
la mort elle-même sera vaincue.

# Introduction

### Source

**1974, à Arès, petite commune de Gironde maritime, France.**
Du 15 janvier au 13 avril, environ un jour sur deux, toujours au milieu de la nuit, je suis réveillé, appelé à un endroit de ma maison éloigné de ma chambre. Là je me trouve face à Jésus, lumineux, mais non spectral, le ressuscité dans son corps entier transfiguré. Je le vois et je l'écoute 39 ou 40 fois. Mon incertitude sur le nombre de ses visites vient de ce que les Veillées 2 et 3 n'en forment peut-être qu'une seule.

Inattendu est le lieu où Jésus se tient: Un chantier dans une maison que je retape en bricoleur. Je vais apprendre que *Jésus n'est pas Dieu*, qu'il n'est qu'un *Messager* du Père *(32/1-2)*, mais pourquoi le Père l'envoie-t-il au milieu de matériaux, d'outils, de gravas, à moi témoin peu approprié, homme de foi, mais pas du tout mystique ? Le Créateur veut peut-être rappeler qu'il est l'inattendu éternel, le grand dérangeur, tout différent de ce que la religion réinvente comme le cirque réinvente *l'éléphant (36/10)* en le dressant et le décorant pour en faire oublier la *vraie* nature noble et libre.

Les premières nuits, impréparé, je note ce que Jésus me dit sur des sacs de plâtre avec un crayon de charpentier. J'intitulerai ce message tout naturellement « L'Évangile Donné à Arès », puisque Jésus en est le héraut.

Il est robuste, très grand, juste un peu moins haut qu'une porte près de laquelle il se tient parfois. Je mesurerai la porte : 2,05 m. Jésus doit avoisiner 1,90 m. Il bouge, mais je ne le vois jamais de dos. Il porte une tunique qui lui colle au corps, comme mouillée. Son faciès est oriental. Ses cheveux sont probablement noués dans le cou, sa barbe sombre est assez courte. La première fois, je pense à un arabe, à un héros biblique du désert : Abraham ? C'est en apercevant les stigmates : un au milieu de chaque avant-bras et un à une jambe, à mi-tibia, que je réalise qu'il est Jésus. Du 15 janvier au 13 avril, il me touche deux fois de son pouce droit, une fois les lèvres, une fois le front. Il parle un français normal, d'une voix normale.

L'épreuve est bouleversante et jusqu'à la fin je reste muet, mais je pense et Jésus capte ma pensée. Il lit en moi le péché et les idées sottes qui me traversent au cours de ces nuits de subvertissement où d'autres, j'imagine, seraient à la hauteur de la situation, mais pas moi. Cette scrutation est ma plus terrible épreuve, même si Jésus « me fouille » avec amour et dignité. Il est tellement imposant qu'un jour je dis à Christiane : « Je comprends

pourquoi ils l'ont crucifié. Son ascendant sur les foules devait être énorme. Aux yeux des pouvoirs il était dangereux et insupportable. »
Tout cela est décrit plus en détail dans le « Liminaire », éd. 1974, rappelé dans les éditions ultérieures.

**1977.**

Du 2 octobre au 22 novembre de cette année-là, toujours à Arès, dans une chapelle, bâtie en partie de mes mains, à quelque trente mètres du lieu où apparut Jésus en 1974, le Créateur se manifeste cinq fois dans une extraordinaire conflagration surnaturelle, visuelle et sonore.

On appelle théophanie ce type de manifestation divine directe. Jésus me l'avait annoncée : *Tu pourras dire : « J'ai vu Dieu » (37/3)*, mais, pour dire vrai, je n'y pensais pas. Ma surprise est totale et mon épreuve si dure que l'émotion et la perturbation causées presque quatre ans plus tôt par l'apparition de Jésus me semblent comparativement douces.

L'air et le ciel autour de la chapelle étincellent et résonnent comme de chocs d'épées et de boucliers. Est-ce l'armée du mal interceptant l'armée du bien descendue du Ciel ? Le long des murs de la chapelle extérieurs et intérieurs coule lentement une sorte de lave blanche. Dans la chapelle la charpente de bois craque et détone ; j'ai l'impression qu'elle va exploser, se disloquer, m'écraser à tout instant et, sous cette charpente, se dresse sur le sol un bâton de lumière pas plus grand qu'une canne, mais d'un blanc et d'un éclat que je ne peux comparer à rien que je connaisse. De ce bâton ou de sa proximité sort une voix. Son message, grandiose et d'une exceptionnelle force d'évocation, je l'appellerai « Le Livre », parce qu'il me dit : *Ferme le livre de l'homme. Écris le [vrai] Livre, l'œil ouvert ! (i/9-10)*. Je comprendrai vite que c'est le *Père de l'Univers (12/4)* en personne qui parle, celui qui vit encore après que *les soleils* s'épuisent et deviennent *boue* et qui *court* à travers l'infini toujours prêt à *créer mille nouveaux soleils* ou étoiles *(xxii/12-13)*, l'immense Créateur qui s'est réduit, par amour pour l'homme, à la ridicule dimension d'un grand *clou (ii/21)* parlant.

Le bâton de lumière devant moi est donc le *buisson ardent* passé de la garrigue rocheuse de *l'Horeb (Exode 3/1-2)* au carrelage de grès d'un très modeste lieu de prière de France.

Ces mêmes phénomènes surnaturels se reproduiront lors de chacune des cinq théophanies. À certains moments, je serai également soumis à d'autres épreuves : la procession des prophètes morts, le défilé des spectres, la lourdeur du monde suspendue au Ciel comme une tour par son sommet, l'anticipation de ma propre mort et même une gifle magistrale.

Tout cela est décrit dans les « Récits, Notes et Réflexions du Témoin » (voir les éditions 1987, 1989 et 1995).

## La Révélation d'Arès ne fonde pas de religion

*La Révélation d'Arès* est donc la transcription de ma main de deux messages venus du Créateur, en 1974 par un messager : Jésus, et en 1977 directement par lui-même.

Je passe sur le bouleversement personnel comme social que cet événement causa à mon existence. On le devine aisément.

Ce qui compte avant toute autre chose, c'est ce livre. Je lui voue ma vie.

J'en ai vérifié chaque mot en préparant la présente édition.

*La Révélation d'Arès* ne fonde pas de religion.

Par là je ne dis pas qu'elle rejette les religions, ce qui reviendrait à rejeter l'homme, façonné par ses propres erreurs et les malheurs qu'il cause autant que par la vérité, quand il la discerne, et le bonheur, quand il le donne.

Par là je dis que la voie de salut que *La Révélation d'Arès* propose n'est pas celle que proposent habituellement les religions, leurs credo, leurs dogmes, leurs prières, leurs magistères, etc.

Pour le Créateur, qui parle par *La Révélation d'Arès,* tout homme de *bien,* croyant ou non, trouve son salut — et plus que son salut : sa recréation personnelle et sa contribution à la recréation du monde —, s'il pratique l'amour, le pardon, la paix, la liberté absolue de tous préjugés et de toutes peurs et l'intelligence du cœur ou spirituelle. *La Révélation d'Arès* donne à cet homme de *bien* le nom de *pénitent,* mot auquel elle donne un sens dynamique et créateur tout différent du sens religieux.

En dépit d'apparences subjectives, qui guettent le lecteur peu attentif, le sujet comme le langage de *La Révélation d'Arès* ne sont ni poétiques, ni archaïques, ni ésotériques. Ils sont on ne peut plus constructifs.

C'est le projet et la solution de l'avenir.

## Irrémédiable vocation spirituelle de l'homme

Abandonner *La Révélation d'Arès* à la bibliothèque des idées religieuses dépassées et des utopies, ou se plaire à la lire puis la ranger sans y revenir, c'est en ignorer l'importance vitale.

Qui ne se doute pas que s'annoncent des temps où il faudra tôt ou tard combler par les acquis de *l'âme* beaucoup d'acquis intellectuels qui auront déçu et que la raison même abandonnera ?

L'Histoire qui se défait appelle une autre Histoire, à faire.

Si à l'Histoire du mal ne succède pas l'Histoire du *Bien,* les plus tragiques épreuves attendent l'humanité. Cette métamorphose ou transfiguration de l'humanité est à la portée de l'homme.

C'est tout le sujet de *La Révélation d'Arès.*

Lecteur, lis patiemment et tu t'apercevras que c'est de toi qu'il s'agit dans ces pages. C'est à toi que le Créateur s'adresse.

Que te dit le Créateur ?

Il dit que l'homme fut créé pour être heureux et que ce projet édénique n'est pas abandonné, bien qu'aucune religion n'ait rempli sa mission et n'ait fondé le bonheur sur terre.

La religion et ses filles profanes : la politique et la loi, ont même été complices du mal, produit malheureux de la liberté et de la créativité de l'homme *(2/1-5)*. *La Révélation d'Arès* ne fonde donc aucune religion, politique ou loi nouvelles et envisage plutôt la disparition naturelle de celles existantes, parce qu'il n'existe qu'une seule issue possible vers le bonheur général: la pratique *libre (10/10)* du *bien* par chaque individu, mais non par une masse croyante ou politisée qui, par nature, ne peut pas être *libre*.

Le mal est devenu à tel point envahissant que les religions, les politiques ou les lois les meilleures ne peuvent plus le vaincre, ayant elles-mêmes contribué au mal. C'est dans le cœur de chaque homme ou femme que le mal peut être vaincu sur toute la terre *avant que ne pleuve le péché des péchés (38/2)*, l'extinction totale de *l'image (Genèse 1/27)* de Dieu dans l'homme.

Autrement dit, il ne sert à rien d'espérer la fin naturelle ou surnaturelle du mal et des malheurs. Elle ne viendra ni par la providence ni par la *miséricorde (16/15)* divines. L'homme doit la provoquer.

Dans *La Révélation d'Arès* faire remplace croire. La foi y est moins importante que l'action. On ne se trouve pas dans une Parole différente de l'Écriture connue, mais dans une dynamique différente des théologies religieuses, qui ont mal interprété l'Écriture et qui, de plus, l'ont encombrée de *livres d'hommes (16/12, 35/12)*.

### Un livre qui nous emporte hors du temps

Commençant la lecture de *La Révélation d'Arès*, l'humain enchaîné à un système et à son langage si convenus qu'il les croit seuls dignes d'intérêt, peut s'irriter ou s'ennuyer, mais s'il me fait confiance et continue de lire, il se sent peu à peu transporté par la Parole rafraîchie de son Créateur — ou de son *Père (12/4)* —. Ces mots : Créateur, *Père*, ne doivent pas te gêner, lecteur, parce qu'il faut bien que tu viennes de quelque part et que tu ailles quelque part et parce que la science n'a rien proposé qui puisse les remplacer à coup sûr.

L'évolution est le moteur de l'univers. Les thèses scientifiques du big-bang, de l'apparition de l'univers puis de la vie à partir du carbone et de l'oxygène sont acceptables. On ne voit pas pourquoi elles interdiraient l'hypothèse qu'oxygène et carbone furent créés. Il a bien fallu un commencement.

Prends le temps de lire, lecteur, et tu découvriras que ce livre est raisonnable, même pour un rationaliste.

Ce livre est beau, mais il y a plus que la *beauté (12/3)* du texte. Plus frappante est la relation qui s'établit de page en page entre cette Parole et les espoirs avoués ou secrets de l'homme : Quel homme n'espère pas le bonheur pour lui-même et/ou sa descendance ? Quel homme ne veut pas survivre, etc ?

En fait, ce n'est pas son *salut* que l'homme fait, c'est son *âme*, appelée aussi *ha*.

*La Révélation d'Arès* explique comment et ce n'est pas là la moindre de ses révélations : *L'âme ne naît pas du ventre de la mère (17/3)*, mais elle naît, plus tard, du *bien* que l'homme *accomplit*. Alors, cette *âme* qu'il s'est fabriquée en pratiquant le *bien* assure sa survie spirituelle en ce monde comme dans l'autre, parce que par nature *l'âme*, appelée aussi *l'ha (xxxix/5-11)*, s'élève au-dessus des *ténèbres*. Ainsi le *salut* n'exige-t-il pas la foi, mais le *bien* effectif, *accompli*. Une fois de plus, on comprend pourquoi *La Révélation d'Arès* ne débouche pas sur une religion.

Si le lecteur, une fois ce livre lu, a compris qu'il ne faut pas rester à la surface des choses et des mots, il lira aussi la Bible, le Coran et d'autres livres : Vesta, Sutras bouddhiques, etc., mais avec d'autres yeux que ceux de la culture. Il verra la *Lumière* si vive, si évidente sous les mots. Il lira tous ces livres à la *Lumière* de *La Révélation d'Arès*.

Socrate aurait sans doute fait un bon Pèlerin d'Arès et, du reste, il l'est peut-être dans l'espace *où l'on ne boit plus l'air (vi/1-5)*, là où la ciguë l'expédia voilà 2.500 ans, avant que d'autres crimes n'y expédient Jésus et d'autres : Gandhi, Luther King. Socrate disait que la vérité consiste moins à dire qu'à laisser l'interlocuteur comprendre que "ce qu'il sait, c'est qu'il ne sait pas grand chose." C'est à peu près ce que fait comprendre *La Révélation d'Arès* à son lecteur. Ses préjugés culturels s'envolant ainsi, le lecteur sortira des limites de ses habitudes de penser, ne verra plus d'obstacle à l'idée de se créer lui-même, de ce que ce livre appelle *faire pénitence,* qui consiste à se délester du mal pour faire son *ascension* vers le *bien.*

Ainsi, on le voit, lire *La Révélation d'Arès* n'est pas revenir aux poncifs religieux, mais au contraire se porter en avant, se recréer.

## La liberté spirituelle

La Parole du Créateur est le plus ancien livre, mais l'usure du temps et la malice de l'homme l'ont altérée. *La Révélation d'Arès* la rénove. Beaucoup de la Parole s'était perdu. D'abord, parce que des alternatives qu'elle proposait, soit de s'abandonner au bonheur d'Éden avec le Créateur, soit d'être *maître* de la terre sans le Créateur, *Adam* choisit d'être son seul *maître (2/1-5)* et remplaça peu à peu la *Parole* par sa *parole d'homme (16/12)* — *Adam* dans *La Révélation d'Arès* est à la fois le premier homme spirituel et le système qu'il *choisit,* perpétué par sa descendance —. Ensuite, parce que la catégorie d'hommes, même la catégorie religieuse, qui a pris le pouvoir sur terre n'a jamais vraiment cru à la Parole. Enfin, parce que ceux qui y ont cru ont eu peur *(2/16-18)* d'attester leur foi face à ceux qui n'y croient pas. Pourquoi le Créateur a-t-il laissé faire la peur, les passions et le mal ? Parce qu'il a créé l'homme absolument *libre (10/10)* et ne pourrait lui retirer cette liberté qu'en reniant sa propre Création comme une erreur.

Or, la Création n'est pas une erreur. Elle n'est pas achevée et ne s'achèvera pour l'homme qu'avec le concours de l'homme, ce qui est fort différent.

## Un livre attendu que personne n'avouait attendre

Un bon livre, qu'on y trouve la parole du Créateur ou autre chose, doit toucher les fibres sincères du fond humain, des fibres si diverses qu'un bon livre est celui qui soulève chez les uns une hostilité irréfléchie, chez d'autres les protestations de leurs réflexions et autres raisons, chez d'autres encore une moquerie sceptique et, pour finir, chez certains un énorme intérêt.

Un mauvais livre est celui que tout le monde rejette en chœur ou admire en chœur, c'est-à-dire un livre qui manipule.

Ce présent livre ne manipule pas. Les réactions qu'il provoque sont très diverses. Ce livre prend honnêtement des risques. Il est bon.

Un lecteur d'une précédente édition de *La Révélation d'Arès* me dit :

"Je n'avais jamais rien lu d'aussi convaincant. J'ai aussitôt aimé, posé ce livre sur ma table de chevet. Il est désormais MON livre."

Je lui répondis : "Très bien. Je peux désormais compter sur vous comme apôtre *libre* de cette parole surnaturelle ?"

Et lui, sur le moment, répliqua : "Ah non ! Il ne faut pas mêler le plaisir de lire ou de méditer un livre avec la vie pratique."

Parfois, donc, il faut attendre. Parfois indéfiniment, ce qui revient à ne jamais vraiment comprendre. Parfois, comme ce lecteur, en finissant par comprendre et en devenant Pèlerin d'Arès dix ans plus tard.

De toute façon, il faut lire d'abord.

Depuis trois millénaires la Parole du Créateur est interprétée, mais *La Révélation d'Arès* montre qu'on rend mieux compte de la Vérité en démentant catégoriquement toutes les interprétations qui en ont été faites et en rejetant en doute toutes les religions auxquelles elles ont donné naissance : judaïsmes divers, christianismes divers, islamismes divers, hindouismes divers, bouddhismes divers, etc.

On ne peut pas *davantage en déduire que ces hommes,* juifs, chrétiens, musulmans, hindous, bouddhistes et autres *se sont perdus (16/13).* Contradiction ? Non. Il leur a suffi d'être *bons* pour retrouver, consciemment ou inconsciemment, le chemin du *salut.* La bonté ou le *bien,* que *La Révélation d'Arès* appelle *pénitence :* amour, pardon, paix, libération de tous préjugés et *intelligence* spirituelle, constitue la seule *Voie* vers la *Lumière.*

### Universalité de ce livre

Ici, les cultures n'ont plus cours.

Quoique le mot culture n'y apparaisse pas, les cultures sont implicitement dénoncées dans *La Révélation d'Arès* comme d'étroits couloirs qui ont conduit l'humanité à tout interpréter différemment selon les lieux et les filtres culturels des ethnies et des traditions.

Je l'ai bien vu quand, peu après qu'eut paru *L'Évangile Donné à Arès* (Première Partie de ce livre) en 1974, arrivèrent à Arès des Catholiques croyant voir dans ce livre un catholicisme autocritique, des Réformés une nouvelle étape de la réforme, des Juifs un judaïsme ouvert, des Musulmans l'islam désarabisé, des Ésotéristes l'ésotérisme, des Marxistes le marxisme, des Réincarnationnistes la réincarnation, etc.

En fait, *La Révélation d'Arès* incarne la Vérité et le bon sens universels, dont aucune religion, aucune philosophie, aucun peuple, n'est propriétaire.

C'est pourquoi un Pèlerin d'Arès ne voit aucun inconvénient à ce que cette Écriture soit utilisée par n'importe qui, pourvu qu'il en fasse bon usage.

C'est pourquoi aussi ce livre n'a nullement dégénéré en doctrine, encore moins en dogmes, chez les Pèlerins d'Arès.

C'est pourquoi, enfin, ce livre ne peut déboucher, une fois *accompli (35/6),* que sur un *monde changé (28/7)* sans religion, ni politique, ni lois, ni institutions interventionnistes ou dirigistes.

Michel Potay, Arès, le 31 mars 2009 (année de mes 80 ans)

# L'ÉVANGILE

# DONNÉ À ARÈS

Dès 1974 le témoin de cette révélation
la qualifia d'évangile,
parce que son messager était Jésus
corporellement éternisé
et parce qu'elle suivait la ligne de pensée
des évangiles de Matthieu, Marc et Luc.

> À une heure inattendue le fils de l'homme reviendra comme un voleur. (Matthieu 24/43-44)

### L'heure de la vérité et du renouveau

**1** ¹*Redresse-toi*, homme Michel, debout ! *Cesse tes pleurs et ton tremblement !* Que cesse ta honte ! Je t'ai mis nu pour te revêtir d'un manteau neuf.

**Illusion de la religion dogmatisée et cléricale**

²Tu trembles aujourd'hui ; hier tu siégeais en Mon Nom, sûr de toi ; tu parlais en Mon Nom, sûr de paroles *savamment* établies sur les siècles par les prêtres,
discourant sur les Livres de Mes Messagers et de ceux qui passent pour mes messagers,
³te croyant en paix avec Moi,
abrité derrière la fausse sagesse à laquelle les siècles donnent majesté, que la science de ses discuteurs impose en respect au peuple,
⁴issu du trône des princes du culte, des géniteurs des prêtres et de leurs serviteurs
depuis Philippe, Mon (vrai) Témoin,
⁵croyant marcher devant Moi pour porter sur l'autel l'offrande du peuple comme il marcha lui-même, mais dans la Justice,
⁶croyant donner Ma Parole et réaliser Ma Promesse,
entendant la prière des pécheurs,
te croyant béni sous Mon Bras étendu,
⁷croyant exaucer Mes Vœux,
inclinant ton cœur non à l'obéissance à Ma Parole et à Mes Œuvres, mais à celles de ton engeance princière,
qui s'est *emparée de* Mes Assemblées sur toute la terre.

---

**Nuit du 14-15 janvier 1974 à Arès, Gironde, France.** Une voix réveille Michel Potay : "Lève-toi ! Viens !" Presque nu, il va à tâtons dans le bric-à-brac de sa maison en réfection sans éclairage ni chauffage.
Il tombe sur un homme visible surnaturellement dans la nuit. Grand, robuste, très digne et de type oriental, le visiteur fait d'abord penser à un homme des steppes comme Abraham, mais le **témoin** comprend vite qu'il s'agit du charpentier de Nazareth, Jésus (voir 2/15).

*1/1 : Je t'ai mis nu = C'est le Père de l'Univers (12/4), le Créateur, qui parle. Jésus en fidèle messager ne fait que lui prêter sa voix.*

*1/4 : princes du culte = tous les pouvoirs du monde, tous ceux qui célèbrent le culte religieux comme le culte de la politique, de la loi, de l'argent, de la science, etc.
La Révélation d'Arès ne distingue pas entre la religion de croyance et la religion de la politique et des lois que l'homme s'est données.
Princes du culte : ce terme désigne aussi par extension les personnels et les militances serviles des pouvoirs religieux, politiques, financiers, etc.
Philippe = Un des 12 apôtres, des hommes simples dont la religion a fait des princes à tort.*

*1/5 : dans la Justice = dans la vérité (ce qui est exact ou juste).*

*1/7 : engeance princière = la hiérarchie de l'église dont Michel Potay était membre, mais aussi, par extension, les sociétés dominantes qui ont remplacé l'esprit d'amour par l'esprit d'autorité (esprit princier).
Engeance princière désigne donc tout le système dont l'humanité (Mes Assemblées) est accablée.
Première évocation du mal et des malheurs comme inventions de l'homme.*

1/10 : Mon premier Fils = (voir 2/1) Adam, le premier vivant avec lequel le Créateur partagea sa vie spirituelle (ou son image, Genèse 1/27). La Création d'Adam n'est autre que la transformation de l'homme couchant sur l'ombre (vii/2) ou animal pensant en un homme à capacité spirituelle. Par suite, tout humain qui réveille et développe en lui la vie spirituelle est fils du Créateur.

1/11 : l'arbre = la vie végétale qui elle aussi, et souvent mieux que l'homme, se souvient qu'elle est née d'une étincelle divine. Temple : Non un édifice consacré au culte, mais le fondement spirituel de la Création, dont la religion a recherché l'idée, mais n'a finalement montré qu'une lointaine représentation.

2/1 : Celui Qui a parlé par Adam = le Créateur qui a créé l'homme spirituel. L'homme existait déjà biologiquement comme animal pensant. Il devint Adam en recevant l'image spirituelle du Créateur (vii/1-6 et Genèse 1/27), notamment les capacités d'amour, de liberté, d'individualité, de créativité et de parole. premier Fils : (voir n. 1/10) Dieu n'a pas de « fils unique » contrairement à ce que prétend le dogme ecclésiastique, mais autant de fils et de filles que d'hommes et de femmes de bien. Le mot premier comme le mot second (voir n. 2/11) n'est pas limitatif ; il introduit seulement une série indéfinie d'hommes et de femmes de vie spirituelle. Adam... qui a choisi d'être maître : Adam n'est pas un individu mais une race, un peuple ou une nation, qui essaya de maîtriser tout à la fois la vie spirituelle et un système hypermatérialiste de sa conception, mais il étouffa la vie spirituelle et par son système fit naître le mal et les malheurs.

⁸Car il est facile de parler en Mon Nom loin de Moi, comme le jeune homme se sent abrité dans son lit, dans la paix de la nuit,
loin du père et de son châtiment qui viendront avec le jour, dans l'éclat de la lumière.

**Même un incroyant comprend ce que dit le Père**

⁹Cesse ton tremblement, rentre tes pleurs !
Tu sais Qui te parle.
Tout homme, même celui qui n'a jamais reçu Ma Parole, au milieu des *arbres et des bêtes sauvages*, au milieu des cités bâties avec *science,* même celui qui M'a rejeté avant de Me connaître, sait Qui Je suis quand Je lui parle,
¹⁰car il ne s'est pas levé tant de milliers de soleils sur les hommes depuis leur père, Mon premier Fils, qu'ils n'aient gardé par la Puissance du Souffle Que J'exhale sur eux souvenir de Moi,
¹¹car Je suis si proche d'eux qu'ils peuvent ne pas Me voir, mais qu'ils sont *moulés* à Moi comme l'arbre poussé contre le mur du Temple *se moule* au contour de ses pierres, se courbe selon l'arc de son porche.
¹²Mais le Temple est indestructible,
tandis que l'arbre ne peut survivre qu'à l'abri de ses murailles.
Que souffle sous son porche Ma Colère et l'arbre se dessèche et tombe comme sous la tempête !

# 2

¹Je suis Celui Qui a parlé par Adam, Mon premier Fils, qui a choisi d'être maître de la terre et de M'en payer tribut
en passant par les plaies de Job
et par la fosse,

**Adam préfère son système au plan du Créateur**

²qui a choisi d'être maître des arbres et de leurs fruits, décidant souverainement lequel sera planté,

lequel sera abattu, quels fruits seront récoltés,
lesquels seront mangés par ses enfants,
lesquels seront mangés par ses troupeaux,
³qui, de compagnon d'Ève, a choisi de devenir son maître, lui imposant *ses ruts*, sans plus partager les joies que J'ai réservées aux époux,
faisant d'Ève une chamelle toujours grosse pour grossir les rangs de ses armées et de ses serviteurs, pour pourvoir à ses *cuisines* et à ses adultères,
⁴qui a voulu être maître du fer, qu'il a forgé pour ouvrir la terre, sa sujette, au grain et aux sources, pour armer ses guerriers, pour abattre ses arbres, maître de l'or, de la laine des brebis, des couleurs des roches pour en parer ses plus belles femmes, en faire saillir leurs formes qui mettent en joie son regard et ses *basses* entrailles, pour les corrompre et corrompre tous ceux dont il tire profit et joie, puissance et obéissance,
⁵qui a choisi d'être maître des pierres,
qu'il a érigées pour s'abriter, vivant ou mort, dans son *humidité mouvante* et tiède
comme dans le vêtement d'os secs et froids qu'il a *voulu* pour M'attendre au creux de la terre.

2/4 : Le Créateur fit de la planète la sujette de l'homme : « Peuplez et dominez la terre ! » dit-il à Adam et Ève ainsi qu'à Noé et ses fils (Genèse 1/28 et 9/7).

Le Créateur ne dit pas qu'Adam rejeta la vie spirituelle, mais qu'il **choisit** de la subordonner à la vie matérielle de telle sorte qu'elle allait tourner en **superstition** ou religion (21/1) et déspiritualiser l'humanité. Malheur, souffrance, raccourcissement de la vie et **mort** en ont été les conséquences naturelles. Le retour d'un **petit reste** (26/1) à la **Vie** spirituelle (24/3-5) tout bonnement faite de droiture, **d'amour**, de **pardon**, de **paix** et de **liberté** (10/10), épargnera au monde entier le pire encore à venir (38/2). Le pire ne sera pas punition (le Créateur ne punit personne), mais effet naturel du **mal**. Le **petit reste**, qu'appelle La Révélation d'Arès, fera lever sur le monde le **Jour** (31/8-13) où l'homme ne souffrira ni ne mourra plus.

**Ceux qui vaille que vaille ont entretenu les sources**

⁶Je suis Celui Qui a parlé par Azor,
qui M'a fait connaître au-delà de l'immense mer, portant Mon Message pendant quarante jours comme à travers un désert, passant par les peines de la soif, les tourments de la solitude et (la peur) du *léviathan,* et dont les os reposent, comme fils d'Adam, au pied des grands pics, en attendant Mon Jour.

2/6 : Azor traversa l'immense mer : l'Atlantique. Il affronta les périls du voyage (le léviathan), jusqu'aux grands pics : Montagnes Rocheuses ou Cordillière des Andes. Ce prophète en Amérique est peut-être Azor, l'ancêtre de Jésus (Matthieu 1/14).
Mon Jour = Le Jour où l'homme retrouvera la Vie spirituelle (24/5), le bonheur perpétuel (31/8-13).

**Azor en Amérique, Noé inécouté, Abraham, Moïse**

⁷Je suis Celui Qui a parlé par Noé, couché en terre au *Kérak* comme fils d'Adam, avant même que ses propres fils l'aient écouté, qu'il sauva pourtant de Ma Colère, mais qui finirent *broyés.*

2/7 : Kérak = lieu où Noé mourut, que la Bible n'indique pas (Genèse 9/29). Le Kérak ici nommé n'a pas été localisé.
La transcription originale est broyés, mais il s'agit probablement de noyés.

2/8-10 : *Abraham et Moïse* que 8 siècles au moins séparent sont curieusement cités ensemble. Autre singularité : *Mouhamad* (2/9) précède *Élie* (2/10) qui pourtant vécut 15 siècles plus tôt.

2/9 : *Mouhamad* = Mahomet, prophète de l'Islam. Écrit phonétiquement tel qu'entendu par le témoin, ce nom est orthographié Muhammad dans certaines éditions.
*barques* : mot peu lisible, est peut-être *barges* ou *boutres*.
*richesse et puissance* = pétrole.
*Yatreb* ou *Yatrib* : Médine (Arabie) où *Mouhamad* est enterré dans la grande mosquée.

2/10 : *Élie* ne mourut pas. Il fut élevé au ciel dans le tourbillon provoqué par le passage d'un char et de chevaux de feu surnaturels (Bible : 2 Rois 2/11).
*Mon Séjour... qui n'a ni levant ni couchant* = l'univers où il n'y a ni jour ni nuit (voir 31/8), séjour du *Père* (voir 12/4).
*Jésus n'est pas Dieu* (32/1), il n'est qu'un messager du *Père* au nom de qui il dit *Je* et *Mon*.

2/11 : Dans *second Fils* (2/1) le qualificatif *second* n'a pas de sens numérique. Il enclenche une série infinie de *fils* (troisième... centième... millionième...) et sert seulement à démentir le dogme ecclésiastique selon lequel Dieu aurait un « fils unique » (dogme de la trinité). Tout homme qui renonce au *péché* est l'énième *fils* du *Père*, donc un *christ*. Jésus n'est autre que le *Christ*-modèle.

2/12 : *tare* = corruption dans laquelle le système *choisi* par la race *d'Adam* fit tomber le monde.
*pour qu'il n'ait plus de génération* = pour qu'il (Jésus et à sa suite tout homme renonçant au *mal*) n'ait plus ni race, ni rang, ni pouvoir sur les autres, ni soumission aux autres, mais soit un *pénitent*. Dans La Révélation d'Arès le *pénitent* n'est pas celui qui vit de remords et d'expiation, mais celui qui simplement renonce au *mal* et pratique le *bien* (30/11). Tout *pénitent* ou homme de *bien*, ou *homme du temps qui vient*, est *fils* du *Père*.

⁸Je suis Celui Qui a parlé par Abraham et par Moïse dont les os reposent, comme fils d'Adam, ayant accompli leurs exploits et laissé Ma Promesse à leur descendance, l'un dans *l'antre* de Makpéla, l'autre à *Rabba*, attendant Mon Jour.

**Mouhamad (Mahomet), prophète sage et écouté**

⁹Je suis Celui Qui a parlé par Mouhamad, le briseur d'idoles, le plus écouté de Mes Messagers, le plus sage, qui n'a pas fait ployer son peuple sous les observances et ne l'a pas fait fléchir sous les ordonnances des princes du culte, et qui pour cela a connu une descendance vaste comme le sable des rivages où ils échouent leurs *barques* pour la prière, comme le sable des déserts dont J'ai fait jaillir pour eux la richesse et la *puissance,*
le fils d'Adam qui repose à Yatreb, attendant Mon Jour.

**Élie, prophète éternisé dans sa chair transfigurée**

¹⁰Je suis Celui Qui a parlé par Élie,
le premier échappé au vœu d'Adam, son père, de M'attendre en terre, renonçant à l'héritage de la terre, renonçant à M'en payer tribut,
échappant à la fosse,
et qui à être le premier par la splendeur du tombeau que lui aurait érigé son peuple préféra devenir le dernier dans Mon Lieu,
un *ver infime* réchauffé à jamais par l'éclat de Ma *Gloire*, une poussière portée par Mes Anges dans Mon Séjour Que ne limite aucune étoile,
Qui n'a ni levant ni couchant,
dont la blancheur fait paraître les soleils plus pâles que des lunes.

**Jésus, autre prophète éternisé dans sa chair**

¹¹Je suis Celui Qui a parlé par Jésus, Mon second Fils, celui qui,
après Élie, déjà glorifié,
a renoncé au vœu d'Adam de dominer la terre et les nations

pour le prix d'un tombeau glacé *où M'attendre,*
¹²et qui fut plus glorifié *encore.*

**Jésus aima l'humanité, mais il en refusa les lois**

Celui que J'ai oint Moi-même.
Celui dont J'ai effacé la *tare*
à cause de ses exploits pour mettre ses pas dans
Mes Pas, pour aimer Mon Peuple,
en effaçant des registres de César
son nom
et le nom de sa mère des registres du temple,
pour qu'il n'ait plus de *génération,*
pour que sa mère restât une jeune fille,
qu'aucune inscription de fiançailles ne demeurât,
¹³pour l'enlever à tout ascendant
et le faire entrer dans Ma Maison Royale,
en faire un Dieu
en le fondant en Moi sans retour
¹⁴comme l'argent s'allie à l'or,
pour former un miroir qui serait
plus éblouissant que mille soleils
si Je n'y faisais passer Mon Souffle
pour en ternir l'éclat
et le rendre *supportable* aux anges et aux élus,
Mon Souffle Que *J'exhale* pour Me rendre visible.

**C'est bien Jésus qui parle à Arès en 1974**

¹⁵J'ai parlé par Jésus
et Je parle encore par lui
à toi aujourd'hui.

**Le gâchis des prophètes peureux ou bâillonnés**

¹⁶J'ai voulu parler par d'autres en grand nombre,
mais ils se sont dérobés.
Craintifs, ils n'ont pas pu sortir du monde,
se distinguer du monde, monter sur Mon *Parvis*
pour s'adresser à lui en Mon Nom,
¹⁷craignant les incrédules et les moqueurs,
les princes du culte et leurs docteurs,
les chefs des nations et leur *justice,*
les discuteurs de toutes sortes ;

---

2/12 : une jeune fille : La Révélation d'Arès ne dit pas si la mère de Jésus, qui d'ailleurs n'est pas nommée ici, fut ou ne fut pas vierge. C'est parce que ce fait n'eut aucune conséquence sur la droiture et l'amour prophétiques de Jésus qu'il dut à ses seuls exploits pour mettre ses pas dans les Pas du Père, c.-à-d. à ses seuls efforts pour devenir une image de l'amour, de la liberté et de l'intelligence du Créateur.

2/13 : pour en faire un Dieu = pour qu'il change sa vie (28/7, 30/11) dans la perfection de la pénitence et ainsi retrouve l'image du Créateur (Genèse 1/27).

**Jésus** à Arès ne ressemble pas aux images religieuses traditionnelles. Le témoin se croit d'abord en présence d'une figure biblique plus ancienne, plus altière et plus rustique comme Abraham. C'est quand le Créateur par la bouche de ce messager dit : **"J'ai parlé par Jésus et je parle encore par lui"** (2/15) que le témoin réalise que les marques brun rouge sur les avant-bras et sur la jambe gauche juste sous la tunique assez courte du visiteur, sont les cicatrices d'une crucifixion. La tunique lui colle au corps et plisse comme mouillée. Il porte une courte barbe et des cheveux longs noués derrière.

2/16-19 : Ce n'est pas parce que le Créateur se serait peu soucié des hommes que les prophètes ont été rares. C'est parce que beaucoup de ces messagers n'ont pas rempli leur mission par refus, par peur ou par empêchement. Certes, tout homme est libre (10/10) d'accepter ou de refuser une mission du Ciel, mais le fait qu'un grand nombre de témoins du Créateur n'aient pas honoré la Révélation qu'ils avaient reçue stupéfie et montre la profondeur et la force d'incrustation du mal ou de l'aveuglement dans l'homme depuis Adam.

> La Révélation d'Arès est la transcription sur le vif des Paroles entendues de Jésus (1974) et du Créateur (1977). Pour éviter des confusions de références entre le présent "Évangile Donné à Arès" et "Le Livre" (2ᵉ partie de La Révélation d'Arès) le témoin appela Veillées (V. en abrégé) et numérota en chiffres arabes les 40 nocturnes du premier et appela Chapitres (Ch. en abrégé) et numérota en chiffres romains les 50 nocturnes du second.

> La Veillée 3 débute par "...car" comme si elle était la suite de la Veillée 2. En fait, les deux furent transcrites sur le même papier (des sacs de plâtre) sans séparation. Le témoin créa une scission à cet endroit faute de se souvenir s'il s'agissait d'une seule Veillée ou de deux. Dans ce dernier cas, la V. 3 a aussi pu débuter à **Je t'ai consacré** (2/21) ou à **Je ne me suis pas donné de masque** (3/4).

> 3/1 : _Assemblée(s)_ a d'une part un sens tantôt social, tantôt spirituel, d'autre part un sens tantôt étroit, tantôt universel. _Assemblée_ désigne plutôt un groupe d'hommes de _bien_, mais pas nécessairement. En général, ni les _princes_, ni les _chefs_ religieux ou politiques (16/1, 36/19), ni les _dominateurs_, ni les _rois_, ni d'autres _pouvoirs_ ou _commandements_, ne sont associés à l'idée _d'assemblée_.

> 3/3 : _tenancier_, mot incertain, qui est peut-être _bouteiller_ (maître échanson) ou, plus douteux, _officier_.

[18] ou bien ils n'ont pas livré Ma Parole, taisant ce qui déplaît au monde.
Et le malheur est venu sur eux et sur le monde,
[19] car quand Mon Souffle cesse,
comme le vent tombe, laissant choir dans la mer la graine qu'il transportait, la pluie qu'il poussait devant lui, le désert reste désert
et ce qui y restait de vie meurt.

### Le prophète d'Arès, l'inattendu au passé insignifiant

[20] Toi, homme Michel, Je t'ai reconnu avant que de ton père tu n'entres dans les entrailles maternelles.
Je t'ai réservé à Mon Service.
J'ai éloigné de toi les récompenses et les honneurs du monde,
les degrés et les _succès_ auxquels porte le monde,
[21] pour que tu n'entres pas en tentation de M'échapper,
de devenir triste à Mon Appel.
Je t'ai consacré. J'ai étendu Mon Bras vers toi
pour oindre ta bouche de Ma Main,
y déposer Ma Parole,
pour que tu sois Mon Messager,
non, pas un prince du culte,

### La religion et la politique désavouées

**3** [1] ...car sur Mes Assemblées Je n'ai établi aucune principauté.
[2] C'est le monde qui l'a établie, comme l'envahisseur s'installe sur l'héritage des nations conquises par sa violence,
qui leur _clôt_ les oreilles, les yeux, la bouche,
pour qu'elles ne M'entendent plus,
pour qu'elles ne Me voient plus
et ne Me parlent plus,
[3] pour qu'elles le croient mon _tenancier_,
l'envahisseur habile à Me faire dire ce que Je ne dis pas,
à _faire vivre_ les nations comme Je ne veux pas.

⁴Je ne Me suis pas donné de masque,
Je n'ai pas établi un rang de princes devant Moi
pour Me cacher la Face, qu'ils siègent au levant ou au couchant,
les princes du culte couronnés
et leurs docteurs serviles,
qui méditent avec art Ma Parole pour Y trouver
des lois qui assurent leurs trônes et leurs *chaires*
à Jérusalem, à Rome, à Athènes,
au-delà des mers,
⁵partout où les princes ont établi leurs conquêtes,
où ils convoquent *leurs bans,*
où leurs rebelles ont *essaimé*, ayant *délaissé* leurs couronnes et leurs trônes, mais ayant gardé leurs docteurs pour faire de Ma Parole
d'autres lois,
qui ne valent pas mieux que celles des princes ;
⁶tous, princes ou rebelles, proclamant Mon Nom,
tous élevant ma croix comme un bâton de commandement qui retient le regard des nations comme sous un charme.

**Les dominateurs disent leur vérité, pas la vérité**

⁷Ma Parole, ils La proclament à Mon Peuple,
mais ils ne La lui abandonnent pas.
Leur main gauche L'offre-t-elle ? Leur main droite
aussitôt arrête le lecteur dans son zèle pour Moi,
comme le magicien met en garde l'insensé qui boit
ses philtres *sans savoir,*
car ils excellent à faire un secret, un *lieu* sombre,
d'eux seuls connu,
de Ce Que J'ai livré au monde dans la Lumière.
⁸L'un d'eux La proclame-t-il ? Un autre aussitôt
enseigne au peuple ce qu'il doit comprendre,
non pas Ce Qu'Il a entendu,
car ils excellent à faire un *murmure* étrange,
un langage inconnu,
de Ce Que J'ai livré au monde dans l'éclat des
*Cors* Célestes, dans les accents harmonieux de Mes Messagers.

3/4 : *rang de princes* (voir n. 1/4) = pouvoirs religieux, politiques, mais aussi juridiques, financiers, etc. Le *Père* ne distingue pas entre la religion et son rejeton, la politique, dont les hiérarchies, les cérémonials, les définitions du « sacré », partent du même principe de suprématie et d'intouchabilité des dirigeants *à Jérusalem, Rome, Athènes (et) au-delà des mers*, c.-à-d. partout sur terre.

3/5 : *rebelles* = opposants ou rivaux religieux ou politiques de toutes sortes, légaux ou illégaux, comme les chrétiens par rapport aux juifs, les protestants par rapport aux catholiques, les républicains par rapport aux royalistes, etc.

3/6 : *élevant ma croix comme un bâton de commandement* = utilisant n'importe quel symbole religieux ou politique pour justifier leur pouvoir sur les *faibles* (voir 23/7, 28/18, 31/4, etc.)

3/8-9 : *Un chef religieux ou politique fait de belles proclamations, mais ce qu'il fait ou fait faire au peuple* est différent, voire même inverse, de ce qu'elles signifient.
C'est seulement de la simplicité logique et honnête (*accents harmonieux*) des prophètes comme de tous les hommes de vérité et autres hommes de *bien*, qui n'exercent ni ne reconnaissent de pouvoir, qu'émergera un monde *d'amour* et *d'intelligence* (32/5).

3/9 : *ta couronne… ce trône* = ta mitre… ta cathèdre, accessoires liturgiques utilisés lors de grandes cérémonies par le clergé orthodoxe auquel avait appartenu le témoin avant 1974.

4/1-2 : *tu trembles* : celui qui doute qu'il mérite la visite d'un messager du Créateur doute de sa vocation et de ses capacités spirituelles, vocations et capacités qui sont celles de tout humain. Le sceptique offense la Miséricorde quand il oublie qu'elle s'exerce par pur Amour sans qu'il l'ait sollicitée, ou quand elle contrarie ses souhaits, car personne ne sait mieux que le Père ce qui est bon pour l'homme.

4/3 : *le lacis des vanités* = le système de ce monde installé par Adam (2/1-5) (ses valeurs, ses ambitions, ses plaisirs). Même quand le système parle de religion, de philosophie, de justice et d'autres grands idéaux, il a perdu les caractéristiques de la vie spirituelle, qui sont *l'amour*, le *pardon*, la *paix*, la *liberté* absolue, *l'intelligence* du cœur.

4/4 : *le péché* : La Révélation d'Arès ne définit pas le *péché* et par cette discrétion récuse les définitions moralisatrices qu'en donne la religion. *Péché* est tout ce qui s'oppose au *bien* et souvent simple synonyme de *mal* (23/1).

4/5-8 : *l'âme* ne naît pas avec le nouveau-né. Elle est le produit des actes bons (La Révélation d'Arès inverse le dogme de l'église qui place la foi au-dessus des actes). L'homme naît sans *âme*, il crée son *âme* par ses actes bons (17/1-7) et la développe selon le *bien* qu'il pratique, pas forcément lié à la foi en Dieu (28/11-14). *L'âme* qu'il s'est créée pourra souffrir ou disparaître selon le *mal* qu'il fera (parabole de *l'échafaudage*, Veillées 17 et 18). Mais si un homme refuse sciemment sa nature spirituelle, il *s'anéantit* en tant qu'humain tel que le Créateur l'avait prévu, il choisit une sorte d'inexistence spirituelle (au sens existentiel) en revenant à l'animal pensant dont fut tiré Adam (vii/1-5).

⁹Homme Michel, dépose ta couronne, descends de ce trône ; ce sont les Miens,
Que J'ai donnés en héritage à tout Mon Peuple.
Tous sont princes,
tous règnent sur la mort et sur l'enfer
quand ils vivent selon Ma Parole.
J'ai couronné tous Mes Fidèles.

**Qui nie sa vocation spirituelle nie son humanité**

4 ¹Écoute, homme Michel,
tu trembles,
tu chancelles comme le *félon* surpris dans sa trahison.
²Ne Me crie pas : « Est-ce ma faute ? Les siècles n'ont-ils pas établi l'engeance de princes qui m'a *joint* à elle ? »
Ne crie pas *cela* ; n'offense pas Ma Miséricorde !
³Avant que tu n'entres dans le ventre maternel Je t'avais élu. Dès ce moment toutes les voies que tu as prises, sauf le péché,
un Guide t'y a conduit,
dans le *lacis* des vanités,
pour que tu connaisses l'habileté, les ruses de ceux que Je t'envoie affronter.
⁴Le péché, tu M'en rendras compte,
mais de te dérober à Mon Appel aujourd'hui
*tu t'anéantiras,*
⁵car l'âme peut être souffrante, Je la guéris,
mais elle peut aussi trouver sa fin sans retour.

***L'âme,* pont existentiel entre créature et Créateur**

⁶L'âme est le regard, la main, la gorge, *l'estomac* du spectre ; par elle Je peux le réchauffer *de l'éclat de Ma Gloire,* Je peux le conduire vers les *magnificences* infinies, Je peux entendre sa louange et sa *conversation,* Je peux le nourrir à jamais.
⁷Sans l'âme le spectre erre, tourmenté, aveugle, *affamé,* par les galeries sombres creusées par les

vers et par les enfers glacés,
qui le font *de givre ;* alors il effraie les *humains.*
⁸Ne tremble pas à Ma Voix ;
tremble d'anéantir ton âme !
⁹Ne Me crie pas : « Comment me rendrai-je auprès
des princes du culte ? Leur mépris me *contiendra*
hors de leurs demeures.
« Auprès des chefs des nations ? Leurs gardes
m'écarteront comme un insensé. »
Ne crie pas cela ; n'offense pas Ma Force !

**L'homme insoumis bien que sachant la Vérité**

¹⁰J'ai envoyé Mon Souffle sur toute la terre ;
par Lui toute vie dès la graine, dès l'œuf,
reconnaît sa nourriture et les lois de son espèce.
Par Lui tout homme reconnaît Ma Voix.
¹¹Si leur tête reste insoumise,
tous ceux auxquels tu porteras Mon Message
sauront *en dedans d'eux,* dans leur poitrine où Je
souffle, que Mon Messager est véridique,
car si la tête est faible, remplie d'orgueil,
le cœur est *empli* de son Dieu.

**Commencer la moisson des hommes bons**

¹²Beaucoup ne te suivront pas et se perdront ;
certains se soumettront à Ma Parole
et à ta suite commenceront la Moisson.

# 5

¹*Car le Semeur est passé.*
À travers les filets des princes du culte, les pièges
des prêtres, Ma Semence est passée,
portée par Mon Souffle jusque dans les cœurs.

**Tout le blé spirituel ne mûrit pas en même temps**

²Mais que Mes Moissonneurs sur la lisière du
Champ jettent un regard en arrière :
J'avais suscité des disciples,
les témoins de Mes Pas sur la terre,
pour les envoyer au Champ d'Israël,

4/7 : spectre = protohumanité grossière, non spirituelle, que l'humain porte en lui et qui lui reste des temps très anciens où, avant de devenir Adam, l'homme couchait sur l'ombre (vii/1+), c.-à-d. n'était qu'un animal pensant. Le spectre est tout ce qui subsiste d'un homme qui meurt sans âme. La chair une fois éteinte, le spectre lourd tire l'esprit (17/7) dans les profondeurs ou ténèbres glacées (16/15, 26/12).
L'âme (voir Veillée 17) se crée et se développe chez tout homme qui pratique le bien (amour, pardon, paix, intelligence et liberté spirituelles).
La force ascensionnelle de l'âme élève l'homme au-dessus des enfers glacés après sa mort.
La Révélation d'Arès ignore l'idée religieuse de récompense ou punition dans l'au-delà. Le défunt ne fait qu'emporter avec lui ce qu'il a fait de sa vie sur terre.

4/9-5/1 : princes du culte... chefs des nations... prêtres (voir n. 1/4).

4/12 : la Moisson = la recherche des hommes bons ou pénitents. Pénitent ne désigne pas, comme la religion le fait à tort, l'homme accablé par le remords et se livrant à l'autopunition, mais l'homme bon tout simplement.

5/1 : le Semeur est passé signifie que le Créateur a fait l'homme à son image (Genèse 1/27) de Semeur de la Vie (24/5). Les hommes sont donc programmés pour sentir la Vérité. S'ils ne reconnaissent pas celle-ci sur le moment, c'est parce qu'un effet retardateur (les filets des princes, 5/1 : culture, religion, idéologie, etc.), étranger à la nature humaine spirituelle, est intervenu, mais ce n'est pas une situation désespérée.

5/2 : Mes Larmes et Mon Sang ne sont pas les larmes et le sang du crucifiement de Jésus, mais la souffrance générale de toutes les victimes du mal, les images du Créateur ignoré, renié, meurtri. Tout meurtre est un déicide.

5/2-5 : Les *disciples* dont il s'agit ici sont les apôtres de Jésus, mais aussi des prophètes envoyés à *Israël* à diverses époques, qui par peur ou lassitude ont délaissé le public juif difficile à aborder, qui leur était assigné, pour des publics plus enthousiastes et dociles (*terres incultes, friches* = païens) mais non préparés à la foi mûre et profonde. Il ne suffit pas de dire la *Vérité* à des hommes qui la comprennent pour qu'elle soit *accomplie* (35/6), il faut chercher (*moissonner*) les hommes *semés* = spirituellement aptes à la mettre en pratique.

pour gerber la Moisson *lentement* mûrie depuis leur père Abraham,
cent fois menacée par la sécheresse, l'ouragan,
arrosée par Mes Larmes et par Mon Sang,
³et, découragés *dès* la lisière,
dès les premières gerbes ils ont déposé leurs faux,
ils sont partis sur les terres incultes où ils croyaient trouver meilleur profit à défricher et labourer,
oubliant qu'il n'y a qu'un seul Semeur,

**Le Bien n'a pas été installé dans le monde**

⁴et la Moisson d'Israël s'est desséchée sur place,
et ils n'ont récolté qu'herbes sauvages et broussailles *luxuriantes,*
mais pauvres en bon grain,
odorantes, mais *laissant* les enfants crier leur faim,
sur les landes où Mes Disciples ont épuisé leurs forces.

**Le sage adapte sa mission à son audience**

⁵Que Mes Moissonneurs aujourd'hui
ne s'égarent pas sur les friches !

5/6 : L'aire de mission désignée ici n'est pas géographique. C'est un *Champ* de sensibilité spirituelle. Ainsi l'Afrique animiste entre le Maghreb et l'Afrique du Sud (où surviennent des *frimas en hiver*) n'en fait pas partie. D'est en ouest l'Asie, entre Proche Orient (où flotte *l'étendard de Mouhamad*) et Océan Pacifique (où sont les *îles de Corail*) n'est pas comprise non plus. En fait, le *champ de moisson* (mission) est partout où vit sur terre la famille abrahamique (juive, chrétienne et musulmane). Non que les autres humains n'intéressent pas le Créateur, mais leur sensibilité n'est probablement pas réceptive à la *Vérité* sous la forme de La Révélation d'Arès.

⁶Vois ! Je trace la lisière du Champ où Je t'envoie :
Du côté du soleil à midi
jusqu'où descendent *les frimas* en hiver ;
du *côté* opposé
jusqu'où flottent les glaces en été ;
au levant
jusqu'où se dresse l'étendard de Mouhamad ;
au couchant
jusqu'aux îles de corail.
⁷Comme J'avais envoyé Mes Disciples aux nations d'Israël Je t'envoie aux nations
que *borne la lisière* que tu as vue,
pas au-delà.

**Il faut moissonner les hommes de bien : le bon blé**

**6** ¹Tu trembles, homme Michel,
ta face est pâle,
parce que tu dis dans ta tête : « Comment
pourrai-je changer un peuple aussi faible et
orgueilleux qu'il est *vaste*, quand le courage me
manque de changer ma propre vie ? »
²Je t'ai dit : « Le Semeur est passé. »
Je ne t'envoie pas aux Semailles,
mais à la Moisson.
³Tu donneras ta sueur et ta fatigue à la gerbe,
à battre la gerbe,
à étaler son grain,
à le *retourner* dans la grange,
⁴mais tu n'as pas idée du labeur,
des peines et des larmes,
*soixante-dix fois sept fois plus durs*
que les tiens,
qu'il a fallu au grain pour mourir en terre,
germer, échapper aux vers et aux oiseaux,
élever sa tige au-dessus de lui et la mûrir.
Cela Je l'ai fait pour toi.

**Tout faire avec *mesure*, même l'ascension spirituelle**

**7** ¹Tu conduiras Mon Peuple
par le milieu des Hauteurs
que Je lui ai réservées,
par leurs sentiers *encore accessibles*,
non par des escalades éprouvantes,
non plus par les routes d'en bas,
bordées d'auberges.
²Emprunte les sentiers du milieu ; ils montent,
mais leur pente est *supportable*,
elle passe par des sources et des *bosquets fruitiers ;*
les enfants peuvent y marcher ;
les femmes peuvent y suivre leurs époux,
s'allonger contre eux à l'étape

---

La Veillée 6 est brève comme les Veillées 11 et 19. Jésus dit : "**Tu trembles… ta face est pâle**" au témoin, qui est déjà très éprouvé par l'émotion et l'insomnie que ces visites surnaturelles lui font subir une nuit sur deux. De plus, pendant la journée, il travaille à l'aménagement de la maison dans laquelle il a déménagé de Bourges le 3 janvier 1974. Toutefois, la plus dure épreuve est morale. Le futur Frère Michel commence à pressentir le bouleversement qui attend sa vie religieuse et sociale, il pressent ce qu'il va appeler sa "mort sociale".

*6/4 : peines et larmes 70 x 7 fois plus durs que les tiens :* Dans La Révélation d'Arès l'homme ne se justifie pas par la foi, mais par l'effort d'être <u>bon</u> ou <u>pénitent</u>, même s'il est incroyant (28/11). L'effort d'être <u>bon</u>, miséricordieux, vrai, réfléchi (<u>intelligent</u>, 32/5), est souvent ressenti comme aride, mal récompensé en ce monde, mais il est en fait partagé par le <u>labeur</u> invisible et insoupçonné, mais permanent et bien réel, du Créateur lui-même pour rendre sa créature digne de la liberté de bien et de mal qu'il lui a donnée.

La Veillée 7 est souvent appelée **Veillée de la mesure** en raison de son pragmatisme sage.
Il faut lire toute cette Révélation dans l'esprit de modération et de réalisme dont le Créateur l'imprègne ici.
Tout en étant sublime et transcendante, la **Parole** est très proche des hommes, parlant de **sentiers**, **routes** et **auberges**, de vergers, **d'enfants**, du bonheur des **femmes** et de leurs **époux**. Elle sanctifie tout cela et évoque en même temps la fragilité de l'humain qui **doute** et qui **perd courage** si facilement.

pour réchauffer leurs corps, les emplir de joie
pour oublier ensemble jusqu'au matin
la fatigue de l'ascension.
³Ne cherche pas à trop exhorter,
tu feras perdre courage,
ni à trop convaincre,
tu feras douter.

**Le retour du spirituel par l'amour et la liberté**

7/4 : <u>assemblées de culte</u> = églises, mais aussi institutions laïques moralisatrices et tous autres établissements à but édifiant (religieux, politiques, juridiques, éducatifs) du système fondé par <u>Adam</u> (2/1). <u>Culte</u> : voir n.1/4. <u>Assemblées</u> : voir n. 3/1. Les <u>prêtres</u> et <u>docteurs</u> sont les grands commis, agents et administrateurs de ces institutions, dont les <u>princes</u> sont les <u>chefs</u>.

⁴Je ne t'envoie pas abolir les assemblées de culte,
mais les *nettoyer* des princes,
de leurs prêtres et de leurs docteurs,
que Je n'ai pas établis sur elles,
les laver des enseignements trompeurs
et des pouvoirs illusoires
que Je n'ai livrés en aucune main,
car Ma Parole seule sauve,
Mon Bras seul donne force,
Mon Pardon seul *absout*.

***Amour*** **et** ***volonté*** **de bien, les portails du salut**

⁵Tu resteras ce que tu es
moins le prince,
moins le discoureur,
mais le porteur de Ma Parole,
le gardien de Mes *Instructions,* qui ne gouverne ni ne juge,
mais qui rappelle avec amour Ma Volonté Qui sauve et l'anéantissement des âmes rebelles.

**La *mesure* en toute circonstance et toute action**

7/6 : <u>tu n'as pas pouvoir de dépasser Ma Parole</u> = personne ne peut ni <u>maudire le pécheur</u> ni <u>absoudre</u> les péchés (30/15), pas plus que <u>juger</u>, condamner ou acquitter.

⁶En toute circonstance tu garderas la mesure, car
tu n'as pas pouvoir,
ni plus que toi un autre homme,
de dépasser Ma Parole
ni d'égaler Ma Force.

7/7 : <u>Montagne Sainte</u>, appelée ailleurs <u>Hauteurs Saintes</u> (36/19, 40/5) = but ultime des fantastiques possibilités spirituelles de l'homme.

⁷Emprunte les sentiers du milieu
et tu conduiras Mon Peuple
sur la Montagne Sainte.

## Le Créateur n'institue pas de religion

**8** ¹Tu n'imposeras les mains à aucun *successeur*.
Tu ne fonderas pas une dynastie
sur Mes Assemblées,
car avec toi déjà,
mais après toi plus encore
elles seront souveraines d'elles-mêmes.
²Tu n'établiras pas de prêtres,
car personne que Moi ne donne force et pardon.
Personne que Moi ne donne Mon Corps et Mon Sang.
Plus personne *ne fera seul* Mémoire de Mon Sacrifice.
³Les prêtres et leurs princes, comme des taureaux
ils ont soufflé leur haine à Ma Face,
ils M'ont encorné sur le bois.
Par là ils ont anéanti leur race
par le mal qu'elle *sécrète dans* tous les siècles.
Comment aurais-Je établi
des prêtres sur Mon Mémorial ?
⁴*Au reste,* tous les hommes sont pécheurs : lequel d'entre eux est plus digne d'être prêtre ?

## C'est le bien que tu fais, non la croix, qui te sauve

Mon Corps transpercé, le Sang versé de Mes Plaies, Je Les livre aux regards et aux mains de tous les pénitents,
*tant que tous pécheront contre Moi,*
⁵comme on montre leur crime aux *parricides,*
comme on met de force dans leur bouche la chair et le sang du père qui gît sous les coups de ses fils, pour *raviver* leur remords, pour leur arracher larmes et cris de repentir.

## Le sacrifice du corps et du sang n'est pas une messe

⁶Quiconque pèche contre Moi, mais entre en pénitence, *sans doute tous encore,*

---

8/1 : *Tu n'imposeras pas les mains* : Les délégations de pouvoir, les bénédictions, etc., par imposition des mains sont illusoires (7/4), mais imposer les mains aux malades (16/8) est un geste naturel. Assemblées souveraines d'elles-mêmes = toutes les subdivisions de la vaste assemblée de l'humanité : couples, familles, collectivités, corporations, associations, tribus, peuples, etc., chacune absolument libre (10/10) dans le moment où elle décide et agit pour elle-même indépendamment de ses liens avec d'autres assemblées à d'autres moments. Cette Parole définit les liens sociaux comme mouvants et explique le fond anarchique (tu ne seras le chef de personne, 16/1) des Pèlerins d'Arès comme assemblée.

8/1-2 : *prêtres* = ici au sens religieux, mais le sens métaphorique de célébrants et d'agents du système général : politique, juridique, etc., reste sous-entendu. Corps et... Sang... Mémoire du Sacrifice : Rappel à la mémoire du monde que pour le Père trop aimant (12/7) voir ses enfants (13/5) choisir le mal est Sacrifice. De cela tous les pénitents (8/4) font mémoire (10/3-9) par leur quête du Bien. Dans ses liturgies l'église ne retrouve pas le sens et l'esprit du vrai Sacrifice du Créateur.

8/4-6 : Le Sang de Dieu n'a pas été versé sur la croix par Jésus, qui n'est pas Dieu incarné. Jésus n'est qu'un prophète massacré. Ce sont tous les pécheurs du monde qui percent virtuellement le Corps spirituel du Créateur ou Père. De là l'image du parricide.

| 8/7-9/4 | L'ÉVANGILE DONNÉ À ARÈS | 36 |

Pour les bien-pensants La Révélation d'Arès, notamment la Veillée 8, est "un outrage aux dogmes des églises."
Ils oublient que la sévérité envers la religion et le clergé est une constante de la Bible. Du reste, la Veillée 8 ne fait que rappeler que la métaphore du **Corps** et du **Sang** (Matthieu 26/26-27) n'a pas le sens que lui donnent certains dogmes.

8/7 : *Que disparaisse le péché et la souffrance disparaîtra.* Les <u>Plaies</u> du Créateur sont celles de toute l'humanité que meurtrit le <u>mal</u>.
<u>péché</u> = toute cause de <u>mal</u> et de souffrance, mais aussi toute cause d'obscurité rationaliste ou d'aveuglement intellectuel, que la lumière (<u>les nuées du Ciel</u>) peut chasser.

8/8 : <u>la Droite</u> = côté actif (que symbolise la main <u>droite</u>) de la <u>Puissance</u> créatrice (opposé au côté spirituel que symbolise la <u>gauche</u>, 35/15, 38/4).

La Veillée 9, souvent appelée **Veillée de la Femme** (voir ch. xxvii) rappelle au monde, que domine le masculin, que le **mal** ne disparaîtra pas sans participation majeure de la femme. Celle-ci est certes pécheresse, mais, asservie par **Adam** (2/3), elle assume une responsabilité moindre dans la dissémination du **mal**. Elle a ainsi moins perdu de la lucidité originelle.

9/1 : *beaucoup d'entre elles M'ont pleuré* : Les pleureuses au pied de la croix de Jésus ne furent qu'une douleur parmi les douleurs innombrables causées par l'injustice et la cruauté, surtout masculines. De même que les <u>Plaies</u> du <u>Père</u> (8/4, 30/4) sont celles de toute l'humanité, tout <u>crime</u> particulier est <u>crime</u> contre toute l'humanité.

9/2-4 : <u>le fils</u> = tout homme qui <u>met ses pas dans les Pas</u> du <u>Père</u> (2/12, 32/13), autrement dit tout homme de <u>bien</u> ou <u>pénitent</u> accompli peut devenir un <u>christ</u>.

est ordonné à faire Mémoire de Mon Sacrifice,
à toucher et manger Mon Corps et Mon Sang
⁷dans l'affliction du repentir,
dans l'espérance de Ma Miséricorde
et de la guérison de Mes Plaies
— *Que disparaisse le péché pour qu'il ne reste plus trace de Mes Plaies !*—
⁸pour que de *la Droite* de la Puissance
Je revienne sur les nuées du Ciel au milieu des Miens.

### Égalité de tous les hommes dans l'espérance

⁹Tu feras établir dans les assemblées
en toute *égalité*
le tour de chacun
de faire Mémoire de Mon Sacrifice.
Je n'ai pas laissé d'autre observance à Mes Témoins.

### De ses contraintes la femme a tiré lucidité et force

**9** ¹Les femmes ne feront pas Mémoire de Mon Sacrifice, parce qu'elles ne M'ont pas condamné. Quelle pénitence feraient-elles d'un crime *qui n'est pas le leur ?* Et même beaucoup d'entre elles M'ont pleuré.
²Et n'est-ce pas l'une d'entre elles
qui a prêté ses entrailles,
qui en a fait abandon au Père
Qui les a remplies de Sa Puissance
pour que le fils y *germe* en homme ?
³Quand Mes Témoins étaient retombés dans le péché, ne furent-elles pas seules à résister au tentateur,
à rendre témoignage de Ma Résurrection ?
⁴Comme le fils fut *dominé* par les prêtres et leurs princes, qui le traitèrent comme un esclave,
la femme ne se laisse-t-elle pas dominer par l'époux ?

### La femme prééminente quand elle perd sa frivolité

⁵Établis partout les femmes dans leurs mérites !
⁶Mais mets-les en garde contre l'adultère et l'impudicité sacrilèges, où elles perdent leur Vie, car Marie a fait de son ventre un temple sacré à jamais !
⁷Que les joies que J'ai réservées aux époux consacrés demeurent secrètes en(tre) eux, que leurs cris de bonheur ne percent pas les murs !

### Pas de Bien absolu sans liberté absolue

**10** ¹Qui a dit que J'ai parlé d'autel ?
²L'autel d'Adam, la roche étincelante d'où il élevait vers Moi l'encens,
son hymne accompagné par les *sonnettes* des anges, a été enfoui avec lui après le péché ;
il ne sera redressé qu'avec les os d'Adam et les os de sa descendance.
³Ne dresse pas d'autel,
mais la table du Mémorial !

### Les sens et la faim pas moins respectables que la foi

⁴Tu y feras déposer pain, vin et huile en suffisance
pour que le *pénitent* désigné à son tour
*pour faire* Mémoire de Mon Sacrifice
en prépare de quoi faire manger
tous ceux de l'assemblée, hommes, femmes, enfants.

### Même la vie spirituelle a besoin de signes concrets

⁵D'huile *comme d'un baume* sur Mes Plaies
le pécheur oindra Mon Corps,
mouillera Mon Sang,
avant de Les porter à ses lèvres ;
chacun fera de même.
⁶Au-dessus de la table du Mémorial tu feras disposer le tabernacle ;
son voile sera fermé six jours sur sept,

---

9/6 : Marie n'est pas la mère de Jésus sanctifiée par l'église. Dans La Révélation d'Arès Marie est une représentation générale de la compassion. Pour être mieux compris des hommes, le Créateur utilise l'un de leurs symboles culturels de la droiture et de la pitié : Marie ou la Mère (33/16-18, 35/4, 37/6) sans désigner une personne particulière.

10/1-3 : la roche étincelante = une allégorie pour l'Éden.
table du Mémorial = métaphore pour un moment de piété où l'on fait Mémoire du Sacrifice qu'a consenti le Créateur en créant Adam libre absolument (10/10), libre même de refuser le plan de la Création (2/1-5). L'idée est que sans liberté du mal l'homme ne peut pas librement retrouver le Bien (12/3).

10/4 : pain, vin et huile en suffisance = évocation de la nourriture spirituelle que l'homme attend légitimement du Créateur ou Père de l'Univers (12/4) qui l'a créé spirituel tout en lui gardant sa chair d'animal pensant (vii/1-2). L'homme a aussi besoin de nourriture matérielle. Ces trois éléments — le pain et l'huile qui nourrissent et le vin qui enivre, 32/9 — évoquent aussi la problématique complexité de l'homme capable d'être Dieu (2/13) ou Bête (22/14).

10/5 : baume = consolation. On croit le Créateur au-dessus des peines supposées n'accabler que l'homme. On est surpris de voir l'identité (image, Genèse 1/27) des sensibilités du Père et du fils.

10/6-7 : tabernacle = lieu vide de dimension indifférente, que cache un voile qu'on ouvre pour montrer que tant qu'il n'y a pas de Vie (24/3-5) ou spiritualité faite d'amour et de vérité, il n'y a rien. On place souvent devant ou autour du tabernacle les livres de la Parole (10/9) : Révélation d'Arès, Bible et Coran, représentant le triomphe de la vérité (Parole) sur le mensonge, base de la Victoire du bien sur le mal.

La Veillée 10 est parfois appelée **Veillée de la Liberté Absolue,** parce qu'elle rappelle à l'homme qu'il doit être **libre** de tous préjugés, car le moindre préjugé empêche **l'amour** absolu, et qu'il est totalement **libre** de connaître la **Parole** du **Père** sans que s'interposent une religion ou une politique, ses dogmes et ses lois (10/10). L'homme en déduit naturellement que si cette liberté suprême lui est donnée, la liberté au quotidien : sociale, morale, comportementale, etc., lui est aussi donnée, pourvu que, comme la **Parole** du Créateur, elle génère le **bien** (12/3, xxxiii/11, xxxviii/3). L'effet libérateur du verset 10/10 sur le comportement social sera tôt ou tard important.

10/8 : *Mon Triomphe, Mes Œuvres prodigieuses* : De même que le Créateur *triompha* du chaos initial (Genèse 1/1) et en tira la Création *prodigieuse,* l'homme par sa *pénitence* (8/6, 30/11) triomphera du *péché* et même de la *mort.* *Ma Résurrection = Mon Pouvoir de* ressusciter un individu aujourd'hui ou de ressusciter tous les morts au *Jour* (31/8, 40/4) du *triomphe des pénitents sur le mal. ce qui sera demandé dans la foi* : le problème n'est pas l'aide ou le miracle, qui peuvent toujours être *accordés,* mais la *foi,* l'intention de *Fond* (xxxiv/7-12) qui motive la demande. La *foi* n'est pas désir ardent d'être exaucé, mais engagement profond, actif et prouvé, rare encore, de *changer sa vie* (30/1) et de *changer le monde* (28/7).

10/10 : *libre du harnais* (voir n. 10/1-3) : le *bien* n'existera pas sans libération absolue des maux qui empêchent *l'amour* absolu : les préjugés, le *jugement,* la culture, etc., parce que la loi religieuse ou politique interdit ou freine *l'amour,* le *pardon* et la *paix* bien plus qu'elle ne les encourage.
*glose* = commentaire non inspiré par le prophétisme, mais par l'intellect.

tant qu'on fera Mémoire de Mon Sacrifice,
tant qu'on fera pénitence,
⁷mais chaque septième jour,
parce que Mon Peuple n'a pas la force d'ajouter
les jours de repentir aux jours de repentir,
tu feras enlever les *provisions* du Mémorial,
pas une miette, pas une goutte n'en seront gardées,
et tu feras ouvrir le voile de Mon Tabernacle
du lever au coucher du soleil
pour que les pécheurs soient consolés
à la vue de Ma Victoire.
⁸Ce jour-là l'assemblée célébrera Mon Triomphe,
Mes Œuvres *prodigieuses,*
en hymnes et en cris de liesse,
elle proclamera Ma Résurrection
et le Baptême des pécheurs dans Mon Eau Sainte.
Ce jour-là ce qui sera demandé dans la foi
vous sera accordé du Père
en Mon Nom ; la joie de tous sera complète.

**Pas de théologie ! Parole et prophètes suffisent**

⁹Tu feras disposer chaque jour dans le lieu de
l'assemblée, pour que tout pécheur entrant là
dans le repentir Les lise pour lui-même
ou Les proclame à haute voix
les Livres de Ma Parole.
¹⁰Leur langue sera sans artifice ;
leurs marges seront pures de toute glose,
Ma Parole comme un poulain agile
courant vers son but,
libre du harnais que lui *mettent* les docteurs,
des haies que dressent devant lui les princes du culte,
tous ceux qui tirent bénéfice de le dompter
et de l'atteler à leur char.

**Dogmes et idéologies ne règlent rien**

¹¹Dans le lieu de l'assemblée
personne ne se présentera jamais devant les

pécheurs pour ajouter sa parole à Ma Parole,
pour livrer un enseignement de son *cru,* son
discours sur Ce Que J'ai proclamé ;
¹²Ma Sagesse Se suffit à Elle-même ;
Mon Souffle rafraîchit les intelligences.
¹³Pour n'être plus du monde devant Mon Sacrifice
comme devant Ma Parole, chaque pécheur à son
tour de faire Mémoire de l'Un ou de l'Autre
se réconciliera avec *tout* frère ou sœur,
se vêtira d'une tunique pure, de forme et couleur
bien distinguées des vêtements du monde.

**Montrer sa foi comme le Créateur se montre**

¹⁴C'est à ce que son pardon
et sa tunique
feront sourire le monde, ou le fâcheront,
qu'il reconnaîtra qu'il est séparé du monde
selon Ma Volonté.

**Étroite parenté du Créateur et de sa créature**

**11/** ¹Parce que Je Me suis fait Image pour
Mes Témoins, qui ont senti Mon Haleine,
entendu Ma Voix, vu la couleur de Mon Regard,
tu *n'aboliras* pas Mes Images
Que tu feras fidèlement recopier.

**Marie, représentation de la tendresse universelle**

²Tu en feras de même de Marie,
qui M'a porté, mis au monde, allaité, *vêtu,*
qui a égalé le dévouement des anges qui Me
servent.
Mais l'image d'un(e) seul(e) enfant de l'homme
dans l'excellence de son salut
suffit aux regards des pécheurs.
³Tu aboliras toute autre image d'homme.

**Vanité des sanctifications et autres présomptions**

Qui peut savoir qui est sauvé,
qui n'est pas sauvé ?

*10/12 : rafraîchit les intelligences =
fait renaître l'intelligence spirituelle
presque éteinte (32/5), submergée
par l'intelligence intellectuelle.
Il faut rétablir l'équilibre entre
l'intellect et l'intelligence du cœur.*

*10/14 : pardon : Dans le monde,
qui accuse, juge et punit sans
cesse, le pardon est rarissime et,
quand il survient, est soit bien
calculé, soit vu comme une
faiblesse. Or, le vrai pardon est un
acte spirituel sans calcul ni
faiblesse. Le monde le voit alors
comme aussi risible ou irritant que
la tunique que porte le pèlerin au
Pèlerinage d'Arès, mais le pèlerin
n'en a cure, qu'il n'y a pas de vraie
foi sans le témoignage extérieur de
la foi quand il est nécessaire.*

*11/1 : Image = l'Image du Bien
d'après laquelle l'homme animal
devint l'homme spirituel ou Adam
(voir vii/1 et Genèse 1/27).*

*11/2 : Marie = Image virtuelle de la
Mère (33/16-18) qu'est le Créateur
autant qu'il est le Père (12/4),
puisqu'il n'a pas de sexe (voir notes
33/14 à 19). Le Créateur n'étant
pas représentable, on a revêtu cette
Mère dans l'image symbolique
d'une femme portant un enfant.
Pourquoi pas celle de la mère
charnelle du prophète Jésus, qui,
par coïncidence ou non, s'appelait
aussi Marie ? En tant qu'image ou
icône il peut aussi s'agir de toute
femme ou tout homme d'amour et
de compassion, de pénitence et
mérites (9/5). Voir n. 9/6.*

*11/3 : Qui peut savoir… : Un vivant
peut avec modestie peser ses
chances ou les chances qu'ont
d'autres de s'être créé une âme et
de s'élever après la mort, mais
personne ne doit prétendre savoir,
c.-à-d. se permettre de juger (36/16,
Matthieu 7/1) quel homme est
sauvé et quel autre est damné.*

12/1 : <u>rite</u> = un de ces mots comme <u>pénitence, piété, Vie, Volonté,</u> etc., auxquels La Révélation d'Arès donne des sens neufs, dynamiques, empreints d'amour, mais non d'autorité ou de juridisme. Le <u>rite</u> ne désigne pas une pratique pieuse réglementaire, car rien n'est à prendre dans un sens réglementaire dans La Révélation d'Arès, où tout est proposé à la <u>liberté</u> humaine (10/10). **Rite** désigne tout conseil ou toute piste que suggérera le témoin d'Arès, le <u>prophète</u> (35/9, 36/17, xxxvii/2), pour lancer dans le monde par la <u>pénitence</u> une vie spirituelle, vivante, évolutive, pour la bonification de l'individu et de la société, qui aboutira au <u>changement du monde (28/7).</u>

Deux "Notre Père" nous sont parvenus : Matthieu 6/9 et Luc 11/2-4, assez différents pour attester que l'Écriture est bien devenue inexacte par altération et justifier la recommandation de l'épurer (16/12, 35/12). Ici, toutefois, pas besoin d'épurer. **Père de l'Univers** remplace de lui-même le "Notre Père" des églises. Notons que **Père de l'Univers** est le seul texte que La Révélation d'Arès qualifie de **prière**. Quant à la **piété** en général, le **témoin** est chargé d'en **prescrire** les grandes lignes pratiques (**rite,** 12/1). Cette **piété** est libre et n'est autre que l'aide-mémoire quotidien, que chacun puise à la **Parole,** de ce qu'il doit **accomplir** (35/5-6) pour créer son **âme** en **changeant sa vie** en bien et en travaillant à **changer le monde.**

12/3 : <u>la beauté est servante du Bien</u> : Il ne s'agit pas des beaux arts ni de la beauté physique, qui peuvent habiller le pire <u>mal</u>. Il s'agit de la <u>beauté</u> spirituelle. Ce que La Révélation d'Arès qualifie de <u>beauté</u> est donc l'<u>amour</u>, le <u>pardon</u>, la <u>paix</u>, la <u>vertu</u>, etc., tout le <u>Bien</u> retrouvé par la <u>pénitence</u>.

## Père de l'Univers (le vrai Notre Père)

**12** ¹Écoute, homme Michel ! Tu prescriras le rite selon la mesure que Je t'ai ordonnée. ²Tu n'éprouveras pas Mon Peuple par une pénitence, une prière, un chant qui dépassent ses forces, ou le *jettent* dans l'ennui, car Moi seul, et non toi ni aucun homme, peux l'éprouver. ³Comme ta tête est faible et ton courage chancelant, Mon Souffle rafraîchira sans cesse tes pensées et ton cœur, pour que tu distingues ce qui est bon de ce qui est mal à Mes Yeux, ce qui est assez de ce qui est peu ou trop, ce qui est beau de ce qui ne l'est pas, car la beauté est servante du Bien. ⁴Écoute, homme Michel ! Voilà la prière des pécheurs comme Je l'ai livrée à Mes Témoins mais qu'ils n'ont pas pu livrer au monde :

PÈRE DE L'UNIVERS,
TOI SEUL ES SAINT.
QUE RÈGNE SUR NOUS TA SAINTETÉ
POUR QUE NOUS FASSIONS TA VOLONTÉ,
POUR QUE NOUS RECEVIONS NOTRE NOURRITURE,
POUR QUE NOUS PUISSIONS PARDONNER ET RECEVOIR PARDON,
POUR QUE NOUS RÉSISTIONS AUX TENTATIONS
ET QUE SOIT ABATTU LE MALIN,
POUR QUE RÈGNENT À JAMAIS SUR NOUS TA SAINTETÉ, TA PUISSANCE ET TA LUMIÈRE.

⁵Trois fois le jour,
une fois la nuit,
car le pécheur doit bien à son salut l'instant d'une
prière dans les ténèbres où circulent les démons
comme les loups,
le pécheur priera comme Je le prescris.

**Le temps : le mur bâti par l'homme devant la Lumière**

⁶Écoute, homme Michel ! Je suis hors du temps,
mais toi qui es dans le temps,
tu sais combien de soleils se sont levés depuis Ma
Parole et Mes Œuvres,
et combien d'hommes, *presque aucun,*
Les ont crues *assez* pour vivre selon Elles
sans écarter leurs pas des Miens ;
il serait facile à un petit enfant de les compter.
⁷La multitude pour qui fut payée la dette du Sang,
prix payé du Père par le fils
à ceux qui ne pouvaient pas user droitement
des Dons Divins *qui leur furent faits,*
pour la démesure Desquels le Père *trop* aimant
était en dette *envers Ses créatures,*

**Les générations, autre produit du temps**

⁸la multitude n'a engendré que des générations
ingrates, pires les unes que les autres dans
l'impiété
et dans l'hypocrisie de la fausse piété,
la dureté du cœur et la rapacité,
leurs adultères, sacrilèges car ils sont une tentative
d'impudicité contre leur Dieu Lui-même,
⁹la multitude n'a pas engendré un seul pécheur
pénitent,
à moins que Je ne l'aie abattu de force dans la
honte
pour qu'il connaisse,
ployant sous Mon Genou,
l'horreur de ses fautes,
la grande détresse du pèlerin qui apaise le Père.

*12/4-5 : le malin… les démons =
les tentations qui assaillent
l'humain sans que des diables
n'aient à les inspirer. L'homme est
son propre malin ou démon
(voir n. 26/10).*

*12/6 : La notion de temps est
propre à l'homme depuis qu'il
pèche, vieillit et meurt. Le temps
n'existait pas en Éden. Ayant choisi
librement (2/1-5) de faire le mal
autant que le bien, Adam sort
d'Éden et déclenche l'horloge du
temps créant entre le Père, resté
hors du temps, et lui-même une
différence existentielle radicale. Le
fils ne pourra sortir du temps (ou
revenir au Père) que par la
pénitence qui seule changera le
monde (28/7).*

*12/7 : la dette du Sang n'est pas la
rédemption par la croix.
La Révélation d'Arès reprend ici et
là certains termes dogmatiques
religieux, mais pour les dénier. Elle
ne dit pas que ceux qui y croient
sont perdus, mais que le salut
réside seulement dans le bien
qu'on fait : amour, pardon, paix,
etc., acquis par la pénitence (12/9).*

*12/8 : adultères : La Révélation
d'Arès comme la Parole en général
voit l'adultère comme une menace
permanente sur l'harmonie sociale
et le bonheur jamais assurés sans
fidélité. L'homme et la femme
forment la cellule de base de la
société faite d'images du Créateur
(Genèse 1/27) que l'infidélité mutile
ou éteint, d'où l'idée de sacrilège.
Si le couple d'époux ne tient pas,
aucun amour, aucune alliance,
aucun engagement, rien ne
tiendra jamais dans la société et
dans le monde.*

*12/9 : pèlerin = celui ou celle qui
cherche ou mieux retrouve le
bonheur spirituel, prémisse du
bonheur général final (30/16,
40/4). Ce mot n'est pas à
l'origine de l'appellation Pèlerins
d'Arès, un sobriquet par lequel les
villageois d'Arès, incrédules,
désignaient entre 1974 et 1978 les
gens qui se rendaient sur le lieu des
apparitions avant de désigner
partout dans le monde tous ceux
engagés dans la Voie de La
Révélation d'Arès.*

¹⁰Et même, la détresse passée,
beaucoup ont redressé leur tête fière
et M'ont défié. Malheur à ceux qui tentent leur Dieu !

**Rien ne sert de prier des morts**

¹¹Quelle créature,
dont les os gisent dans la fosse
dans l'espérance de Ma Miséricorde,
pourrait être priée ?

**La matrice souillée de la foi se lave et se régénère**

¹²Sauf Marie, grosse du fils,
la pécheresse qui Me défia aussi,
mais qui s'imposa les souffrances
de *gratter* de sa chair les souillures,
d'arracher de son cœur les doutes,
pour renaître pure,
elle qui était plus faible que tout autre.
¹³Sauf elle, qui s'est rangée parmi les esprits debout
devant Mon Trône, parmi les *luminaires d'or*,
aucune créature ne sera priée.

**La Parole nourrit aussi réfutateurs et rieurs...**

**13/** ¹Vois, homme Michel,
les oiseaux qui virent et piaillent inutilement, mais qui mangent de Ma Main.
²La foule des hommes fera de même autour de toi,
mais elle se nourrira *pourtant* de tes paroles
sans savoir.

**...mais la Parole ne sauve aucun homme malgré lui**

³Mais cette nourriture ne la sauvera pas malgré elle,
car l'oiseau peut avaler la graine
et, malade ou glouton,
la rejeter sans profit.

---

*12/11 : Même morte en odeur de « sainteté », quelle créature pourrait être priée ? Aucune, précise ici le Créateur, de sorte que ceux qui prient les morts sont morts (39/4). Prier les soi-disant « saints » ou d'autres esprits est même impie, puisque le Père seul est Saint (12/4). Par extension, ce verset confirme la vanité de la nécromancie (Lévitique 19/31, Deutéronome 18/11, etc.)*

*12/12 : Marie, grosse du fils : voir n. 11/2. Il ne s'agit pas de la mère de Jésus, mais de la mère comme source de vie spirituelle dans tout homme qui devient christ en mettant ses pas dans les pas du Père (2/12). C'est au fond de l'homme la grande matrice malmenée et souffrante, notamment la Parole du Créateur qui, après avoir été souillée et inaccomplie est ici réengendrée, autrement dit la grande matrice qui engendre la pénitence par l'effort de bien.*

*13/1-2 : les oiseaux rappellent la Bible (Matthieu 6/26-28). La foule... se nourrira de tes paroles = se nourrira du Message que reçoit le témoin, qui est prophète (35/9, xxxvii/2) sans l'avoir voulu ni en tirer orgueil. La foule sait qu'il dit la vérité (1/9), même si elle le rejette et se moque.*

⁴Ainsi se perdra la foule des impénitents,
qui de siècle en siècle se croient plus loin du trépas
qu'ils ne sont, remettant toujours à demain
de renoncer aux vanités,
et les prières des pénitents suffiront à peine à
tiédir leurs os dans les abîmes glacés.
⁵Aussi grande sera ta tristesse à leur perte
elle ne pourra pas égaler la Mienne
devant la perte de Mes Enfants.

**Le monde ne sera pas sauvé par des dévotions...**

⁶Tu n'auras pas l'orgueil de te croire *la Graine*
en te rendant responsable de leur perte ;
tu n'affaibliras pas ton cœur par une contrition
vaniteuse, car en perdant ainsi ta paix et ton
courage, tu pécheras gravement à Mes Yeux.
⁷Te voilà à la lisière du Champ où Je t'ai conduit.

**...mais par la *moisson* d'innombrables hommes bons**

La Moisson que tu vas gerber
a des épis plus nombreux que le gravier des mers,
car ils sont les générations des générations qui
viennent ;
les gerbes que tu vas coucher devant Moi
sont hautes comme des citadelles.
⁸Ne geins pas : « Quel homme faible peut abattre
une seule citadelle ? »
Si tu ne perds ni ta paix ni ton courage par des
pensées vaines,
il ne te sera pas demandé comptes des épis restés
debout malgré toi, mais de ton découragement, qui
est impiété.

**Un apostolat difficile mais rempli du Souffle**

⁹Mon Souffle passera devant toi
et les ouvriers de la moisson
pour ployer les tiges, les offrir à vos faux ;
qu'elles se redressent avant d'être coupées,
vous n'en serez pas tenus responsables.

---

13/4 : *La prière pour les morts ne sert à rien (33/30). Seule la mortification (33/26-33) peut soulager les défunts, même impies.*

De la Veillée 13 le témoin sort particulièrement bouleversé. Il l'appellera parfois **Veillée du Grand Passage**. Pour la première fois de façon aussi aiguë il réalise que le Message qu'il reçoit pourrait bien être long, de nature universelle, débouchant sur une mission prophétique **démesurée** à ses yeux (14/4, 33/6). La mission de **gerber** (mettre en **gerbes** = unir par un même lien spirituel) une humanité devenue la **citadelle** du système **d'Adam**, celle du **mal** et de la raison raisonnante, paraît immense. Faire la **moisson** de **pénitents** potentiels qui pullulent comme **le gravier des mers**, c'est inviter ce monde qui se croit moderne, mais qui est moralement vieux, à faire un passage radical vers un nouveau **monde** (28/7). Le témoin croyait savoir ce qu'était la "folie de la foi", mais ici le Créateur prescrit le passage vers un dépassement radical.

13/7-8 : *les générations des générations qui viennent :* La Révélation d'Arès tourne résolument l'humanité vers son avenir : La mission qu'elle recommande paraît impossible : *Quel homme peut abattre une citadelle ?* Mais cette déraison même nous confirme que l'homme est bien *image* du Créateur (Genèse 1/27) et donc co-créateur permanent de soi-même et par extension co-créateur permanent du monde. Autrement dit, s'il y met la foi et le temps nécessaires, l'homme pourra littéralement recréer Éden.

13/8 : *L'impiété n'est ni dans l'échec, toujours possible mais provisoire, ni dans la lenteur causée par les difficultés, inévitables, mais dans le découragement, surmontable.*

## La religion et sa fille la politique se corrigeront

**14/1** : *princes* = voir nn. 1/4 et 1/7. Les *princes* sont non seulement les puissants de la religion, mais aussi les puissants de la politique vue par La Révélation d'Arès comme le rejeton de la religion, et de ses institutions : gouvernement, finances, éducation, etc.

**14/2** : *Rome... Athènes* = non des lieux précis, mais des indicateurs culturels ou des symboles. *Rome* = religion, philosophie, culture occidentales (catholicisme, protestantisme, judaïsme, rationalisme européens, etc.) *Athènes* = religion, philosophie, culture orientales (église orthodoxe, judaïsme, islam, ésotérisme, etc.)

**14** [1]Les Semailles ont été faites, les épis ont blanchi, malgré les mauvaises herbes semées par les docteurs, les *déprédations* de leurs princes, qui ont *sillonné* Mon Champ de *haies* d'épines et de coulées de pierrailles stériles. [2]Les épis les plus lourds seront les plus difficiles à gerber : ceux poussés à Rome et à Athènes. Un rempart d'épines les tient loin de ta faux ; un orgueil *inouï* dresse leurs tiges comme des lances. [3]Que ton courage ne faiblisse pas devant eux, car ils sont Ma plus belle Récolte. Tu devras brûler les épines sans brûler les épis pour *L'atteindre* et, pour en ployer les tiges, te blesser les mains à leurs barbes raides ; (tu devras) gémir sous le poids de leurs gerbes.

### Le témoin devient le bras et la parole du Créateur

[4]Lesquels de tes mérites seraient assez grands pour fournir seulement une goutte de sueur à une tâche aussi démesurée pour l'homme ?
[5]Mon Bras sera ton bras, Ma Parole ta parole.

**15/1-2** : *Je t'ai fait passer* : Le témoin avait par le passé côtoyé les milieux dirigeants et décideurs. On ne doit jamais sous-estimer *l'art* de dominer qu'ont les puissants : Tous les *princes*, *trônes*, *sanctuaires* du *culte* religieux, du *culte* politique, du *culte* judiciaire, du *culte* financier, etc. La Révélation d'Arès ne distingue pas entre les *princes* ou les gouvernants religieux et les autres gouvernants du monde. Tous affirment le même principe « sacré » et intouchable de leurs pouvoirs et de leurs lois. La politique notamment n'est autre qu'un rejeton historique de la religion sur laquelle elle a calqué ses structures. On vaincra mieux les *pouvoirs* en connaissant bien leurs *ruses*, leurs points faibles, mais aussi leurs points communs.

### Les puissants ne sont pas aussi forts qu'ils semblent

**15** [1]Je t'ai fait passer par les palais des princes du culte, leur trône, leurs *cours*, leurs sanctuaires, pour que tu connaisses toutes leurs ruses, leur hypocrisie, leur art de parler, leur art plus grand encore de se taire ; [2]tu connais les mensonges, les venins subtils de leurs silences. Prends-les en pitié ! Ils jettent leur venin comme les serpents traqués ; leur silence témoigne de leur peur.

³Trouvent-ils *une échappée*, ils s'enfuient en
sifflant. Leurs sifflements sont aussi vains que
leurs silences. Mais qu'ils veuillent te mordre,
Je ne permettrai pas qu'ils mordent Mon Messager
comme leurs proies pour les engourdir
avant de les dévorer ;
⁴Mon Souffle t'élèvera au-dessus d'eux
aussi légèrement que le vent soulève les ailes d'une
cigogne au-dessus des bêtes sauvages.

**Pas de compromissions avec le système**

⁵Si, poussés par la crainte d'entrer *en conflit avec*
Moi, certains princes acceptent de t'écouter,
rends-toi à leur convocation,
dans la paix livre-leur Mon Message,
réponds à leurs questions.
⁶Mais refuse discussions et compromis ;
Ma Parole ne se divise ni ne se tait ;
que traiterais-Je avec des puissances illusoires ?
⁷Que des princes sans ruse acceptent de se rendre
à Ma Parole,
qu'ils te remettent sur le champ leur couronne,
leur bâton de commandement.
Qu'ils descendent de leur trône,
qu'ils se chaussent, raidissent leurs poignets de
bracelets de cuir, et te suivent à la Moisson !

**N'être ni chef ni juge, mais vrai, obligeant, laborieux**

**16** ¹Écoute, homme Michel !
Tu ne seras le chef de personne ;
tu es seulement le premier, comme l'aîné est
premier né de ses frères et sœurs,
premier à avoir reçu l'Enseignement du Père.
²On viendra pour écouter Ma Parole,
on t'appellera pour prendre tes conseils,
non pas pour prendre tes ordres.
³Beaucoup t'aimeront ; d'autres ne t'aimeront pas ;
cela ne leur sera pas *imputé* à péché
s'ils obéissent à Ma Parole.

15/5 : Si certains princes acceptent de t'écouter : Paroles similaires à l'avertissement : Ne les approche que s'ils t'appellent... Sinon tiens-toi au loin ! (36/22)

15/6 : Compromis n'a pas ici le sens d'arrangements par concessions mutuelles, mais a le sens de compromissions, de combinaisons inacceptables entre le système des princes et la Parole éternelle.

15/7 : couronne... bâton de commandement... trône = ces symboles historiques de la puissance royale symbolisent la puissance tout court (voir roi blanc et roi noir, xxix/1-18, xxxi/7-12, xxxiii/16, etc.), y compris la puissance des institutions modernes (démocratie, armée, justice, etc.) dont le peuple ne peut refuser l'autorité sans subir de sanction.

16/1 : n'être le chef de personne = ne commander à personne (36/19). Un monde sans pouvoirs peut exister, fondé sur l'amour fraternel responsable, dit le Père, mais il ne confond pas anarchie et désordre. Libre (10/10) ne signifie pas confus ou déréglé, car on ne trouve pas la liberté absolue sans rechercher l'intelligence spirituelle (32/5). Les Pèlerins d'Arès s'efforcent de former l'avant-garde d'une société sans hiérarchie, ni dogmes, ni lois sinon celles que dicte naturellement la conscience du bien.

16/3 : d'autres ne t'aimeront pas, cela ne... sera pas... péché : Différent de l'amour d'attirance ou romantique, l'amour évangélique n'est pas sentiment, mais conscience qu'il faut assumer la vie de la planète avec et pour ses frères humains. Obéir n'a pas un sens servile, mais signifie accomplir librement (19/2) en conscience.

> La Veillée 16 est parfois dite **Veillée des Préceptes,** mais on trouve d'autres **préceptes** ailleurs. Les **préceptes** sont des incitations, mais non des ordres. La Révélation d'Arès, même sévère ou en **colère** (30/9), ne part pas d'une volonté impérieuse, mais d'une **Volonté** créatrice (7/5) et de l'amour d'un **Père en dette envers ses créatures** (12/7) qui restent **libres** (10/10) de leur destin. Même quand il ne suit pas la **Parole,** l'homme n'est pas forcément **perdu** (16/13). On est loin du Dieu terrible et justicier de la religion.

> 16/4 : Les assemblées de Dieu sont des assemblées libres (10/10). La Révélation d'Arès ne fonde ni religion structurée ni église.

> 16/7-8 : Imposer les mains n'est autre que donner des soins aux malades. D'autres gestes des mains — même bénir — sont assimilés aux gestes théâtraux et vains des mages et devins.

> 16/11 : Mon Enseignement donné à Moïse... aux prophètes : Après les corrections et épurations nécessaires, que le témoin apportera à l'Écriture (16/12, 35/12), à la lumière de ce que le Créateur livre maintenant (La Révélation d'Arès), les éditions altérées de la Parole, notamment la Bible, retrouveront unité, sens et simplicité.

> 16/12 : ...et d'autres = d'autres paroles d'homme (35/12). Les épîtres de Paul et de Pierre et l'évangile de Jean sont des œuvres ou interprétations humaines. De plus, le verset implique que toute l'Écriture est plus ou moins gâtée, faussée ou encombrée d'écrits d'hommes. Le témoin d'Arès reçoit le don (charisme) de reconnaître et de désigner dans les Écritures ce qui est vrai de ce qui est faux.

⁴Aucune assemblée n'appellera ton patronage ; il n'y aura que des assemblées de Dieu.
⁵Tu vivras sans pompe ni artifice auprès de ton épouse et de ta descendance comme tu as vécu jusqu'alors.
⁶Tu ne te prêteras pas à la curiosité.
⁷Tu ne béniras personne ni aucune chose ; Mon Bras seul bénit.
⁸Tu imposeras les mains aux malades, tu les traiteras de toutes les manières de ton art, selon ton art tu défendras les affligés contre le mal et les méchants, contre la magie et les devins, car le travail est bon à l'ouvrier et il en reçoit son salaire.

## Modestie et simplicité, vraies sources de lumière

⁹À la prière tu te rendras le premier ; à tes conseils et préceptes tu seras le premier soumis ; ainsi tu formeras l'exemple de toute soumission à Dieu.
¹⁰Tu n'évoqueras pas ta vie passée,
il n'y a rien là dont tu puisses être fier,
mais tu revêts aujourd'hui un manteau neuf,
celui du serviteur du temps qui vient.
¹¹Non seulement tu suivras Mon Enseignement donné de Voix Humaine à Mes Témoins,
mais aussi Celui donné de Voix Céleste à Moïse, à tous les prophètes,
car Ce Que Je te livre maintenant n'obscurcit pas,
mais éclaircit tout Mon Enseignement
d'Adam à ce jour.

## Délivrer les Écritures des faux et de l'inutile

¹²Tu ne prendras pas pour Ma Parole
la parole d'homme,
celle de Paul ou de Jean, de Pierre et d'autres,
et celle de leur descendance, qui leur a forgé des couronnes et qui s'en est coiffée.

¹³À leur suite ne creuse plus de puits secs,
ne cherche plus d'eau où elle ne peut pas sourdre.
N'en déduis pas davantage que ces hommes se
sont perdus. Ne t'assieds pas à Mon Tribunal
après être descendu de Mon Trône !

*16/13 : Ne t'assieds pas à Mon Tribunal : Le Créateur n'a pas de Tribunal. Ce n'est pas un juge au sens juridique, mais au sens de celui qui donne une Parole juste.*

**Ne pas juger**

¹⁴Que tes lèvres ne profèrent aucun jugement
*sur personne.*
Ne donne ton avis sur son péché qu'à celui qui te
le demandera en secret pour lui-même,
mais garde-toi de donner ton avis sur la faute de
*quiconque à des tiers,* pas même au père à propos
de ses enfants, ni à l'époux à propos de son
épouse, ni à la veuve à propos de son mari défunt.
Renvoie chacun à Mon Enseignement !

**Aucune religion ou culte ne contrôle la Miséricorde**

¹⁵N'évoque pas à tout propos Ma Miséricorde
pour encourager les faiblesses,

**Le mauvais emporte son propre mal dans la mort**

mais rappelle à l'impénitent qu'il anéantit son
âme, et que son spectre errera par les ténèbres
glacées, plus malheureux que les vers aveugles et
nus *dans les profondeurs des nécropoles,*
¹⁶le spectre qui vient pleurer sur ses os blanchis,
sur sa chair évanouie,
auquel il ne reste, dans le tourment des regrets et
le froid infini, que l'espérance de Mon Jour,
le spectre pour qui l'instant est long comme un
jour, le jour long comme un siècle,
tant est cruel le froid qui le transperce,
apeurante l'obscurité où il erre.

**C'est la pénitence, non Dieu, qui donne le salut**

¹⁷*Maint* pécheur, égaré par les prêtres cajoleurs, te
narguera. « Tu parles comme une méchante vieille,
te criera-t-il. Dieu est bon. Comment, étant bon,

*16/15-16 : N'évoque pas à tout propos Ma Miséricorde : Cette recommandation sous-tend une critique fondamentale de la religion qui, juive, chrétienne, musulmane ou autre, prétend à tort que l'homme est perdu sans le secours de la Miséricorde divine, dont la religion se prétend distributrice. La vérité est différente : L'homme se sauve par sa seule pénitence ou pratique du bien. Certes, le Créateur dispense sa Miséricorde, mais celle-ci est contingente, incontrôlable par l'homme qui, précise ici La Révélation d'Arès, ne fait pas son salut par elle. Il fait son salut par le bien qu'il accomplit (pénitence), c.-à-d. l'amour et le pardon qu'il donne, la paix qu'il répand, etc.
L'impénitent n'est pas l'incroyant, mais l'homme qui ne fait pas le bien, même croyant, qui ainsi se perd lui-même (voir n. 4/7). En somme, l'homme n'emporte rien d'autre dans la mort que le bien ou le mal qu'il a fait de son vivant ; il est son propre sauveur.*

*16/17 : Dieu est bon au bout de la pénitence : Même celui qui ne connaît pas Dieu (28/11), mais qui résiste à la tentation du mal et qui s'efforce d'être bon, est pénitent sans le savoir et finit par rencontrer Dieu sans l'avoir cherché.
La Révélation d'Arès donne à pénitence un sens constructif et même joyeux et festif (30/11), jamais le sens de remords ou d'autopunition.*

Les Veillées 17 et 18 forment les **Veillées de l'âme**. Elles révèlent que **l'âme** (appelée **l'ha** dans Le Livre xxxix/5-11) ne naît pas avec le bébé, mais naît beaucoup plus tard avec le bien que pratique le **pénitent** : l'homme **d'amour**, de **pardon**, de **paix**, de **liberté** et **d'intelligence** spirituelles (voir 4/5-8). Ce fait, qui a disparu des Écritures, souligne la nature existentielle de **l'âme**, produit de la conscience et de la **vertu**. C'est donc l'apparition et l'existence de **l'âme** qui définit l'homme spirituel. **L'âme** de tout homme **bon**, croyant ou non, sera le **vaisseau** qui l'emportera au-dessus des **abîmes (ténèbres)** de la **mort**. Le nouveau-né n'a que **chair** et **esprit** ; l'enfant inconscient n'a pas besoin **d'âme**.

17/2-3 : *l'aurochs abattu par les ans* = l'ancêtre des bovins, éteint depuis longtemps. Rappelle que la création *d'Adam* n'est autre que l'ajout d'une nature spirituelle (*l'âme*) à un homme animal préexistant (vii/1-7). Adam *choisit de perdre cette âme* (2/1-5), sans voir qu'elle était devenue son *vrai corps*, mais son descendant peut toujours la ranimer *comme une fumée pure* et même lui redonner vie infinie ou immortalité.

17/4 : *le Roi* = le *Père de l'Univers (12/4)* ou Créateur.

*os blanchis* = *les restes humains en attente* de leur résurrection et de l'immortalité charnelle. La *mort* est une anomalie due au *péché* général de l'humanité. L'immortalité de l'homme total, *corps, esprit et âme* (17/7), sera retrouvée au *Jour* de la fin des temps (voir n. 31/8).

pourrait-Il me réduire à un spectre *lamentable ?* »
Tu répondras : « Dieu est bon au bout de la pénitence ! »
[18]Je n'ai pas laissé d'autre Enseignement à Mes Témoins
et Je n'En retranche *ni ne change rien* ici.

**Mieux vaut la peur du péché que la peur de la mort**

**17** [1]Tes dents claquent, homme Michel. L'effroi a *bandé* tes nerfs, parce que, l'instant d'un regard, Je t'ai montré le séjour des spectres. [2]Mieux vaudrait pour eux d'avoir pourri tout entiers en terre comme l'aurochs abattu par les ans ;
mais l'homme n'est pas un aurochs.

**L'homme naît sans âme. Son âme, c'est sa bonté**

De la bête Je lui ai donné la chair, les entrailles et les os pour échafaudage
[3]à son vrai corps,
aussi léger qu'une fumée pure,
qui ne naît pas du ventre de la mère
mais de la vie de l'homme déjà né
qui *s'engendre lui-même* en une autre vie *infinie*
qu'il bâtit comme un vaisseau pour prendre le large.
[4]Que l'échafaudage soit trop tôt sapé
et *l'éther* du vaisseau inachevé disparaît !
Mais que l'échafaudage reste dressé assez longtemps pour que l'homme, charpentier à l'écoute du Maître,
acquière adresse et goût, *fournisse* l'effort pour achever son œuvre,
le Roi lui gardera son âme pour voile,
pour qu'il rejoigne la Flotte Céleste,
laissant ses os blanchis en attente sur le rivage.
[5]Si le charpentier est indocile au Maître,
paresseux, *dissipé*,

plus soucieux de lui-même que de son œuvre,
le Feu du Ciel brûlera sa voile ;
son vaisseau sera jeté dans les abîmes
*où il dérivera* dans la souffrance.
⁶Je te livre cela par une parabole,
car les vivants ne peuvent comprendre ces choses,
mais il importe surtout que ceux
auxquels tu la rapporteras
trouvent leur salut dans la crainte
s'ils ne le trouvent pas dans la joie.
⁷Ainsi l'homme est de chair, d'esprit et d'âme ;
les trois seront réunis en Mon Jour,
mais jusque là l'esprit sera le linceul glacé des maudits.

**maître du monde et Maître du Ciel se compléteront**

**18** ¹*Je te laisse* une autre parabole :
Un charpentier sur son échafaudage
avait construit un *beau* vaisseau
selon les enseignements du maître.
²Le vaisseau étant parfait,
prêt à glisser *sur son chantier*,
le charpentier s'aperçut que le sol était sec autour
de lui, et aussi loin que portait son regard.
³Il se dit : « Comment flottera mon vaisseau, quand
le temps sera venu *pour moi*
d'y embarquer ? »
Il lui revint qu'il avait oublié *l'ultime* leçon du
(vrai) Maître ;
il pria le Roi : « Vois, Seigneur, mon vaisseau est
prêt, digne de se joindre à Ta Flotte,
mais à le *construire* j'ai mis tant d'attention,
j'en ai tiré tant d'orgueil
que j'en ai oublié qu'étant maître du bois
je n'étais pas maître de l'Eau où *il puisse flotter*,
et mon vaisseau va se dessécher sous le soleil. »
⁴Le Roi écouta son humilité,
donna droit à son repentir,
creva les nuées du Ciel et en fit tomber un Déluge

---

Le **témoin** décrit ainsi Jésus : "Un oriental de très grandes taille et dignité, mais avec une carrure de **charpentier** (18/1) comme avait dû être son père Joseph (Matthieu 13/55). Jésus avait dû bâtir de ses mains des **échafaudages** semblables à ceux dont parle la Veillée 17." Le Créateur, en chargeant Jésus de parler en son **Nom** à Arès, montre que même un simple **charpentier** peut atteindre le plus haut niveau de **vie** spirituelle et de **salut**.

*17/6 : les vivants ne peuvent comprendre : Le processus de l'âme est en fait si subtil que le langage humain, dont le Père doit user pour être compris, ne peut pas vraiment l'expliquer.*

*17/7 : les maudits = les mauvais, qui se vouent aux ténèbres (16/15, 36/18, etc.) consciemment ou inconsciemment. À la suite d'Adam (2/1-5) l'humanité génère son mal comme son bien.*

*18/1+ : Le charpentier (ici il s'agit non de Jésus, mais de l'homme en général) agit et pense tantôt selon le maître du système (18/1), tantôt selon le Maître de la Création (18/3-4). Le Créateur dit que ces deux maîtrises ne sont pas aussi contradictoires qu'il y paraît et que l'homme peut combiner les deux. L'homme peut éviter de suivre exclusivement le système (religieux, politique, intellectuel), qui emprisonne l'esprit (17/7) et prendre simultanément en compte le bien qui libère (10/10) l'esprit et porte l'âme (le vaisseau ou la voile) à prendre son essor. C'est ainsi que l'homme complet est tout à la fois chair, esprit et âme (17/7).*

*18/3 : l'Eau = une image du Fond (xxxiv/6-12) et de la Force (7/6, 35/10, etc.) du Créateur comme Source (24/4) spirituelle universelle. Eau est souvent rencontrée avec un qualificatif ou un complément : Eau Forte, Eau Bleue, Eau Vive, Eau sur quoi glisse l'âme, etc., dans La Révélation d'Arès.*

qui forma une Mer
où le vaisseau flotta.
Quand le jour fut venu de mettre à la voile,
le charpentier put rejoindre la Flotte du Roi.

18/5 : *l'arche la mieux construite... s'enfonce et pourrit* : des vies qui se consacrent à la *piété* et à la rigueur morale, mais qui oublient *d'aimer, pardonner*, être libres des préjugés et de cultiver *l'intelligence* du cœur, peuvent s'avérer spirituellement stériles et vaines.

⁵Que personne n'oublie l'Eau
sans Quoi *l'arche* la mieux construite
ne prend pas Vie,
ne vaut pas plus que l'échafaudage
qui permit de la dresser patiemment, et avec lui
elle s'enfonce dans le sol où elle pourrit avec sa voile.

**Pour ne pas sombrer il faut d'abord aimer l'Eau**

## 19

La Veillée 19 ne dura qu'un instant. Jésus disparut comme dérangé après avoir prononcé deux phrases. Leur sens n'en est pas moins clair. Tout comme il n'y a pas plus sourd que celui qui ne veut pas entendre, il n'y a pas moins flottable que le **vaisseau** qui n'a pas **choisi** de naviguer sur **l'Eau** de la **Vie**. On ne fait pas le **salut** des hommes malgré eux.

¹*Mais* mieux vaut laisser pourrir l'arche et sa voile, *qu'il n'en reste rien,*
que d'envoyer l'Eau du Salut au vaisseau qui *ne peut y flotter et qui* sombrera dans les abîmes,
²que de placer *de force* sur Ses Rivages celui qui n'a pas librement choisi de *mettre à* la voile pour *rejoindre* la Flotte du Roi.
Qu'on ne fasse pas mauvais usage de l'Eau !

**Baptême : Non un sacrement, mais un engagement**

## 20

La Veillée 20, **Veillée du baptême,** est une de ces grandes rectifications que La Révélation d'Arès apporte aux doctrines sacramentelles des christianismes d'églises. Le **baptême** n'est pas un sacrement, il n'apporte pas de grâce salvatrice ni n'efface le **péché**. Le **baptême** est une forme solennelle et non obligatoire d'engagement personnel de **changer sa vie** (= mener une vie de **bien,** 30/11) et de contribuer à **changer le monde** en **bien** (28/7), les deux seules actions qui soient réellement salvatrices.

¹Ni toi ni aucun homme
n'est maître de l'Eau,
mais Moi seul.
²Tu veilleras à ce qu'on répande Mon Enseignement comme une Aumône pour nourrir
mais non pour séduire,
en sorte que l'homme qui demandera Mon Eau
le fasse de lui-même et ne doive rien à ta bonté
ni à ta séduction.

**L'Eau fondamentale, l'océan de Bien infini**

³L'eau du baptême
sur quoi tu traces Ma Croix,
que tu verses sur la tête et le dos,
ne contient aucune puissance.
C'est l'eau dont baptisait Jean (le Baptiste).

⁴L'Eau sur Quoi glisse l'âme comme une voile
ne vient pas du ciel au-dessus de toi,
mais des Cieux Qui sont Mon Séjour.
La Mer Qu'on trouve sur les Hauteurs
où tu vas conduire Mon Peuple,
ceux qui choisiront de te suivre
par les sentiers chevriers,
n'est pas d'une nature connue de l'homme.
⁵L'Eau Que Je répands
devant ceux qui Me La demandent
*pour y lancer leurs vaisseaux*
n'est pas celle que l'homme boit à l'auberge,
pas celle qui arrose les arbres,
que Je ne bénis pas
parce que le meurtrier y lave son poignard,
la prostituée s'y lave.
⁶Tu veilleras à ce qu'on ne trace plus Ma Croix sur
cette eau-là pour en faire usage de superstition.

**Le baptême est un auto-baptême de la conscience**

⁷Pour faire mémoire de Ma Parole
livrée aujourd'hui,
celui qui demande le Baptême
se tiendra devant un vase empli d'eau, et dira :
« Non, pas l'eau de Jean (le Baptiste), mais Ton Eau ! »
⁸Ensuite le baptisé lavera sa tête et ses mains
dans l'eau du vase,
en boira,
en répandra ce qui (en) reste(ra) sur le sol,
pour témoigner que cette eau-là est un Don pour
la soif, pour le bain, pour l'arrosage des champs,
à cause des péchés d'Adam et des péchés de sa
descendance.
⁹Tu établiras ce rite comme les autres rites ;
Mon Souffle descendra et séchera pour toujours
*l'encre* de tes ordonnances.

---

*20/3-4 : tracer ma Croix* = faire le signe de croix, geste inutile, voire même superstitieux puisqu'il évoque la trinité, un dogme que La Révélation d'Arès rejette comme faux (23/7, xviii/1).
Le *témoin* est encore prêtre alors, il ignore que le baptême d'église ne sert à rien.
Il ne faut pas confondre *l'eau de Jean-Baptiste* (Marc 1/9), simple symbole, et *l'Eau* immatérielle de la vie spirituelle, qui n'a pas besoin de *baptême*, mais seulement de *pénitence*, pour être *accomplie*.

*20/7-8 :* Le *baptême* prescrit dans La Révélation d'Arès est un auto-baptême. On se baptise soi-même avec ou sans témoin, mais ce n'en est pas moins un serment fait au Créateur, un engagement qui lie la conscience. En déclarant : « *Non, pas l'eau de Jean(-Baptiste), mais ton Eau,* » l'auto-baptisé s'asperge d'eau du robinet, de la rivière ou de la mer, simple symbole, en formulant le vœu qu'en *changeant sa vie* par la *pénitence* (30/11) il contribuera aussi à *changer le monde* (28/7) en ramenant sur terre *l'Eau* de la *Vie* spirituelle (24/5), de la *bonté* et du *bonheur* universels.

*20/9 : rites… ordonnances :* La Révélation d'Arès ne peut pas contredire son propre éloge de l'homme absolument *libre* (10/10) et donc elle n'est jamais contraignante. Par *rites* et *ordonnances* elle entend seulement des recommandations. À chacun de voir ensuite si elles lui sont nécessaires ou utiles pour être un vrai *pénitent*.
Le *rite* du *baptême* est décrit ici en détail, ce qui n'est pas toujours le cas *d'autres rites* que le *témoin* devra décrire et expliquer.

## Tout ce qui inspire l'adulation inspire la superstition

**21** ¹Tu aboliras toutes les superstitions,
surtout celles venues de la malice des princes du culte, de leurs docteurs et de leurs prêtres
pour donner à leurs gestes et à leurs paroles
une puissance illusoire
dont ils tirent domination et profit,
disant au peuple :
²« Voilà que Dieu nous a distingués de vous pour nous donner pouvoir de vous oindre dans l'Esprit,
de vous pardonner vos péchés,
de vous distribuer *la Manne,*
de vous libérer des démons,
*toutes choses* qui par nous seuls
vous conduisent au Père, et que nous tenons du Père ! »

## Tout en niant Dieu les pouvoirs terrestres l'imitent

³Hypocrites, ils miment l'humilité,
se disent indignes de la puissance *à eux déléguée,*
mais rappellent que Mon Peuple *n'en doit pas moins*
passer par elle pour trouver Mon Salut.
⁴Mensonge ! Toi, homme Michel, tu Me seras une abomination si tu prononces la moindre indulgence pour ceux qui volent Mes Attributs
et trompent Mon Peuple.

## Les assemblées nouvelles seront d'amour et liberté

⁵Je ne partage pas Ma Puissance avec Pierre,
ni avec *aucun* de Mes Témoins, ni avec aucun homme ;
⁶J'ai envoyé Pierre et Mes Disciples prêcher les Juifs pour les délier en Mon Nom de leurs serments envers le temple et ses prêtres,
envers les synagogues,
et les lier à Mes Assemblées nouvelles et à Ma Parole, comme le Roi envoie Ses Messagers convier Ses Sujets à Ses Noces, les déliant de toute

---

*21/1 : la malice des princes du culte : il s'agit de tous les princes de tous les cultes : culte de la religion, culte de la politique, culte de l'argent, culte de la loi, culte du plaisir, etc. (voir 1/4, 1/7, 15/1). Métaphoriquement, leurs docteurs et prêtres sont tous les théoriciens, serviteurs et fonctionnaires de ces cultes qu'ils soient religieux ou profanes.*

*21/1-2 : Au sens large, La Révélation d'Arès entend par superstitions tout ce qui fait naître des espérances illusoires ou qui consacre, promeut ou récompense dans tous les domaines religieux, idéologiques et hiérarchiques. Au sens étroit, superstitions désigne surtout les sacrements religieux, qui ne font que mimer la puissance illusoire de dominer le mal ou d'effacer le péché par des gestes et des formules. Il reste toujours sous-entendu que la superstition se retrouve dans tous les cultes profanes : politique, armée, justice, patriotisme, pronostics, astrologie, art et, bien sûr, jeux de hasard.*

*21/4 : Mes Attributs = la bonté, l'amour, le pardon, la paix, la liberté et l'intelligence spirituelles, toutes les qualités (l'image du Créateur, Genèse 1/27) que tout homme, à son échelle terrestre, peut retrouver en entrant en pénitence = en renonçant au mal et en recherchant le bien. Beaucoup d'attributs du Créateur ne sont que détournés, imités (volés) ou dénaturés par les princes du monde, leurs lois, etc.*

*21/6 : J'ai envoyé Pierre et Mes Disciples : Voir n. 5/2-5 sur l'impatience des apôtres qui s'égarèrent sur les friches païennes au lieu de rester chez les Juifs pour lesquels la Parole du Créateur avait été spécialement formulée, parce que le retour du monde au Bien devait logiquement commencer par le peuple de la Bible.*

obligation ce jour-là,
car c'est toutes affaires cessantes
qu'un Juif peut répondre à l'invitation de son Roi.

**Le Créateur ne gouverne pas la créature, il l'aime**

⁷Mais *ce* Roi n'a ni ministres ni gouverneurs,
Il règne seul,
Il siège seul à Son Tribunal.
⁸Ses Messagers, Il ne les a même pas faits
majordomes, pas même officiers de Sa Maison,
Il les a aimés comme Messagers.

**La barbarie se perpétuera par la politique**

**22** ¹Parce qu'ils ont usé vainement leurs jarrets sur des terres incultes, loin d'Israël,
Mes Messagers ont eu la déception pour salaire ;
ils ne laissèrent que *brebis éparses*
traquées par les loups.
²Des béliers montèrent des ténèbres,
ils encornèrent les loups avec fureur,
puis rassemblèrent Mes Brebis en troupeaux et se les partagèrent,
*qui* au levant, *qui* au couchant, *qui* au septentrion,
*qui* au midi.
³Écris cela, homme Michel, car ta génération connaît les calamités, elle saura leur faire face,
mais les générations à venir oublieront ce qui n'est pas écrit. Écris pour elles :
⁴Voilà ! Les béliers sont les princes et leurs prêtres.
Certains princes se soumirent un grand nombre d'autres princes et leurs troupeaux ; avec eux ils formèrent des hordes innombrables ;
ils marchèrent à leurs têtes pour étendre sans cesse leurs conquêtes.
⁵Pour *affermir* leur puissance, ils firent venir de nuit leurs faussaires,
des orfèvres habiles à construire un trône ancien,
sur lequel ils assirent des os blanchis,
les os de Pierre,

---

*21/7-8* : le <u>Roi</u> = le <u>Père de l'Univers</u> (12/4). Ce <u>Roi</u> n'a pas de gouvernement. C'est pourquoi le <u>petit reste</u> de ceux qui retrouveront <u>l'image</u> (Genèse 1/27) de ce <u>Roi</u> est appelé à vivre sans gouvernement, ni <u>chef</u> (16/1, 36/19), ni <u>juge</u>. Ainsi, de même que le Créateur est son propre <u>Tribunal</u> (= il sait le <u>bien</u> et le <u>mal</u>), le <u>pénitent</u> sera son propre <u>tribunal</u>, c.-à-d. capable d'évaluer son propre état de <u>bien</u> ou de <u>mal</u>. Ici est clairement dénié ce que les théologiens appellent providence ou gouvernement du monde par Dieu. <u>Adam</u> a revendiqué la <u>liberté</u> totale de se gérer et Dieu la lui a laissée (2/1-5). Le destin spirituel de l'homme dépend de sa conscience, mais non de lois et de jugements terrestres ou célestes.

La Veillée 22 est parfois appelée la **Veillée des Barbares**. Les **moissonneurs** (4/12, 5/2, etc.) devront la méditer, réfléchir aux suites funestes que peut avoir une mission inconséquente comme celle jadis faite par des **disciples** (5/1-5) ou **messagers** de l'Évangile qui prêchèrent les païens et barbares au lieu de prêcher **Israël**, la nation préparée pour **accomplir** la **Parole**. Le résultat en a été un christianisme insuffisant, cette religion ou ces idéologies en grand manque **d'amour** qui ont souvent servi de prétexte à la barbarie antique ou moderne.

*22/1* : ont usé vainement leurs *jarrets* = ont raté leur apostolat par *vaine* agitation ou désordre. *Messagers* : Il s'agit ici des *disciples découragés* (5/2-5), qui n'installèrent qu'un christianisme approximatif et insuffisant qui allait servir de prétexte à maints abus et conquêtes des pouvoirs terrestres.

*22/4* : <u>princes et prêtres</u> = tous les *pouvoirs*, religieux mais aussi politiques, financiers, etc., et leurs personnels serviles (nn. 1/4 et 1/7). <u>hordes</u> = forces serviles de toutes sortes : armées, <u>pillards</u>, foules partisanes et avides.

les os d'André ;
on déterra Mes Disciples.
⁶Les princes des hordes convoquèrent leurs peuples devant le trône : « Ne reconnaissez-vous pas là les côtes, le crâne et les dents de mon père ? N'est-il pas le roi établi par Dieu sur cette nation ? Ne suis-je pas son fils, l'héritier de son trône ? »
Quelques-uns dirent : « Nous ne voyons que des os blanchis ! »
Aussitôt les pillards, qui suivaient chaque horde, craignant qu'elle se divise et perde sa force,
craignant de perdre leurs profits,
les mirent à mort en criant : « Salut du peuple ! »

**Qui aime gouverner ne peut que feindre l'amour**

⁷Chaque prince pleura : « Mes pauvres frères, la nation est témoin que je n'ai pas voulu pour vous une fin aussi cruelle ; la vengeance des pillards a *devancé* ma clémence. Serais-je moins clément pour eux que pour vous ? »
⁸Sous le bras étendu des princes les pillards furent absous, *établis satrapes* pour leur dévouement,
pour prêter leur violence aux princes
sur qui ne devait jamais retomber
le sang des crimes commis pour le salut du peuple,
car immense fut l'habileté des princes à gouverner.

**Pouvoir moderne ou pouvoir antique, même chose**

⁹Aujourd'hui encore ils miment la sagesse patiente,
dépêchent leurs envoyés par des voies détournées
pour les attarder,
pour que leur pardon parvienne au bourreau après
qu'il a décapité le faible,
pour que leur *condamnation* parvienne à la cour
du fort après qu'il a commis son crime.
¹⁰Pour leur hypocrisie, pour leur rapacité
leurs spectres ont mérité d'errer par les lieux les
plus terrifiants.
Mais ils ont fait plus abominable encore :

---

22/6 : Le souci (xLix/3) et le culte de la « légitimité » ont constamment hanté les dominateurs (27/9, 29/2). Tout pouvoir s'est toujours déclaré « légitime » et a pourchassé, éliminé ou neutralisé ses contestataires.

22/7-8 : Chaque prince pleura : L'hypocrisie (15/1, 22/10), la comédie des grands sentiments et de l'indignation, la langue de bois, sont des constantes historiques chez les princes et dominateurs, c.-à-d. les hommes de pouvoir religieux ou politiques et aujourd'hui les media qui répercutent leurs discours.

¹¹Ils ont volé Mes Attributs,
ils ont mimé Ma Puissance,
ils ont bâti aux frontières de Mon Royaume
un porche de douane,
un péage,
pour détourner *la dîme* de charité,
délivrer des passeports illusoires,
juger en Mon Nom,
couvrir Mon Peuple de ténèbres et d'effroi.

**La *Justice* n'est autre que ce qui est vrai, donc juste**

¹²Leur abomination est affaire de Ma Justice,
mais écris, homme Michel, que les princes seront détrônés bientôt ;
leur imposture est déjà révélée,
leurs prêtres seront renvoyés au champ et à *l'établi*,
leurs docteurs vendront leur art aux disputes du siècle.

**Attention aux retours de la vieille Histoire !**

¹³Mais écris pour les enfants de tes enfants
que le fléau demeurera derrière l'horizon
caché par un ciel pur.
Comme l'envie soulève les mamelles
d'une jeune vierge,
le fléau reviendra d'abord comme un vent léger,
agréable pour ceux qu'il caresse.
Que ta descendance prenne garde à l'ouragan qui suivra,
si elle se laisse prendre aux séductions
des voix douces revenues de l'horizon,
car elles deviendront vite le tonnerre des tyrans,
et Mon Jour reculera encore devant eux !
¹⁴Que ta descendance se souvienne de Ma Parole :
Plus jamais de princes,
ni prêtres, ni docteurs,
et la Bête, qui agonisera longtemps derrière l'horizon,
mourra.

22/11 : *Ils ont volé Mes Attributs* : (Voir aussi n. 21/4) Le Créateur en donnant à *Adam* son *image* spirituelle (Genèse 1/27) lui a donné ses *Attributs* : amour, parole (outil de l'intelligence), créativité, individualité et liberté. Tout homme possède ces capacités-là, mais quand il les utilise à des fins mauvaises, futiles ou insensées, c'est comme s'il les avait *volées*.

22/12 : *seront détrônés bientôt* : Ces mots signifient que la démystification des *princes* ou pouvoirs, religieux, politiques, financiers, etc. a commencé et s'intensifiera *bientôt* dans le peuple, même si les *princes* (= les puissants ou *les plus malins*, 28/19-20) restent physiquement en place plus de *quatre générations* encore (24/2). Ce *détrônement* se fera naturellement et non par une révolution brutale, si la mission du *petit reste* (26/1) ranime correctement la *Lumière* (12/4) et réveille dans l'homme *l'intelligence* (32/5) de vivre *libre* (10/10) sans le gouvernement des *princes*.
*Ma Justice* : non la justice au sens de loi ou de tribunal, mais ce qui est *juste*, exact, *vrai*. Justice (du Créateur) veut dire que la *Vérité* et la *pénitence* finiront par régler le sort du *mal* et de l'erreur comme la *Lumière* chasse l'ombre et non comme un juge applique une loi.
*à l'établi* = au travail.

22/13-14 : Première évocation de la fin des temps (31/8) ou fin de ce monde injuste et méchant et du commencement du *monde changé* (28/7), du monde gagné par la *pénitence* et le Bien. Des prophéties eschatologiques similaires sont rencontrées dans La Révélation d'Arès (30/16, 31/8-13, 35/2-3).

22/14 : *la Bête* = le *mal*, le système *choisi par Adam* (2/1-5) source du *péché*, générateur des malheurs et souffrances du monde.
L'homme a reçu tant de dons qu'il peut ressentir la vocation du malheur autant que la vocation du bonheur et *choisir* une nouvelle fois la mauvaise voie, celle de la *Bête*, qui fut déjà autrefois *choisie par Adam* (2/1-5).

### Libérer un monde terré dans ses idées et dans ses lois

**23/1 :** *Mes Fils* : Une fois de plus, le Père dénie le dogme ecclésiastique de la trinité en rappelant qu'il n'a pas un fils unique (le christ des églises), mais autant de *fils* que d'hommes qui mettent *leurs pas dans ses Pas* (2/12, 32/3). Les hommes et les femmes de *bien* (*pénitents*), croyants ou non, sont tous ses fils et filles.
*pian* = maladie parente de la syphilis, mais le mot *pian* pas très lisible était peut-être *peste*.

**23** ¹Écoute, homme Michel, ta tête est faible,
et tu n'es pourtant pas l'avorton de Mes Fils consumés par leurs fautes comme par *le pian* ;
le mal a creusé leur tête, voilé leurs yeux et leurs oreilles,
le péché a tanné leur cœur. ²Au milieu des chétifs les moins chétifs *figurent* les athlètes ; le moins insensé est le sage au milieu des insensés ;
mais qu'entre chez eux le Fort, l'Illuminé, leurs athlètes et leurs sages découvrent leur honte et crient :
« Que l'Aigle laisse la taupe régner au milieu des siens ! Qu'Il garde le Ciel et nous laisse la terre ! Que nous importe Son Cri Qui traverse les montagnes ? Il ne parvient pas au fond de nos tunnels ! »
En Vérité, homme Michel,
c'est leur faiblesse qui *leur* fait refuser l'Alliance de l'Aigle.

La Veillée 23 est souvent appelée **Veillée des Taupes et de l'Aigle**. Par cette parabole le Créateur nous enseigne sur la myopie de la conscience, qu'a causé le système dans lequel l'homme s'est enterré comme une **taupe** depuis les mauvais **choix** faits par **Adam** (2/1-5). Cette myopie, un quasi-aveuglement, est devenue une seconde nature si profonde que l'homme a oublié qu'il peut sortir de son **tunnel** d'idées et de principes, que sa raison faussée croit irremplaçables ou indépassables. Oui, la conscience humaine peut évoluer vers la **Lumière** (12/4) dans laquelle plane **l'Aigle** (le Créateur, la **Vérité**, l'**Espérance** d'un monde changé en **Bien**). L'homme peut même redevenir lui-même **aigle** = être **fait un Dieu** (2/13).

### L'orgueil qui rend sourd et aveugle, la pire faiblesse

³Parle à Mon Peuple selon ses faiblesses dont tu n'as pas idée,
car il a des artifices pour paraître comprendre, pour *opiner* devant le mystère comme devant le babil des enfants ;
son illusion *adoucit sa détresse ;*
les plus rusés en tirent profit, disant : « Vous êtes un peuple illuminé ; par nous Dieu vous révèle Ses Énigmes, par nous Il ouvre vos intelligences et vos yeux. »
Consolé, le peuple paie le salaire de leurs leçons. ⁴Bannis les docteurs

**23/4 :** *les docteurs* représentent « l'intellectuellement correct », le « politiquement correct », le « religieusement correct », etc., les idées qui cherchent sans cesse à s'imposer.

dont l'ignorance M'est un dégoût, qui emplissent de vent les têtes faibles de Mon Peuple !

Je te livre un langage
qui lui donnera l'intelligence
comme Je l'ai livré aux prophètes et aux disciples.

**Les dogmes religieux ne sont qu'idoles de l'esprit**

⁵Sous ta voix Je répandrai Mon Eau sur les cœurs altérés ; ta parole fera jaillir le sang dans les têtes vides et les fertilisera. J'exhalerai Mon Souffle sur tes fidèles et Ma Bénédiction sur leur descendance.
⁶Douce sera ta voix,
sobres tes paroles ;
souvent un baiser de toi fera mieux qu'un discours.
⁷Les docteurs M'ont façonné un dieu à trois têtes pour étonner les faibles, les faire trembler sous leur oracle ; ils ont décidé de Ma Pitié et de Mon Châtiment selon les œuvres
en discours interminables,
*énigmatiques ;*
d'un Mot de Moi ils ont écrit des livres.
⁸Mon Peuple ne sait plus où Je suis, où Je ne suis pas.
Abats les idoles de l'esprit
comme furent abattues les idoles de bois !
⁹Va ! Je suis ton Appui.

23/5 : Ma Bénédiction sur leur descendance : Le Père au verset 36/11 rappelle qu'il est inutile d'appeler sa Bénédiction, simplement parce qu'elle ne vient pas nécessairement sur ceux qu'on lui demande de bénir, mais elle vient naturellement sur tous ceux que la pratique du Bien a fertilisés pour en faire ce beau jardin spirituel (xvii/3, etc.) dont sortira le monde changé.

23/7 : un dieu à trois têtes = dogme de la trinité, base du credo des églises, le Dieu en trois personnes des théologiens : père, fils et fumée (xviii/1) où fumée = saint esprit. Aucun dogme ne saurait par lui-même sauver ou damner qui que ce soit, parce que le salut de l'individu comme de l'humanité ne dépend pas de discours de foi ou théologiques, mais du Bien effectif ou accompli.

**Éden ne renaîtra pas vite, mais il peut renaître**

**24** ¹Ta tête reposera sur la dalle du tombeau,
tes fidèles pleureront sur tes mains glacées
avant que tu n'aies vu
même le petit reste que Je t'envoie rassembler
accomplir la Parole Que Je te livre.
²Procède sans hâte !
La larve en se hâtant rejoint-elle l'abeille ?
Elle doit accomplir son temps.
Ajouterais-Je des jours à tes jours qu'ils ne suffiront pas ; quatre générations ne suffiront pas.

24/1 : petit reste = une minorité de pénitents ou d'hommes de bien, que le témoin appelle parfois « l'avant-garde du Bien ». Ce petit reste suffira pour sauver le monde, parce que le sage Créateur sait bien que le retour de l'humanité entière au Bien est impossible. On retrouve ici l'intuition des premiers chrétiens selon laquelle la masse humaine devrait son salut à une minorité, sauf qu'ils virent ce salut dans un homme cloué sur la croix et à quelques disciples qu'il laissa derrière lui, alors qu'il fallait le voir dans la lente (24/2) et difficile pénitence d'un nombre appréciable d'hommes, un petit reste, pendant des générations (24/2).

> La Veillée 24, un hymne à la **patience** (39/3, xxxiii/3) et à **l'espérance** (16/16), est parfois appelée **Veillée de la Vie**. Le mot **Vie** y revient quatre fois dans une exhortation à ne pas abandonner les efforts de retour au **bien** par la **pénitence** et par une abondante **moisson** des **pénitents** ou hommes de **bien**. Les **pénitents** formeront ce **petit reste**, fer de lance de l'action longue et difficile, dont résultera le retour du bonheur général, rien de moins que le **changement du monde** (28/7).

> 24/3 : *l'Oasis* = Éden, le *monde changé* (28/7), inspiré de celui qui existait avant qu'*Adam choisit* (2/1-5) d'établir l'actuel système, terrain non infertile (*oasis* en puissance), mais tellement pollué qu'il a généré beaucoup de *mal*, malheur, violence, maladie, *mort*.

> 24/3-5 : *Vie* = Vie spirituelle, nature même du Créateur, qui décida de la partager avec l'animal pensant (*l'homme qui couchait sur l'ombre*, vii/1-2) qui ainsi devint *Adam*. C'est pourquoi l'homme est *l'image du Père* (Genèse 1/27). L'homme reste biologiquement un animal pensant, mais nanti de la capacité sublime de se détacher du destin animal, s'il le veut, et d'accéder à la *Vie* spirituelle et même *d'être fait un Dieu* comme Jésus (2/13).

> La Veillée 25 est souvent appelée **Veillée de l'Amour**. Le Créateur **aime** tous les humains sans exception, de toutes races, cultures, religions et prières ou même sans religion ni prière. L'homme de **bien**, le **pénitent**, ne peut pas faire moins que **d'aimer** lui aussi tout **étranger**, tout humain d'une autre culture. Le vrai christianisme n'a pas encore existé, parce qu'il n'a pas su **aimer** tous les **enfants** du Créateur, **la foule innombrable dont le Père connaît les noms,** tous nos frères de la terre.

³Non pas un homme montre la Voie,
non pas un autre homme trouve la Vie,
mais beaucoup d'hommes
se succédant au tombeau
montreront la Voie,
une multitude dont les os ajoutés dresseraient une montagne trouvera la Vie,
parce que le Père ne donne plus la Vie ;
Il L'a donnée une fois,
l'Oasis.

**Même longue à retrouver, la Vie idéale sera retrouvée**

⁴Comment un seul homme, mille hommes même,
retrouveraient-ils la Source enfouie
sous le piétinement des batailles,
sous les pas des caravanes des marchands,
sous les processions des prêtres,
sous les reins des prostituées,
sous le Vent de la Colère de Dieu ?
Des générations repentantes camperont sur ce désert pour en tamiser le sable,
⁵le fouiller comme une mine,
pour retrouver la Vie.

**Mille cultures, mais un même et seul enfant du Père**

**25/** ¹Que deviendras-tu à Mes Yeux
si jusqu'à Mes Rivages
tu guides les seules assemblées de ton peuple ?
²Partout les pères aiment leurs enfants, les prêtres aussi aiment leurs fidèles.
Où est leur mérite ?
³Ne dis pas aux étrangers : « Joignez-vous à mes assemblées ! Avec elles je vous aimerai ; avec elles je vous conduirai sur les Rivages de la Vie ! »
⁴Dis-leur : Étrangers, je vous aime avant de vous connaître. Avant que des profondeurs vos têtes aient *affleuré* l'horizon, j'ai dressé la table pour vous restaurer, j'ai ouvert les rangs de ma race pour que vous y preniez place
pour gravir ensemble les Hauteurs,
car je suis l'échanson et le muletier,

⁵mais l'Hôte et le Pasteur est au-dessus de moi ;
Il conduit les pécheurs qui s'engagent dans les sentiers chevriers,
Il les nourrit sur les rocailles,
Il lave leurs pieds écorchés.
⁶Il n'abandonne aucun pécheur dans sa pénitence ;
tous Il les fortifie dans leur ascension,
ceux qui Le prient en silence,
ceux qui Le prient en agitant des grelots et des luminaires,
ceux qui Le prient sept fois par jour,
ceux qui ne Le prient pas, mais qui Le connaissent,
ceux qui comptent les soleils jusqu'à Son Jour
et ceux qui comptent les lunes,
ceux qui L'encensent et qui crient vers Lui,
ceux que l'encens et les cris indisposent,
ceux qui Le voient blanc et ceux qui Le voient noir,
et les négateurs de tous ceux-là,
la foule innombrable qu'un *flot d'encre* ne peut nommer, dont le Père connaît les noms.

**La meilleure aide sociale ne vaut pas l'amour du Père**

⁷Homme Michel, si tu ne les aimes pas déjà,
non pour leur faire l'aumône ou panser leurs plaies
comme font les princes et leurs prêtres
en se gardant de les convier à leurs conseils
de peur de perdre leurs trônes,
mais en les aimant comme Je les aime,
ton amour sera sagesse de prince,
non le Vent Fou levé de Nazareth,
la Trombe Qui traverse la terre éperdument.
⁸Romps avec tous le Corps de Mon Sacrifice ;
dans leurs rangs fais circuler le calice ;
joins tes prières à leurs prières,
apporte ton offrande à leurs temples,
donne tes filles à leurs fils !

25/5-6 : Le témoin de La Révélation d'Arès a fait de ces deux versets une prière, qu'il prononce chaque jour dans un effort mental d'union avec tous ceux qui prient sur la terre, de quelle que façon que ce soit et même avec tous ceux qui ne prient pas, mais qui expriment à leur manière leur espoir que le mal cessera et que la Lumière couvrira tout sans cesse (31/8).

25/6 : On n'honore pas le Créateur en croyant à ceci plutôt qu'à cela ou en priant de telle façon plutôt que de telle autre, mais en pratiquant le Bien.
Le Père dit : « Je les aime » (25/7) en parlant de tous les hommes de toutes les religions ou croyants sans religion et même les athées (ceux qui Le voient noir), qui ont des manières curieuses de penser au Créateur en le niant, parce qu'ils ont été scandalisés (28/4). Les innombrables humains, qu'anime l'intuition naturelle que l'homme existe pour une destinée sublime et heureuse dont il faut retrouver les sentiers (25/5), le Père les connaît tous.

25/7 : faire l'aumône... panser les plaies : la plus généreuse et la mieux organisée des aides sociales dispense secours et soins, mais les princes et leurs prêtres (tous les pouvoirs religieux ou politiques et leurs institutions) veillent à ne pas y perdre leurs trônes. Ils se limitent à l'aide matérielle sans donner ce vent fou de l'amour qui permettrait aux hommes de se passer de chefs (16/1). L'humain a bien plus qu'une nature animale pensante sensible, il a une nature spirituelle (voir n. 25/3-5) qui fait de lui un vivant unique dans la Création. Un vivant chez qui l'amour, l'amour donné comme l'amour reçu, produit une dynamique d'évolution et même de transfiguration.

**25/9** : *les bans… de Mes Assemblées* = les hommes *d'amour* autant que de bon *conseil*, les meilleurs guides *d'âmes* qui, un jour, remplaceront les gouvernements et tous les pouvoirs du monde quand l'humanité fonctionnera sans *chefs* (16/1) ni *commandements* (36/19) ni *lois* (28/8, xix/24).

⁹La mesure et la douceur
ont disposé les *bans*
du grand conseil de Mes Assemblées ;
Je l'attends sur Ma Montagne Sainte.
¹⁰Chausse-toi, homme Michel, prends ton bâton, conduis-le vers Moi, le cou tendu !

### Les démons Autosatisfaction, Rationalisme et Velléité

**26/1** : *Sauf le petit reste* : (voir 24/1) Par sa volonté de renaissance spirituelle une minorité (*petit reste*) sauvera la *multitude* superficielle et velléitaire. Le *long voyage jusqu'aux Hauteurs* d'une destinée sublime renaissante est l'effort continu de la recherche du *Bien* (la *pénitence*) et de l'apostolat (la *moisson* de *pénitents*).

**26** ¹J'ai dit : Sauf le petit reste, la multitude ne te suivra pas.
Elle s'écriera d'abord : « La route que tu montres est la vraie ! » Car faciles sont les premiers repentirs,
exaltants les préparatifs du long voyage jusqu'à Mes Hauteurs.
²Mais le tentateur se glissera derrière toi,
La nuit qui précède le départ,
à l'heure où les cœurs s'angoissent,
il frappe aux portes, il entre et dit : « Suivre cet homme pour une escalade sans *rétribution* est folie. »

La Veillée 26, parfois appelée **Veillée des Velléités**, rappelle les rivalités, ambitions, cynisme, fausses raisons, etc., qui, depuis **Adam** (2/1-5), ont causé le **pian** (23/1), cette peste morale qui a déspiritualisé le monde et assuré le règne des **dominateurs**. Le vrai **tentateur** n'est pas un ange déchu. L'homme est devenu son propre **démon**. Sa réceptivité grandissante aux tentations a même entravé chez les meilleurs les efforts de **repentir** et changé beaucoup de beaux idéaux en velléités.

### La peur d'évoluer a toujours de bonnes raisons

³Sur Mes Semis il lance ses poisons,
disant à ceux qu'émeut la science : « On a lu dans les entrailles des morts, on a pesé, tamisé la poussière des tombeaux, on n'a pas trouvé de suite à la mort de l'homme ; courte est sa vie ; sur ces hauteurs comme en bas, où vous êtes, sa fin est dans la fosse. »
Ceux-là retournent se coucher, s'écriant : « Voilà un langage de raison ! »

**26/3** : *Mes Semis* = l'humanité entière, *l'image et ressemblance* du Créateur (Genèse 1/27) *semée* (5/1, 6/2) en tout homme, croyant ou non croyant.

**26/4** : *étalon* = véhicule tapageur : voiture de sport, avion, jet, etc. *leur belle* = leurs *adultères* et outres amours dissolues.
*banquet* = bamboche, partie fine.
Pourquoi le Créateur use-t-il de mots démodés ou métaphoriques ? Parce qu'il s'adresse au monde (voir 5/5-7), à un large éventail de mentalités et de langues. On comprend mieux ainsi le souci du *Père* d'user du vocabulaire le moins typé possible.

### Quand tout se réduit à jouir et à posséder

⁴À ceux qui aiment le plaisir et les biens le tentateur dit : « Restez dans la vallée grasse, dans les aises de vos maisons ! À ceux qui n'ont pas je prête pour payer le maçon, le tapissier et le jardinier, pour les musiciens qui égaieront leurs fêtes ;

j'avance le prix de l'étalon qui les portera chez leur *belle,* chez l'ami qui donne un banquet. Si brèves sont vos joies, les échangerez-vous contre les peines d'une folle ascension qui vous précipiteront plus vite encore, *maigres* et tristes, dans la fosse sans retour ? »
Ceux-là retournent se coucher, s'écriant : « Voilà un langage de sagesse ! »
⁵Le tentateur ne se lasse pas de mentir comme le porc ne se lasse pas de manger.

**Tous les puissants se déclarent irremplaçables**

Aux puissants et aux riches il dit : « Insulterez-vous vos pères, dilapiderez-vous leur héritage, les dons de la chance qui vous chérit ? Priverez-vous le pauvre peuple des services de votre intelligence, de votre gouvernement, des marchandises de vos *entrepôts,* de l'or que vous prêtez ? Quel profit tireront vos sujets, *vos clients,* à vous voir partager avec eux les pommes aigres des montagnes ? »
Ceux-là, satisfaits, retournent se coucher, en disant : « Quel *crime* d'abandon allions-nous commettre ! »

**Les dévergondés se prévalent de besoins naturels**

⁶Contre les corps d'hommes et de femmes vêtus, chaussés pour l'ascension, le tentateur se glisse, allume un feu dans leurs entrailles, leur dit à l'oreille : « Quelle amoureuse, quel amant apaisera ce feu sur les sentiers de montagne ? »
À la femme : « Qui te paiera en or et en cadeaux, en bijoux et parures, pour les joies que tu donnes, quand tu seras là-haut ? »
À l'homme : « Qui remplacera là-haut ta femme dont tu es fatigué ? L'austérité te desséchera comme un vieillard ! »
Ceux-là et celles-là retournent se coucher pour forniquer, pour commettre l'adultère.

26/5-6 : *le tentateur* = non un personnage surnaturel maléfique, mais tout simplement la tentation comme faiblesse humaine. La fiction d'un tentateur personnel, diable cornu, cynique et infatigablement malfaisant, responsable des mauvaises inspirations de l'homme est héritée du paganisme, de la superstition, des légendes que des cultures tenaces gardent vivantes. En fait, l'origine de la tentation est différente et beaucoup plus simple. Tout le contexte de La Révélation d'Arès suggère que l'homme est son propre *tentateur.*
La race humaine perdit peu à peu sa vocation spirituelle après qu'*Adam* eut *choisi* (2/1-5) une vie qu'il estima plus indépendante et créatrice que la vie heureuse apparemment passive d'Éden. Cette indépendance, quoique réelle, eut l'inconvénient grave d'exposer de plus en plus l'humanité à de multiples maux : régression vers l'état d'animal pensant (*l'homme qui couchait sur l'ombre,* vii/2), rivalités, peurs irrationnelles, religion et l'excès inverse de la religion : le rationalisme, etc. L'homme perdit ainsi le contrôle de ses propres choix et de sa *bonté.* C'est cette perte de contrôle qui, dans La Révélation d'Arès, prend pour nom *tentateur* et *démons* (26/12).

## De pires dérèglements sont encore à venir

⁷Tout cela, et bien d'autres choses encore, le tentateur l'a fait sur les pas de Mes Messagers, mais sur ta trace il fera pire encore parce que tu es Mon Messager Fort ; plus avides de biens, de plaisirs, de puissance il fera les hommes, plus impudiques les femmes.

## Quel bonheur le Père refuse-t-il à l'homme de bien ?

⁸Mais qu'offre-t-il, le tentateur, qui ne peut rien créer, ni joies, ni biens ?

Qu'offre-t-il que Je ne donne déjà ?

N'ai-Je pas construit des maisons chaudes ? N'ai-Je pas planté des vignes le long de Mes Sentiers vers les Hauteurs ?

N'ai-Je pas invité les musiciens à fêter Ma Victoire, à divertir celui qui a peiné tout le jour ? ⁹N'ai-Je pas donné Mes Mules pour l'ascension, et la nourriture à chacun ? N'ai-Je pas mis les forts et les sages au service des faibles et des petits ?

N'ai-Je pas paré de beauté les femmes ; n'ai-Je pas rempli leurs époux de *force virile* ; le Père ne bénit-Il pas leurs joies ?

## Le Père de la matière est le meilleur matérialiste

¹⁰N'ai-Je pas livré à tous le long des sentiers les sources et les ruches, le fer et le feu ?

L'imposteur ne peut rien donner de tout cela ; il peut seulement souiller et mentir ; c'est l'auge que la pitié du Père lui a laissée ; le porc y grogne, s'y repaît, sa faim ne fléchit jamais.

## Pourquoi raison et Création seraient-elles rivales ?

¹¹Le Père lui abandonne les cœurs, les âmes des impénitents entêtés, des hommes et des femmes endurcis dans leurs plaisirs, leur cupidité, leur méchanceté, leurs adultères, tous ceux qui Me défient, disant :

---

26/8 : *Qu'offre-t-il (le tentateur) que Je ne donne déjà ? : Le Créateur n'a jamais refusé à l'homme les jouissances et le bonheur de la vie. Bien au contraire. Il a créé l'homme pour le bonheur. Il demeure que l'homme croit avoir remporté une légitime victoire de ses seuls désirs et raisons sur la vertu considérée aujourd'hui comme contre nature. Ni joies ni biens n'ont jamais été refusés à l'homme par le Créateur, pourvu qu'il ne cause jamais le mal, qui résulte de l'abandon de l'amour, du pardon, de la paix, de la liberté et de l'intelligence spirituelles (32/5), bref, du bien.*

26/10 : *L'imposteur... le porc = la tentation (voir n. 26/5-6), ici plutôt la tentation d'imposture. Les jouissances de la vie sont légitimes et ne résultent pas de mauvaise tentation. C'est quand l'homme déspiritualisé, parfois avec une sorte de délice cynique (d'où l'allusion au porc), fait de ces jouissances un défi à la Vie spirituelle et au Bien que les jouissances de la vie résultent d'une tentation d'imposture. La tentation dégénère alors en grands maux comme le refus conscient de la pénitence, dans quoi l'impénitent voit à tort une tristesse et une austérité obligatoires, alors qu'elle ajoute joie et fête (30/11) aux jouissances de la vie.*

26/11 : *Nous ne voulons pas d'un Dieu jaloux de nos joies, disent les impénitents. Quelle méprise ! Les joies et les richesses ne sont jamais péchés quand elles ne génèrent pas le mal.*

« Dieu, Tu nous trompes ; qui a vu vivre les morts ? »,
disant encore : « Nous ne voulons pas d'un Dieu jaloux de nos joies et de nos richesses, Qui nous ride et nous jaunit comme des vieilles ! »,
disant aussi : « Qui crée, qui gouverne ici sinon l'homme ? Qui sera maître de la mort sinon la science de l'homme ? »
[12]Le tentateur digère l'orgueil, l'impudicité, la cupidité, les abominations, il les *défèque* dans les profondeurs glacées, parce que le Père peuple Son Séjour d'âmes propres et parce qu'il y a déjà assez de démons.
[13]...
[14]...

*26/13-14 : Dans un aparté le Messager du Créateur, Jésus, demanda au témoin de ne révéler ces deux versets que dans certaines circonstances. Ces circonstances ne se sont pas présentées.*

### L'orgueil de se croire au-dessus de la vie spirituelle

[15]Dis à Mon Peuple : « Ne vous perdez pas ! » Ne te lasse pas de lui parler ; sur Mes Montagnes entraîne tous ceux que tu peux !
[16]Dis-lui : « Le tentateur rôde par la terre, toujours affamé. Son regard rouge qui cligne sous la Lumière, il le tourne vers le Père : "Avance Ton Bras, frappe !" implore-t-il.
[17]« Le Bras de Dieu, l'ange qui extermine, frappe les âmes qui se sont perdues dans l'orgueil, qui ont dérobé Mes Attributs, qui se sont plues dans toutes les abominations. Comme des *déchets* le tentateur s'en repaît. »

*26/17 : Le Bras de Dieu : D'un bout à l'autre, La Révélation d'Arès sous-entend que le Créateur ne punit pas le pécheur, mais que le pécheur se punit lui-même, autrement dit, l'humanité est la cause de son propre mal et de ses malheurs.*
*De même, le Bras de Dieu n'est pas une punition de Dieu, mais le choc en retour dont se frappe lui-même celui qui s'est perdu dans l'orgueil de se croire au-dessus de la vocation spirituelle (image du Père, 11/1, Genèse 1/27) donnée à l'homme depuis la Création.*

### Conseils de sagesse pour la vie sociale

**27** [1]Homme Michel, *aime* ceux qui marchent vers leur perte !
Tu ne les aimeras pas si tu les reçois dans Mes Assemblées ; ils se croiront élus.
[2]N'incline pas à se croire sauvés ceux qui s'entêtent à l'impénitence ;
que ton cœur ne fléchisse pas devant l'infortune des pécheurs endurcis, des pécheurs publics, ou (de) ceux dont tu connais le secret.

*La Veillée 27 apporte un certain nombre de recommandations concernant la vie en société. Ici, le terme **assemblée(s)** est pris autant dans le sens le plus large (toute la société humaine) que dans le sens le plus étroit (les groupes locaux du **petit reste**). Mais les deux sens se mêlent, de sorte que le **petit reste** doit devenir comme le miroir ou le laboratoire d'essai du **monde changé** (28/1).*

27/3 : Sauve ! Ne juge pas ! = Que tes lèvres ne profèrent aucun jugement (16/14), Mais tu ne jugeras personne (36/16) et Tu ne jugeras pas (Matthieu 7/1). Le bon juge est le juge qui mange sa langue (xi/7). Le rejet des lois humaines (loi des rats, xix/24) et des jugements privés ou publics comme des dénis de justice = dénis de ce qui est vrai, est une constante de la Parole du Créateur. L'amour, le pardon et le secours, doivent toujours prévaloir.

27/4 : Tu éloigneras : Ne signifie pas « tu condamneras » ou « tu puniras », mais seulement tu éviteras que des pécheurs publics obstinés ne s'associent à des activités socio-spirituelles ou apostoliques qu'ils perturbent quand ils persistent à y justifier leur mauvaise conduite ou à pervertir de bonnes personnes.

27/5 : l'échoppe du banquier = toute banque ou officine d'affaires qui convainc le monde de faire passer l'argent par leurs guichets. L'argent est un outil d'échange utile que le Créateur ne condamne pas, mais ses extrêmes réserves à l'égard des métiers d'argent forment une constante dans les Écritures (Bible, Coran). Les princes, prêtres, docteurs = les puissants de tous les cultes : culte de la religion, culte de la politique, culte de l'argent, etc.

27/6 : tu déchiffreras leur cœur = tu ne te formeras pas d'opinions trop hâtives. Le jugement est à fuir (27/3), mais l'opinion doit être soigneusement faite pour assurer l'harmonie et encourager les vies séparées de groupes d'affinités là où s'avère négatif le mélange forcé de caractères qui se stérilisent les uns les autres. Des frères ou des sœurs du petit reste comme des hommes et femmes de la société en général peuvent paraître peu conformes à ce qu'on attend d'eux, mais peuvent cacher des qualités très utiles au groupe, pourvu qu'on prenne la peine de les déchiffrer.

27/7 : tu prescriras = tu conseilleras. Il ne s'agit pas de donner des ordres, mais de suggérer ou recommander.

³La honte est salutaire. Leur honte, expose-la sur les places et dans les conseils, mais ne juge pas, ne dis pas : Celui-ci est perdu ! Dis : Quel frère s'attachera aux pas de celui-ci pour le détourner de l'erreur ?
Sauve ! Ne juge pas !
⁴Tu éloigneras de Mes Assemblées avec douceur et discernement ceux dont le péché est public comme celui des adultères et des prostituées,
et qui ne montrent aucune pénitence,
ceux qui font abus de richesse et de puissance, qui ont bâti des temples à leurs ambitions,
à l'or, au *négoce,* à l'usure,
⁵car J'ai interdit qu'on *s'empare de* l'héritage de Mon Peuple et *de* son gouvernement,
que J'ai donnés à tous,
qu'on détourne vers l'échoppe du banquier et du marchand la récolte du paysan et le salaire de l'ouvrier par toutes sortes de séductions et de corruptions ;
ceux aussi qui détournent vers eux Ma Puissance et se font passer pour Mes Portiers : les princes du culte, les prêtres, les docteurs qui se font passer pour Mes Messagers.

**Éloigner les impénitents n'est pas les mépriser...**

⁶J'ai dit : Tous ceux-là et d'autres encore que tu connais, tu les éloigneras de Mes Assemblées avec discernement ;
tu *déchiffreras* leur cœur avant de peser leurs fautes, car leurs intentions sont variées comme les reflets des roches, aussi nombreuses que les étoiles.

**...c'est garder l'efficacité dans la recherche du Bien**

⁷Ce que tu prescriras aux Assemblées pour discerner les bonnes intentions des mauvaises,
les pénitents des impénitents,
Je le scellerai.

## Le pire survient quand le spolié imite le spoliateur

⁸Tant que Jérusalem n'aura pas regagné l'Aire Céleste, ne te lasse pas de dire
aux riches, aux puissants, aux impudiques et aux prêtres et aux autres
qu'ils tirent maintenant abondance de la terre, de l'or, du fer et du feu, du salaire de l'ouvrier,
de l'humilité des petits, des faiblesses des pécheurs, et qu'ils ont mis en lois leurs rapines,
leur injustice et toutes leurs abominations
en alliances qu'ils font habilement sceller par ceux qu'ils dominent pour les corrompre,
les tromper, les voler,
⁹mais qu'ils connaîtront le châtiment de ceux qui scandalisent,
parce qu'ils ont inspiré aux faibles qu'ils dominent, et dont ils tirent profit,
de devenir comme leurs dominateurs
*et leurs spoliateurs ;*
ils ont engendré une vengeance sans fin.

*27/8 : Jérusalem regagnant l'Aire Céleste : Jérusalem n'est pas la ville, mais le lieu mental niché dans le cœur de tout homme où l'Aire Céleste est potentielle, c.-à-d. où la Vérité (28/6-10) et le Bien (12/3, xxxiii/11) ont été semés (5/1), mais dorment inconscients (1/9), même chez l'athée ou chez le méchant, en attendant d'être réveillés.*

*27/9 : châtiment = auto-châtiment que se prépare sans le savoir le fauteur de mal. Ici comme ailleurs ce n'est pas le Créateur qui punit mais le dominateur ou spoliateur qui pâtit tôt ou tard de la domination et de la spoliation qu'il fait subir et qui engendrent une vengeance sans fin. Les tourmentés deviennent à leur tour sans fin les tourmenteurs.*

## Le bien actif plus fort que la foi passive

**28**/ ¹Tu chancelles, homme Michel, tu pleures.
Qui sera sauvé, Me demandes-tu ?
Je ne t'envoie pas par le monde avec un cordeau à mesurer pour dire : « Je veux voir la largeur et la longueur de l'Aire Céleste qui contiendra les élus. »
²Je t'envoie montrer à Mon Peuple ses erreurs, pour qu'il discerne où Je suis,
où Je ne suis pas.
³Voilà où Je suis : Ma Parole comme un fleuve s'écoule à nouveau sur les steppes,
Elle trace son cours dans les terres glacées
où J'ai suscité des hommes rudes,
des hommes qui ne Me connaissaient plus dans les masques qu'on M'avait façonnés,

*Le témoin appelle la Veillée 28 Grande Veillée en raison des corrections capitales qu'elle apporte à des idées reçues. Elle disculpe l'athéisme et l'agnosticisme quand ils résultent du scandale (28/3-4) de la religion sans cesser de rechercher le bien du monde (28/11-12). Elle définit la Vérité (28/7) comme l'ensemble des actions (non comme une liste d'idées) qui changeront le monde en bien, parce que les actes bons (la pénitence) comptent plus que les dogmes. Elle dédie les Béatitudes (28/15) à tous les gens de bien et pas seulement aux croyants. Elle inspire d'en finir avec les frontières politiques et avec la politique elle-même (28/20). Elle appelle à une vie moins industrialisée, moins mécanisée et moins commercialisée, parce qu'en utilisant davantage les ressources naturelles de la Création l'homme retrouve plus facilement sa nature spirituelle, sa vocation profonde (28/26).*

*28/5 : faux prophètes = appellation infâme donnée par les religions aux envoyés du Père qui les contrarient. Ici le Créateur appelle plutôt faux prophètes les interprétateurs et idéologues dont les religions et les politiques ont mis en loi (27/8) les théories qu'elles imposent aux peuples. Pour le Créateur quiconque prêche et pratique le bien dans l'amour, le pardon, la paix et la libération spirituelle, est vrai prophète.*

*28/6 : en secret J'ai conduit leurs pas = J'ai préservé la Vérité transcendante dans l'inconscient ou le subconscient de tout homme, même incroyant. Le Bien ne vient pas seulement de La Révélation d'Arès. Il vient aussi du bon sens naturel et n'est pas inconnu du non-dit religieux ou politique, parce que l'homme garde toujours quelque chose de l'image du Père. Même un mécréant sait Qui lui parle (1/9), c.-à-d. qu'il garde au fond de lui une source secrète, celle d'une intuition divine qui lui est restée des origines.*

*28/7 : Mes Témoins = les prophètes (30/1). On les reconnaît dans le fait qu'ils appellent le monde non à suivre une religion, mais à changer en bien par la pénitence.*

*28/8 : Ma Parole est la Loi qui sera : Antiphrase qui signifie que la seule Loi de valeur est qu'il n'y a pas de loi. Toute loi, politique (code pénal, code civil) ou religieuse (comme celle surajoutée au livre de Moïse, voir Bible : Exode), est loi des rats (xix/24). Elle ne peut pas engendrer le Bien. Elle ne peut que régler grossièrement et temporairement des problèmes ponctuels. L'homme de bien idéal vivra sans chef (16/1) ni loi. Quelques princes à Rome : Il s'agit de la Rome politique antique autant que de la Rome religieuse moderne comme métaphore désignant toute capitale et tout pouvoir politiques ou religieux dans le monde. Le mot quelques n'est pas quantitatif ; il indique seulement que politique et religion ne dureront pas toujours.*

des hommes scandalisés par les puissants et les marchands, les princes et les prêtres.
⁴Je les ai *suscités*. Ils ne prononcent pourtant pas Mon Nom, ils n'écoutent pas Ma Parole ;
beaucoup Me haïssent,
mais cela ne leur sera pas reproché
parce qu'ils ont été scandalisés.
⁵L'abusé devient prudent ;
pourquoi enverrais-Je des prophètes à ceux qui furent visités par les faux prophètes ?
C'est d'eux-mêmes que Je fais des prophètes.
⁶C'est pourquoi Je n'ai pas envoyé à ces hommes Ma Parole dans les Livres,
mais en secret J'ai conduit leurs pas vers la Vérité
qui gisait comme un aigle blessé
dans les cœurs de leurs pères et de leurs frères
ployés sous les puissants et les riches,
et ils ont libéré la Vérité,
et ils ont libéré leurs pères et leurs frères ;
et Je Me cache encore d'eux parce qu'on les avait fatigués de Moi,
Je souffle en silence dans leur poitrine.

**Dessein de cette Révélation : Un nouveau monde**

⁷Car la Vérité, c'est que le monde doit changer,
Je n'ai rien dit d'autre à Mes Témoins.
Ma Parole est la Loi Qui vient ;
les nations s'Y sont-elles encore jamais soumises ?
Même Pierre ne L'a pas accomplie.
⁸Pour cela on tirera de leurs palais et de leurs temples les hypocrites qui ont fait faussement de Ma Parole la loi qui est.
Elle est la Loi Qui sera.
Encore quelques princes à Rome, ailleurs aussi,
et le dernier sera tiré de son lit à l'aube.
⁹Ne pleure pas sur les malheurs qu'on verra ce jour-là,
car J'ai laissé aux princes
le temps d'écouter Ma Parole,
et même plus que le temps du repentir !

### Mieux vaut un impie faste qu'un pieux néfaste

¹⁰Parce qu'ils ne l'ont pas fait, s'attribuant Ma Force et détournant la piété vers leurs œuvres fausses,
tu établiras la vraie piété de Mon Peuple,
tu enseigneras la Vérité,
tu aimeras Mon Peuple,
tu aideras l'opprimé contre l'oppresseur,
le spolié contre le spoliateur ;
avec tes frères des steppes, ceux qui ne prononcent pas Mon Nom, tu établiras *l'équité.*
¹¹Mieux vaut qu'elle s'établisse sans Mon Nom plutôt qu'en Mon Nom règne ce que J'ai en horreur.
Cela, Je l'ai crié sur les hauteurs,
sous Mon Cri les eaux se sont soulevées devant Génésareth,
mais la multitude qui M'écoutait est demeurée assise.

*28/10 : Tu aideras l'opprimé contre l'oppresseur : Ce verset a soulevé une réflexion non achevée dans l'Assemblée des Pèlerins d'Arès. Doivent-ils être politiciens autant qu'apôtres (= moissonneurs spirituels) ? Les uns disent oui, mais d'autres non comme le témoin qui s'appuie sur le fait que le Créateur se défie de la politique comme de la religion et demande seulement d'aider toutes les actions qui vont dans le bon sens, d'où qu'elles viennent.*

*28/11 : Génésareth = la ville de Palestine au bord du lac du même nom, où résidait Jésus à l'époque la plus active de sa mission il y a 2.000 ans. Mission prématurément interrompue par la crucifixion et qui fut un semi-échec, puisque la multitude demeura assise (= l'Évangile n'a pas été accompli jusqu'à nos jours).*

### Jusqu'ici la mécréance a fait mieux que la religion...

¹²Il eut mieux valu pour eux
qu'ils ne reconnaissent pas Ma Voix,
mais qu'ils se lèvent comme les vagues de la mer,
comme les vagues se ruent contre le roc qui leur barre leur cours,
*sourdes, obstinées ;*
ils auraient battu le péché,
l'abomination haute comme une falaise.
Mais la multitude qui M'écoutait est restée assise avec ses chefs et ses prêtres.
J'ai attendu
et voilà que Je Me suis levé à leur place.

*28/12 : Je me suis levé à leur place = à la place de la religion (prêtres) et de la politique (chefs). Le Père se lève, c.-à-d. renvoie un messager (Jésus) sur terre, à Arès en France, au moment où les religieux et les politiciens s'avèrent plus que jamais incapables de remplir leur promesse de vaincre le mal et où leurs ambitions temporelles et leurs idéologies se substituent plus profondément au message d'amour initial.*

### ...mais voilà venu le temps de l'accomplissement

¹³Car le serpent des champs Me glorifierait-il de l'avoir fait libre, de lui avoir donné un nid pour ses enfants et la nourriture en abondance,
de l'avoir fait l'égal des serpents de son espèce,
et des hommes Me maudiraient-ils encore de les

avoir laissés *fléchir sous* la tyrannie de l'étranger, leur frère, de les avoir laissé déshériter par les riches, leurs frères, de les avoir laissé tromper par les prêtres ? ¹⁴Le temps est venu où Ma Parole s'accomplit. Des hauteurs qui dominent les rivages devant Génésareth Mon Appel est enfin entendu par des hommes qui Me haïssent.

**Les béatitudes ou l'hymne aux heureux**

¹⁵Heureux sont-ils parce qu'ils ont été scandalisés. Heureux sont-ils parce qu'ils ont été dignement pauvres et qu'ils deviendront riches de toute la terre.
Heureux sont-ils parce que leurs pères sont morts esclaves et que leurs os sont aujourd'hui consolés.
Heureux sont-ils parce que la faim et l'injustice les *enserraient* et qu'ils vivront justifiés et rassasiés.
Heureux sont-ils à cause de leur vertu parce qu'ils connaîtront Dieu.
Heureux sont-ils parce qu'ils aiment leurs frères, qu'ils font la paix avec eux.
Heureux sont-ils parce qu'ils distribueront entre tous Mon Héritage.
¹⁶Tu aimeras particulièrement Mes Heureux, parce qu'ils accomplissent Ma Parole, parce que Je ne Me souviendrai pas de leur haine, mais Je Me souviendrai des fautes des princes qui ont terrifié leurs pères en Mon Nom.
¹⁷Ce que leurs pères M'ont demandé la nuit où ils avaient froid et faim, et qu'ils n'ont pas obtenu de ceux qui parlaient en Mon Nom,
Je le fais aboutir aujourd'hui, car ils n'ont pas péché par envie, leur cœur est resté généreux.
¹⁸Ils ont demandé leur part de Mon Héritage à ceux qui se sont emparés de la terre, du fer et du feu,

---

*28/14 : Le temps où ma Parole s'accomplit = Le temps où la Vérité déjà donnée autrefois, mais encore inécoutée, est redonnée à Arès à un témoin qui, contrairement à d'autres qui se sont dérobés (2/16), ne craindra pas d'accomplir sa mission. Il transmettra la Vérité aux hommes capables de changer leur vie (30/11) et le monde (28/7).*

*28/15 : esclaves = non esclaves au sens de main-d'œuvre enchaînée ou de forçats, mais les sujets et citoyens soumis aux pouvoirs religieux et politiques modernes, à leurs lois, à leurs idéologies et à tous les préjugés qui circulent. Le Créateur ne conçoit la liberté qu'en l'homme absolument libre (10/10), qui n'existe pas encore. Il ne faut pas lire La Révélation d'Arès comme une vieille bible, mais au contraire comme une Parole pour demain.*

*On appelle **béatitudes** une suite lyrique dont chaque vers commence par "Heureux (ou Bienheureux) sont-ils..." C'est un genre poétique très ancien (notamment trouvé dans les Évangiles palestiniens, Matthieu 5/3-11, Luc 6/20-26), qui réapparaît dans La Révélation d'Arès. Par ces **béatitudes** (28/15) le Créateur ne vient pas faire des effets de style. Il vient tout bonnement parler aux hommes des 20ᵉ et 21ᵉ siècles comme il parla aux hommes antiques.*

*28/18 : ceux qui trônent en mon Nom = pas seulement la religion mais aussi la politique. Même quand elle se veut progressiste et athée, la politique ne fait que reprendre à son compte, sans jamais l'accomplir complètement hélas, ce qu'enseigne la Parole du Créateur depuis l'aube des temps.*

ils ont demandé justice à ceux qui trônent en Mon Nom, qui rendent cette sentence : « Il y a les riches et les pauvres, les puissants et les faibles ; Dieu l'a dit ! »
Malheur aux juges iniques !

**Le mal vient quand on ne sait plus reconnaître le Bien**

[19] Éperdus, ils se sont tournés vers Satan, quand le scandale a tué le Père dans leur cœur,
et Satan leur dit : « Que les plus malins deviennent riches, qu'ils gouvernent les nations !
La science l'a dit. »
[20] Il est temps que Je libère les nations ;
dans la nuit Je leur ai fait entendre le délire des puissants, des princes et des riches,
elles ont compris, elles se sont levées,
elles ont rompu les chaînes, de leur fer elles ont forgé des armes,
de leurs faux elles ont fait des épées,
elles ont capté le feu qui lance les traits,
elles ont grondé du fond des steppes
comme le galop des chevaux marqués de Mon Signe,
elles ont repris leur héritage aux voleurs.

**Le Père croit que le monde retrouvera le Bien**

[21] J'ai effacé leurs violences comme des nuages,
Mon Souffle a purifié le ciel au-dessus d'elles.
Les nations reviendront vers Moi,
d'autres nations se libéreront.
Je laisse à leurs dominateurs le temps du repentir,
Je patiente encore,
[22] J'appelle encore les prêtres à la Vérité.
Selon Ma Promesse il leur sera laissé la paix, la nourriture et l'abri ;
celui qui restituera à Mon Peuple
qui ses biens,
qui sa piété
s'éteindra heureux au milieu des siens ;
[23] mais qu'il tarde, qu'il prenne des détours, il subira la violence.

*28/19 : Satan (voir tentateur, n. 26/5-6) n'est pas le démon surnaturel que la superstition (21/1) considère comme le rival de Dieu. Satan est l'homme lui-même quand il entre en crise paroxystique d'insensibilité, de jalousie, de malfaisance, voire de cruauté gratuites contre ses semblables ou contre quiconque s'oppose à ses ambitions.*

*28/20 : Il est temps que Je libère les nations = Il est temps que les frontières entre les nations disparaissent, de même que les pouvoirs qu'elles abritent. Les frontières créent artificiellement les nations, « justifient » les souverainetés rivales, les patriotismes, etc., sources d'antagonismes, de guerres, de concurrences, etc., de même que les pouvoirs à la tête des peuples.*

*28/20-21 : elles ont rompu... ont forgé... ont capté... J'ai effacé... : Ici le passé composé des verbes marque des actions qu'il faut voir comme intemporelles, soit parce qu'elles appartiennent au passé, soit parce qu'elles sont provisoires et locales, soit parce qu'elles sont encore à venir d'un point de vue universel. Sans prescrire la violence (armes, épées, feu), le Créateur n'est pas sans envisager le légitime recours à celle-ci dans certains cas, notamment la légitime défense.*

Beaucoup seront persécutés,
leurs rescapés seront traqués,
leurs femmes se prostitueront
et leurs enfants seront dépouillés.
²⁴Qu'ils méditent vite Ma Parole
ceux qui fixent le prix de la terre,
le prix du fer et du feu, le prix de la prière,
le salaire de l'ouvrier, l'intérêt de l'argent,
qui tirent de Mon Héritage pour eux seuls des profits ;
qu'ils prennent garde avant qu'il soit trop tard !

**La pénitence sauve, pas plus pesante que nos soucis**

²⁵Ai-Je fixé un prix à Mon Salut ?
Ne l'ai-Je pas livré à tous pour la peine d'une pénitence
qui est une joie pour les hommes pieux,
qui n'est pas plus lourde que le souci de l'usurier,
qui est plus légère que le joug du riche et du puissant ?

**L'artificiel hélas vendu à la place de la nature**

²⁶Le long de Mes Sentiers vers Mes Hauteurs
les abeilles travaillent pour tous.
Pourquoi avec folie
fabriquer du miel et de la cire dans les échoppes ?
À leur pied Mes Amandiers répandent leurs fruits,
la perdrix n'exige pas un prix de sa chair
ni la chèvre un prix de son lait.
Je fais jaillir l'huile pour le feu, Je répands à la surface de la terre le plomb et le cuivre pour tous,
pour la peine de les ramasser et de les apprêter.
De la terre ne donné-Je pas la tuile
pour la peine de la cuire ?

**Le prophétisme du témoin réaffirmé**

²⁷Du haut de Mon Séjour Je t'ai appelé, homme Michel,
homme de Mon Dessein,

---

Le témoin ne note pas les dates des visites de Jésus. Cependant, il se souviendra pour toujours de la première : 15 janvier, et de la dernière : 13 avril 1974, et entre ces dates de petits faits inoubliables par eux-mêmes.
Entre autres, raconte-t-il, "pendant la longue Veillée 28, vers mi-mars, il se mit à pleuvoir des cordes. Jésus s'approcha de moi, posa sa main sur ma tête puis une nouvelle fois appuya son pouce contre mes lèvres, et je sentis sa corporéité : le poids du bras, la pression du doigt. Une fois de plus je constatai que Jésus n'était ni un fantôme ni une vision, mais un humain transfiguré **chair, esprit et âme** (17/7)".

*28/24 : Qu'ils méditent vite ma Parole... avant qu'il soit trop tard :* Il ne s'agit pas d'une attaque imminente du Créateur contre les *dominateurs* du monde, car le Créateur ne fait de mal à personne. Il s'agit du choc en retour ou conséquence naturelle sur eux-mêmes de leurs propres prédations ou méfaits, car l'homme fait son propre *mal*. De plus, l'adverbe *vite* n'a pas nécessairement un sens littéral, car la *Parole* est *hors du temps* (12/6) ; *vite* signifie que ce choc en retour arrivera tôt ou tard, il est potentiellement dans l'air du *temps* (12/6).

Le témoin dit souvent : "La Veillée 28 est comme une Révélation dans La Révélation d'Arès. Je veux dire que, lue isolément, elle se suffit presque à elle-même."

*28/26 : mes Sentiers vers les Hauteurs :* (voir n. 25/5-6) C'est à tous les hommes, croyants et incroyants, et même *bons et mauvais* (Matthieu 5/45), que le Créateur a donné la terre.

pour dire où Je suis,
où Je ne suis pas,
pour dire que celui qui Me crie : « Seigneur ! », ne sera pas sauvé s'il reste sourd à Ma Parole,
et que celui qui M'a oublié sera réchauffé par l'éclat de Ma Gloire s'il suit Ma Parole.
Mais toi, tu ne porteras la main sur personne !

**Le Bien sortira victorieux d'une inévitable hostilité**

**29** ¹Ce Que J'ai dit s'accomplira pour les générations qui sortiront de ta descendance.
²Toi, homme Michel, tu connaîtras seulement le petit reste,
trop faible pour te faire un rempart contre les dominateurs, tous ceux qui te craindront,
qui t'accuseront de mensonge et de blasphème, de rébellion, qui susciteront les rieurs contre toi et des insensés pour atteindre ta vie,
comme ils l'ont fait contre Moi.

**Le Père ne se sacrifie pas par la main du bourreau**

³Mais pour toi
comme pour tous
J'ai assumé le Sacrifice.
Tous en feront Mémoire dans le repentir,
mais qui *saurait* Le subir à nouveau ?
Pas même toi.
⁴Car Ma Victoire est déjà ta victoire
avant qu'on t'ait frappé ;
Mon Bras levé du tombeau arrêtera devant toi les moqueurs et les assassins,
les faux témoins.
⁵Tu n'auras pas l'orgueil *funeste* de t'offrir en sacrifice comme ton Dieu, Qui seul peut S'offrir au bourreau sans Se perdre,
car tu n'as pas pouvoir de te ressusciter
et tu perdras ce que J'attends de toi ;
tu commettras le pire des péchés.

---

28/27 : *Mais toi, tu ne porteras la main sur personne* : Le prophétisme est par nature une mission d'amour et de paix, une moisson active de tous les pénitents de la terre au sens le plus bénéfique du terme. La recommandation s'adresse d'autant plus au petit reste (29/2), les compagnons les plus proches du témoin de La Révélation d'Arès.

29/2 : *tu connaîtras seulement le petit reste* : cette phrase n'entre pas en contradiction avec 24/1, mais veut dire que le témoin ne connaîtra sur terre qu'une partie de ceux qui le suivront à la moisson (15/7) car quatre générations ne suffiront pas (24/2). Les Pèlerins d'Arès actuels forment l'avant-garde du petit reste appelé à grossir considérablement dans les générations à venir.

Le **témoin** appelle la Veillée 29 **Veillée du Sacrifice Originel,** parce que l'idée du **sacrifice** qu'il évoque par deux fois (29/3 et 29/5) diffère radicalement de l'idée du "sacrifice par la croix" ou du "sacrifice de la messe" du dogme des églises. Le **sacrifice** du Créateur, d'origine naturelle et fondamentale, est celui qu'il **assuma** dès la Genèse en faisant de l'animal pensant préexistant à **Adam (l'homme qui couchait sur l'ombre,** vii/2) son **image** (Genèse 1/27) et en en acceptant tous les risques. En effet, après avoir reçu , entre autres dons, la **liberté** totale, **Adam choisit** (2/1-5) une vie différente de celle que le **Père** avait souhaitée pour lui. Par ce **choix** malheureux, **Adam** déclencha le cycle du **mal,** du malheur, de la maladie et de la **mort.** De cela le **Père aimant** se déclare **en dette envers sa créature** (12/7), mais il lui demande malgré tout d'être tout aussi librement cocréatrice de son propre **salut** ou **changement** en **Bien.**

*29/6 : affaire-toi à ce que Je te commande : Comme la création d'Adam impliqua deux acteurs : Le Créateur et la créature, le salut de celle-ci implique une collaboration du Créateur (une légion d'anges) et de la créature. L'homme est le moteur de son propre salut, dont le Père est en quelque sorte l'énergie.*

⁶Juste et doux, tu accompliras Ce Que Je dicte ;
alors une légion d'anges t'assistera,
frappera sur Mon Ordre tes ennemis trop pressants.
Ne te préoccupe pas de te défendre,
affaire-toi à ce que Je te commande aujourd'hui !

## L'homme affaibli et assourdi par le péché

*30/1 : Ce que Je dis Je l'ai déjà dit : De là la nécessité de comprendre les livres passés (16/12, 35/12) à la Lumière de ce que le Père dit par La Révélation d'Arès.*

**30/** ¹Ce Que Je dis
Je L'ai déjà dit ;
Mes Prophètes et Mes Témoins L'ont livré au monde.
Si tu les avais écoutés, homme Michel,
Je ne serais pas descendu vers toi.
²Mais la mémoire des hommes est sous le péché
comme sous la sécheresse une vallée fertile,
tout y dépérit, l'eau vive s'évapore,
l'esprit de l'homme hume l'air comme un âne assoiffé,
il boit la fange dans le creux des mares,
il boit n'importe quoi qui apaise sa soif un instant.

*30/3 : Par toi Je viens renvoyer l'Eau Vive = Par le témoin le Créateur rappelle au monde la Vérité.*

³Par toi Je viens *renvoyer* l'Eau Vive.
Combien de fois devrai-Je vous abreuver avant que vous n'accomplissiez Ma Parole ?

## Les plaies du Père : son Amour méprisé et blessé

*30/4 : mes Plaies sont-elles à peine fermées, survient l'abomination : le mal est sporadique, tantôt abominable, tantôt modéré. Un exemple : Les première et deuxième guerres mondiales et les années de paix relative entre elles (20ᵉ siècle). Une nouvelle période de mal excessif (abomination à son comble) s'annonce.*

⁴Pourquoi Mes Plaies restent-Elles ouvertes ?
Pourquoi *refuse-t-on* qu'Elles guérissent ?
*Sont-Elles* à peine fermées, survient un temps d'abomination à son comble, où le blasphème, le scandale,
la cupidité, l'impudicité, le mensonge
dépassent tout ce qui s'est vu jusqu'alors,

*30/5 : Marie (rappel) n'est pas la Marie de la dévotion chrétienne, mais une métaphore pour l'Amour divin sous sa forme de tendresse et compassion. Le Créateur montre une certaine activité sentimentale comme cette poussée d'Amour, qui lui fit désirer un enfant (l'homme) qu'il créa ainsi à son image.*

qui rouvrent Mes Plaies comme une pointe *silex*,
qui y versent le feu.
Elles ne guériront pas si l'homme ne se guérit pas ;
Mon Jour recule sans cesse.
⁵Devrai-Je regretter le temps où Marie M'enfanta,
dire qu'il ne soit pas béni !?

⁶Plutôt que *balayer* les pécheurs endurcis sous Ma Colère comme sous Ma *Trombe* aux jours de Noé, Je descends prendre racine au milieu de ta génération pour en être la Vigne ;

**Le Père réapparaît sans cesse dans le Créateur**

⁷Mes Sarments blessés de Mes Plaies ne donnent pas de fruits, le Père Les taille ; s'Ils repoussent blessés de Mes Plaies, Il Les taille encore. Si tu es le bon sarment Il souffle sur toi pour disperser la vermine ; Il te bénit pour que tu portes davantage de fruits.

⁸Mais que prennent garde ceux qui blessent Mes Sarments inlassablement ! Ils seront jetés au feu avec eux.

⁹Non, Ma Colère n'est pas éteinte à jamais. Ce sont les docteurs qui ont dit cela ; qu'ils finissent dans le feu ! Que de leur chair *grillée* leurs spectres soient précipités dans les vents glacés des abîmes !

**Le mal fait pour disparaître, non pour être pardonné**

¹⁰Je ne pardonne pas les péchés ; Mon Salut n'est pas au bout du pardon, mais au bout de la pénitence.
Je ne pardonne pas le pécheur ; Ma Volonté est qu'il cesse d'être pécheur.

**La pénitence ou la fête intérieure du bien retrouvé**

¹¹Le pénitent n'est pas le pécheur qui s'assied dans la poussière, qui se couvre d'un sac, mais l'homme qui cesse de pécher, même vêtu pour la fête, parfumé, chantant au son des flûtes *et des trompettes,*
et même la joie et la parure ne conviennent-elles pas à celui qui a *changé* sa vie ?
¹²À ceux qui n'ont pas reçu Ma Parole, qui ne connaissent pas leur faute, à ceux qui ont été scandalisés aussi il sera pardonné,

---

*30/6-9 : Mes Sarments blessés de mes Plaies… le Père les taille :*
Ces versets montrent la complexité de la ressemblance (Genèse 1/27) entre Créateur et homme, laquelle est aussi d'ordre sensible. En tant que Créateur, il se trouve lui-même blessé par sa créature tombée dans le mal ou péché, mais en tant que Père il réapparaît plein d'espoir et comme guéri de ses peines. Le Père est le côté amour et optimisme de Dieu dont le Créateur est le côté puissance et quelquefois colère. Le cycle Créateur/Père n'est pas une dichotomie, mais la simple coexistence en Dieu de divers états.

La **Vérité** est vivante et indivisible ; chaque chose y procède du tout. C'est pourquoi cette **témoin** nomme parfois cette Veillée 30 la **Veillée du Tout Autre.** On y voit les déceptions et mécomptes du **Père** durant les âges où il a appelé en vain les hommes (les **Sarments de sa Vigne,** 30/6-8) à retrouver le **Bien** et les sentiments par lesquels l'homme s'avère bien être **l'image** du **Père** (Genèse 1/27). On voit aussi que la solution du **mal** ou **péché** n'est pas dans le **pardon du Père,** mais dans la bonification existentielle (**pénitence**) de l'homme. Enfin, on voit que le christ des églises n'existe pas, que tout **pénitent** vrai devient **christ** et détient la clé du **salut** universel et de l'apparition du **Jour** final.

*30/10 : Je ne pardonne pas les péchés :* La solution définitive du mal n'est pas dans le pardon du péché par le Créateur, mais dans l'effort du pécheur d'être pénitent, c.-à-d. de changer sa vie en bien (30/11). De ce fait, absoudre les péchés ne sert à rien et c'est, de plus, blasphématoire (30/15). Le pénitent pardonne aux fauteurs de mal comme le recommande déjà le Sermon sur la Montagne (Matthieu ch. 5 à 7), mais il ne pardonne pas leurs péchés ; il manifeste son amour et sa sagesse, ce qui est tout autre chose.

mais à ceux qui ont reçu Ma Parole,
qui connaissent leur désobéissance,
il est demandé de se convertir à Ma Parole,
de ne plus pécher.

### Le pénitent changé en homme du temps qui vient

30/13 : *ils entrent dans la pénitence* = ils évitent de commettre le *mal* (mensonge, égoïsme, vol, violence, etc.) et ils commencent à pratiquer le *Bien* : l'*amour*, le *pardon*, la *paix*, la *liberté* de tous préjugés et le respect de la *liberté* (10/10) des autres, enfin l'acquisition de l'*intelligence* spirituelle (32/5) ou intelligence du cœur étouffée sous l'excès d'intelligence intellectuelle.

[13] S'ils ne pèchent plus, Je ne Me souviendrai plus de leur passé,
ils entrent dans la pénitence,
ils sont des hommes du temps qui vient. [14] Les princes du culte, qui ont détourné vers eux et leurs prêtres Mes Assemblées,
en ont fait des troupeaux haletants, aspirant l'air pour tromper leur faim ; comme des pasteurs gardent leurs brebis dans la faim et la soif,
leur comptent habilement l'herbe et l'eau,
pour qu'elles marchent sur leurs talons,
ils se sont fait mendier par Mes Fidèles
leur pardon illusoire.

### L'illusoire religion qui prétend agir au nom du Père

30/15 : *un geste pour absoudre* = la confession et l'absolution des péchés en usage dans certaines églises. Des pratiques blasphématoires parce qu'elles sont *illusoires* (30/14).

[15] Combien de temps dureront encore leurs abominations ?
Homme Michel, voilà ce que tu diras à celui qui fait un geste pour absoudre : « Prends garde ! Tu traces un blasphème. »
À celui qui convoque le pécheur pour entendre ses aveux dis qu'il commet le pire scandale contre le faible !

30/16 : *Le Christ n'écoute pas les aveux des pécheurs* = Le Christ du dogme des églises n'existe pas. Devient *Christ* ou un *christ* tout humain qui s'est longuement astreint à la *pénitence* (30/11, 30/13) en mettant ses pas dans les *Pas du Père*, ce qui fait de lui un *Dieu* (2/12-15, 32/2). *Être fait un Dieu* est une métaphore désignant celui ou celle qui retrouve l'*image* positive du Créateur (Genèse 1/27). Une fois de plus, le *Père* rappelle que l'homme est sa propre source de *salut*.

[16] Le Christ n'écoute pas les aveux des pécheurs,
Il les appelle à la pénitence,
Il attend qu'ils ne pèchent plus,
Il leur montre Ses Plaies sanglantes,
Ses Sarments blessés étendus devant eux
pour qu'ils Les pansent,
pour que Mon Jour illumine le ciel au-dessus d'eux.

## Combien de fois faudra-t-il appeler les hommes ?

**31** ¹Comme la vigne Je M'enracine dans ta génération ;
déjà des bons Sarments se sont étendus au-dessus des steppes, où l'on ne prononce pas Mon Nom.
²Mes Sarments qui ombragent les vallées où l'on invoque Mon Nom en brûlant l'encens
sont blessés,
parce que sous leur ombre on n'entre pas en pénitence.
Le Père les taille et les jette *avec* les pécheurs comme avec la vermine.
Les ténèbres grouillent de spectres errants.
³Ma Parole n'est-Elle pas insistante ?
Ne t'ai-Je pas appelé pour La faire connaître à Mon Peuple après que Mes Prophètes et Mes Témoins L'ont déjà proclamée ?
⁴Mon Peuple s'éloignera-t-il des princes du culte et des prêtres, s'éloignera-t-il des fausses promesses,
*fuira-t-il* les prostituées, les marchands, les usuriers qui le retiennent par leurs séductions,
tous ceux qui le corrompent et le scandalisent,
qui rendent des jugements iniques,
qui menacent de malheur les faibles s'ils se rebellent,
qui détournent vers eux Mon Héritage ?
Et les pénitents *reviendront-ils* à ceux qui les perdaient ?

**Pas de croisade ! La violence n'engendre pas le salut**

⁵Devrai-Je étendre Ma Main vers le levant
pour appeler les hommes rudes des steppes,
qu'ils grondent à l'horizon sur leurs chevaux marqués, pour abattre comme Ma Trombe au temps de Noé
ceux qui ont égaré Mon Peuple,
qui ont bâti *sur* ses gémissements leur opulence
en invoquant Mon Nom,

---

*31/2 : Mes Sarments : (voir n. 30/6-9) Le Père est la Vigne (30/6) et ses enfants, les hommes, en sont les Sarments. On n'entre pas en pénitence = On ne fait pas beaucoup d'efforts pour renoncer au mal et devenir des hommes de bien (pénitents), seule action qui assure le salut.*

La Veillée 31 est la **Veillée de la Parole Insistante**. Le Créateur revient sur des appels, des vérités, des recommandations, qu'il a déjà donnés, sur lesquels il **insiste** (31/3) avec éloquence. Un lyrisme particulier illumine toute la Veillée, comme par la nouvelle et belle évocation des **hommes des steppes** (28/10, 28/20) ou l'évocation superbe du **Jour** (22/13, 31/8) où **le monde aura changé** (28/7) quand l'influence du **petit reste** sera suffisante pour arrêter le temps — **il n'y aura plus ni jour ni nuit**, 31/8 —, pour arrêter la **mort** et ressusciter les justes et même probablement ramener les **spectres** (31/12) du fond des **ténèbres** où ils sont tombés.

*31/4 : princes du culte : Il s'agit du culte de la politique et de l'argent autant que du culte de la religion comme partout dans cette Révélation. Les prêtres sont tous les fonctionnaires, même profanes, de ces cultes.*
*Mon Héritage = Ma Création et Mon Amour pour mon enfant humain, dont les princes de la religion, de la politique et de l'argent prétendent assurer le bonheur, alors que l'homme ne peut être heureux que libéré du joug du riche et du puissant (28/25).*

*31/5 : Les hommes rudes des steppes : Avant l'effondrement du bloc soviétique (1990) beaucoup voyaient à tort dans le communisme (les pays des steppes) la croisade que le Père susciterait pour sauver le monde. En fait, steppes indique que le salut peut toujours venir d'hommes, de situations et de pays inattendus.*

*31/6 : toi et tes moissonneurs, vous serez assistés = ceux qui, outre qu'ils feront leur pénitence personnelle (= renonceront à tout mal et acquerront le bien), travailleront à la moisson d'autres pénitents, ne seront pas laissés seuls à cette tâche ingrate et mal vue du public et des autorités. Ils seront invisiblement aidés. Les gerbes lourdes de bon grain sont les pénitents nouveaux qu'il faut sans cesse ajouter au petit reste pour en augmenter le nombre, la force et l'influence.*

*31/8 : mon Jour = le Jour populairement appelé « fin du monde ». Ce Jour ne sera pas décidé autoritairement par le Créateur, contrairement aux dogmes religieux. Le Jour sera provoqué par l'humanité elle-même si, voulant vraiment en finir avec le système d'Adam (2/1-5), c.-à-d. avec le mal et la mort, elle décide de changer le monde (28/7), même si cela doit prendre beaucoup de temps. Ce Jour peut être célébré par anticipation comme Ma Victoire ou Mon Triomphe (10/7-8), quand l'action pour le Bien général aura triomphé de la médiocrité et de la soumission aux dominateurs.*

*31/9 : mes Granges = Mes Assemblées, les pénitents, tous les hommes de bien (le bon grain), ceux qui seront vivants sur terre quand surviendra le Jour.*

*31/11 : les os et les poussières des hommes de bien morts seront réunis à leurs âmes que la mort avait séparées d'eux et ils ressusciteront, très probablement dans l'état transfiguré qui est celui de Jésus qui parle à Arès au Nom du Créateur.*

pour fermer les *bouches* qui crient des mensonges, des blasphèmes et des insanités, pour trancher les mains qui ont volé l'héritage de Mon Peuple ?

**Petits pénitents *moissonneurs*, mais *géants* du Ciel**

⁶La Moisson que Je t'envoie faire, homme Michel, est un *labeur* pour les géants des temps anciens, mais ton bras est faible comme une tarière qui voudrait percer une montagne ; c'est pourquoi toi et tes moissonneurs, vous serez assistés tous les jours ; on affûtera vos faux émoussées ; Mon Souffle ploiera devant vous les épis ; le Feu du Ciel brûlera les épines ; une légion d'anges tout équipée frappera vos ennemis, ⁷et pourtant vous peinerez, vos bras seront bleuis des coups reçus, griffés par les épines ; mais des gerbes lourdes, riches de bon grain, s'entasseront derrière vous, les planchers de Mes Granges gémiront sous leur poids.

**Le *Jour* où les *pénitents* auront vaincu la mort**

⁸Alors ce sera Mon Jour. D'un Geste J'arrêterai l'astre sous vos pieds ; il n'y aura plus ni jour ni nuit, *mais* Ma Lumière couvrira tout sans cesse ; ⁹Je descendrai visiter Mes Granges, J'étendrai Mes deux Bras sur l'univers et il criera sa liesse, il tremblera de plaisir, ¹⁰les étoiles s'allumeront comme des flammes, brûlant et dévorant les restes de broussailles et d'épines.

¹¹Je M'inclinerai vers les fosses, les vases funéraires, les mers, les os et les poussières frémiront sous la caresse des âmes descendues avec Moi des Hauteurs Saintes, ils s'assembleront et se relèveront.

¹²Des abîmes glacés les regards *creux* et blancs des spectres M'imploreront,
chacun verra alors Ce Que Je ferai.
¹³Mais jusqu'à ce Jour il y aura beaucoup de pleurs et de souffrances dans les profondeurs *ténébreuses*.
Que Mon Peuple t'entende, homme Michel !

**Jésus n'est pas Dieu ; comme tout grand pénitent...**

**32/** ¹Mouhamad, Mon Messager venu avant toi, a enseigné que Jésus n'est pas Dieu, que ceux qui croient cela sont impies.

**...il est Christ et comme tout Christ image de Dieu**

²Ma Main a oint les lèvres de Mon Messager ; son enseignement est vrai : l'homme Jésus n'est pas Dieu ;
c'est le Christ Qui est Dieu,
c'est Moi né de Jésus né de Marie.
³Un espace plus long qu'un rayon de soleil va de Jésus au Christ ;
la distance infinie qui sépare la terre du Ciel
il l'a parcourue, parce qu'il a mis ses pas dans Mes Pas,
il ne s'En est jamais écarté,
il s'est embrasé de Mon Amour pour l'homme, son frère,
et comme une *fumée* pure il s'est élevé vers Moi ;
⁴il a accompli en un an, le temps *d'un battement d'ailes*, ce que le monde pour son salut accomplit dans les siècles des siècles.
⁵Je l'ai fondu en Moi ; J'en ai fait un Dieu ;
il est devenu Moi.
Quelle intelligence d'homme, faible lumignon, peut comprendre cela ?

**Simple est l'amour. Dogmes et lois le *trompent***

⁶Mais Je lui ai donné assez de force pour qu'elle comprenne en paraboles qu'il est vain de discourir sur Mes Œuvres,
impie d'entendre les docteurs qui bavardent !

---

*31/12 : spectres = (voir n. 4/6-7) ceux qui ne sont pas morts en état d'hommes ou de femmes de bien. Chacun verra ce que Je ferai : Ces mots pathétiques laissent penser, sans l'affirmer, que l'Amour du Créateur pour ses créatures le portera à les sauver toutes, même les méchants, les faux et les cupides (33/9).*

*32/1 : Mouhamad = Mahomet. Une fois de plus (2/9, 5/6) l'apôtre de l'Islam, souvent cité dans la seconde partie de La Révélation d'Arès (iv/2, xiii/15-18, xiv/6-12, etc.) est rangé parmi les messagers du Créateur.*

La Veillée 32 est souvent appelée **L'Intelligence Spirituelle Retrouvée** (32/5). Elle dit sans équivoque : **Jésus n'est pas Dieu**, il n'est donc pas le prétendu "fils" du Père, "deuxième personne" d'une trinité qui n'existe pas (23/7, xviii/1). La divinité qui est en **Jésus** est celle de tout **pénitent** qui **met ses pas dans les Pas** du Créateur (2/12, 32/3). L'église eut l'intuition de cette vérité, mais par manque **d'intelligence** spirituelle (ou par excès d'intelligence intellectuelle déformante) elle l'a exprimée dans des dogmes qui ont égaré le christianisme.

*32/4 : il (Jésus) a accompli en un an : la mission de Jésus dura un an avant sa crucifixion, ce qui confirme Matthieu, Marc et Luc (évangiles synoptiques), mais qui contredit Jean (récit qui s'étend sur trois ans), déclaré livre d'homme (16/12, 32/10), c.-à-d. un recueil de souvenirs et d'interprétations seulement humains.*

*32/5 : intelligence d'homme : Le sens ici est intelligence du cœur, ou spirituelle, dont l'affaiblissement (faible lumignon) a laissé dominer l'intelligence intellectuelle, outil nécessaire, mais qui en devenant quasi exclusif a fait perdre à l'homme sa vocation spirituelle. Il faut rééquilibrer les échanges entre ces deux intelligences.*

⁷Ils repaissent de vent Mon Peuple, multiplient vanités et tromperies ; ils font alliance avec la science ; ils sont en procès incessants avec leurs contradicteurs, aussi vains qu'eux ; de leurs *pépiements* ils louent les princes, et les chefs de leurs rebelles,
sachant comment tromper les uns,
comment complimenter les autres,
ils ont réponse à tout,
ils sont le mensonge du mensonge.

**La Parole *n'enivre* pas, elle ouvre *l'intelligence***

⁸Or, tu enseigneras, homme Michel, que l'homme pieux se tient devant Ma Parole
et ne fait pas un pas de plus en avant
pour ne pas choir dans l'abîme.
⁹Dans Mes Assemblées on ne parlera pas une langue d'ivrogne comme font les docteurs,
qui ne se sont pas désaltérés de Ma Parole,
mais qui s'En sont enivrés ;
personne ne délirera sur Mes Livres.
¹⁰Tu fixeras la mesure avec laquelle Mes Livres seront proclamés dans les assemblées,
et tu rejetteras ceux écrits de main d'homme.

**La *Sagesse* triomphe des ratiocinations**

## 33

¹Ta tête, homme Michel, est faible ; un nœud la tient serrée au cou.
²Encore un peu de temps et, le jour de Ma Victoire, tranche hardiment la corde qui t'attache au monde
et aux princes du culte.
Enfouis dans la poussière ton sceptre et ta couronne !
³À partir de ce jour tu fermeras les portes du temple en signe d'expiation, avec les tiens tu prieras derrière ses murs
jusqu'à ce que tu l'aies disposé selon Mes Ordres.

---

*32/7 : les princes et les chefs de leurs rebelles = les princes de la politique et de l'argent autant que de la religion, comme dans toute La Révélation d'Arès. Leurs rebelles sont les réformés, les schismatiques, du côté religieux et les rivaux et partis d'opposition du côté politique. Les princes qui exercent le pouvoir ne sont pas seuls à tromper le monde de leurs pépiements = bavardages idéologiques ou légalistes. Leurs adversaires font de même.*

*32/8 : l'homme pieux... ne fait pas un pas de plus en avant = l'homme de bien a un cœur simple, il ne prête pas à la Parole des sens qu'elle n'a pas. La mesure que le témoin est chargé de fixer est la simplicité. Le Bien est la seule voie de salut et le pénitent est tout simplement l'homme qui renonce au mal et fait le Bien. Tout le reste est théologie ou idéologie, l'intellect qui trompe (32/7).*

*33/1 : Ta tête... un nœud la tient serrée au cou : Les mauvais arguments du rationalisme et du matérialisme ont étouffé ton intelligence spirituelle (32/5). Tu dois te délivrer d'eux.*

*33/2 : Les princes du culte sont ceux du culte de la raison raisonneuse et de l'intellect autant que ceux de la religion, de la politique, de l'argent. ton sceptre et ta couronne = les signes de ton rang ecclésiastique (le témoin est encore membre du clergé tandis que Jésus lui parle).*

⁴Pendant ce temps Je raidirai ton torse comme un chêne,
Je t'élèverai comme une tour,
Je soufflerai l'Esprit dans ta tête ; Je rendrai ton regard perçant.
⁵Comme l'aigle tu te riras du vertige,
comme son cri par-dessus les rochers ta voix parviendra jusqu'à ceux qui ont égaré Mon Peuple
pour les exhorter au repentir.
⁶Tu Me dis : « Tu peux tout ; en un instant Tu peux les réduire à rien. Pourquoi m'envoies-Tu les exhorter ? »
Parce que Ma Sagesse est dépourvue de science,
Elle est démesure pour l'homme,
Ma Sagesse Que tu ne peux pas comprendre.
⁷Dis seulement : « Je T'ai entendu et je T'ai vu, cela me suffit ; je ne pécherai pas. »

**Si vous n'êtes pas comme ces petits, pas de salut !**

⁸Plus tu videras ta tête des sciences vaniteuses sous Mon Souffle, dans *l'éclat* de l'Esprit,
plus tu *discerneras* Mes Merveilles ;
c'est pourquoi J'ai dit : « Soyez comme les enfants ! »
⁹C'est de la bouche des doux et des petits que partent les flammes qui consumeront les méchants, les faux et les cupides.
Obéis-Moi comme un petit enfant,
et avec ta descendance
tu nettoieras le monde
et prépareras Mon Jour.

**Les sourds, les orgueilleux et les cupides se perdent**

¹⁰Quand du temple tu auras fait le lieu de l'Assemblée, tu ouvriras à nouveau ses portes devant Mon Peuple ;
il sera ta tour escarpée, d'où ta voix comme l'écho du tonnerre, et ce que tu auras écrit, parviendront à ceux qui doivent se repentir.

---

La plus longue des veillées, la Veillée 33 a plusieurs objets apparemment sans rapports entre eux, dont aucun n'est vraiment fondamental pour le **salut**, mais qui tous accompagnent comme des bagages nécessaires le grand voyage spirituel. De ce fait, le témoin l'a appelée **Veillée des Bagages** ou parfois **Le Bissac du Pèlerin**. Le Créateur parle tantôt des athées dont il comprend la mécréance **parce qu'ils ont été scandalisés**, tantôt de **la femme élevée au-dessus de l'Orient (Marie)**, image de la compassion divine, tantôt des **épousailles** (mariage) et des **funérailles**, tantôt des **prêtres** qui se trouveront sans emploi quand la **pénitence** (quête du **Bien**) aura remplacé la religion.

*33/6-8 : sciences vaniteuses = les ratiocinations dont les hommes modernes sont aussi coutumiers que les pédants d'autrefois. Tandis que Jésus parle, le Créateur invisible capte les pensées raisonneuses du témoin, notamment cette question : « Pourquoi m'envoies-Tu... puisque Tu peux tout en un instant ? » Il remet gentiment à sa place le témoin, le futur Frère Michel.*

*33/9 : de la bouche des doux et des petits rappelle Matthieu 18/3.*

*33/10 : temple changé en lieu de l'Assemblée = esprit de religion ou d'idéologie changé en esprit de pénitence. Le Père ne veut pas que les hommes l'adorent ou adorent une idée, mais qu'ils s'aiment les uns les autres et défendent le Bien. La Révélation d'Arès n'engendre pas une nouvelle religion, mais la vie spirituelle. Elle relance vigoureusement l'amour comme base de reconquête du bien sur le mal. tour escarpée = image pour désigner l'appel prophétique, toujours risqué face à l'hostilité. ceux qui doivent se repentir : le sens de repentir ici n'est pas remords, mais pénitence, dont le sens est constructif : renoncement au mal et recherche du bien.*

¹¹Beaucoup resteront sourds, orgueilleux ; ils se perdront, Je l'ai dit, surtout les princes et les prêtres dont les têtes sont dans des sacs épais, mais aussi les puissants et les riches assourdis par les fracas de leurs cités.
¹²Mais pour le petit reste tu établiras la prière. Au Père l'on s'adressera comme Je l'ai prescrit ; on fera de même Mémoire de Mon Sacrifice.

**La grande image de la compassion et de l'écoute**

¹³Mais d'autres manières aussi, que tu prescriras et que Je scellerai, tu feras converser Mes Assemblées avec Moi, et avec la femme élevée au-dessus de l'Orient, qui M'a enfanté, qui est toujours grosse de tristesse, car Je lui ai donné Mon Souffle comme monture pour parcourir la terre, et ce qu'elle voit l'engrosse de pitié sous l'Esprit Qui l'embrasse sans cesse ; elle a des oreilles innombrables tendues vers le monde, et vers Moi elle étend ses sept bras qui implorent ; elle se lamente comme une femme en travail. Quand les pécheurs la libéreront-ils ? Quand guériront-ils Mes Plaies, en entrant en pénitence ?

**Le Père peut être aussi une Mère**

¹⁴L'ange s'est adressé à elle avec crainte, parce que lui M'obéit ;
elle, Je l'écoute, par ses lèvres J'entends les plaintes de l'homme,
parce que, comme la servante malade retient sa vomissure
quand son Roi lui parle,
elle a ravalé son défi,
entre ses nerfs elle a broyé son orgueil
et contenu son rire ;
elle a trouvé la force qui soulève les montagnes,
elle est entrée dans l'excellence du salut.
¹⁵Pour cela chacun l'enviera dans ses images, que *J'expose,* car Moi seul montre la Voie,
et l'envie du salut est bonne.

---

*33/12 : tu établiras la prière : en fait la prière est définie (prescrite) très simplement comme prononcer la Parole pour se souvenir en permanence du Bien qu'il faut accomplir (vraie piété, 35/6).*

*33/13 : la femme élevée au-dessus de l'Orient n'est pas Marie (voir n. 11/2) au sens que lui donne l'église, mais la phase maternelle ou, si l'on préfère, le côté tendresse du Créateur, tendresse souvent oubliée par les croyants depuis que la Bible, réécrite par l'homme (16/12, 35/12), le fait passer pour un Dieu jaloux (Éxode, 20/5) et redoutable (Isaïe, 8/13). Sous cet aspect de femme et de Mère (33/16, xvi/9) le Père, en certaines circonstances, se sent mieux compris des hommes quand ils souffrent et qu'ils ont un grand besoin de réconfort.*

*33/14 : L'ange s'est adressé à elle avec crainte : L'ange est habitué à voir et servir le Créateur sous son aspect de Père ou de Puissance (12/4). C'est pourquoi il continue de s'adresser à lui avec crainte même quand il le voit et le sert sous son aspect de Mère.*

¹⁶Les assemblées l'appelleront au milieu d'elles,
lui demanderont les secrets de sa force
et lui parleront comme à leur mère,
car les pénitents sont fils de Ma Mère.
Cela aussi tu l'établiras dans Mes Assemblées.
¹⁷Tu ne scelleras aucunes fiançailles
parce que J'ai effacé celles de Ma Mère sur les registres du temple.
¹⁸Tu n'imposeras pas de funérailles
parce que comme Élie J'ai élevé Ma Mère jusqu'à Mon Séjour.

**La nature Père-Mère du Créateur reste un mystère...**

¹⁹Tu ne seras pas téméraire en scellant Mes Mystères. Mes Décrets sont gravés dans Mon Lieu.

**...mais mariage et mort sont aussi des mystères**

Tu établiras seulement un registre de mémoires,
tu écriras : Dieu a vu ces fiançailles,
Dieu a vu ces funérailles.
Moi seul tire Mes Verrous sur les époux et les morts.

**Seul l'amour des *époux* fonde les *épousailles***

²⁰Ni toi, ni personne, ne mimera Ma Force au bout de son *bras débile,* disant faussement :
« J'étends ma main sur vous, vous êtes mari et femme, »
ou bien : « J'ai baigné ton corps, tu es baptisé, »
ou, plus impie : « Je t'ai oint, » et d'autres choses encore que font les princes et les prêtres, qui viennent derrière Moi de lieu en lieu
comme les charlatans
pour tirer profit de la Force Que J'ai montrée,
de l'exaltation des humbles à la vue de Mes Prodiges.
²¹Voilà ! J'ai vu les épousailles dans les cœurs des jeunes gens dès qu'ils se sont aimés ;
quand ils ont désiré connaître leurs corps,
leur vœu secret, Je l'ai scellé.

---

Le double aspect **Père** (12/4, ou **Père aimant,** 12/7) et **Mère** (33/16, xvi/9) du Créateur n'est ni consubstantialité, ni bicéphalisme, ni hermaphrodisme, ni rien de bidimensionnel en lui. Rien à voir avec un dieu à deux têtes similaire au **dieu à trois têtes** (mythe de la trinité) que l'église lui a **façonné** (23/7). La nature du Créateur n'étant pas descriptible, il utilise des images comme celle de cette **Mère** qu'il **écoute** (33/14) et qui serait son éternelle **fiancée** (33/17), comme s'il s'agissait d'une personne distincte de lui. En réalité, il parle de lui-même sous son aspect compassion, tendresse, douceur maternelle, dont il est capable, puisqu'il est au-delà du sexe.
Sa nature reste un **mystère** (33/19), mais l'humain, **image** du Créateur (Genèse 1/27), n'est-il pas, lui aussi, capable du double aspect amour paternel et amour maternel ?

*33/17-19 : Tu ne scelleras aucunes fiançailles… seulement un registre de mémoires :* Recommandations équivalentes à : *Tu aboliras toutes les superstitions* (21/1).
*Les sacrements et les prières de sépulture d'églises ou d'autres religions (mariage, enterrement, baptême, eucharistie, etc.) ne consacrent personne, ne confèrent aucun salut ou privilège à ceux pour qui on les célèbre. C'est l'amour romantique qui consacre les époux (33/21) et c'est ce que le défunt mérite qu'il emporte dans la mort, c.-à-d. le bien ou le mal qu'il fit de son vivant (33/32).*

*33/20 : ma Force* = la Force de l'Amour divin pour sa créature humaine retrouvé, par excellence, dans l'amour des époux.

*33/21 : jeunes gens* = pas nécessairement jeunes en années, mais rajeunis par l'amour romantique puisque c'est lui, et non un sacrement ou un contrat, qui scelle l'union (épousailles) entre époux.

*33/22 : épousailles = noces, mariage, mais comme signe prophétique (33/38), non comme sacrement (superstition, 21/1). Pas plus que le baptême (Veillée 20) et d'autres rites, les épousailles ne sont obligatoires. Le Créateur laisse l'homme libre (10/10) et procède par suggestions et recommandations. Bon nombre de couples du petit reste n'ont pas eu d'épousailles, ne serait que parce qu'ils étaient déjà mariés ou avaient déjà connu leurs corps (= étaient amants).*

Le témoin rappelle que trois amours se retrouvent dans les **épousailles** et ne se retrouvent ensemble nulle part ailleurs : l'amour romantique (33/21), l'amour évangélique ou devoir d'aimer **(Aime même ton ennemi,** Matthieu 5/44), et l'amour parental (auquel répond l'amour filial) quand le couple a des enfants. Ces trois amours forment ainsi un amour **prophétique** global. Dieu dit que les **époux,** le jour de leur union, **seront comme les prophètes** (33/38) et c'est pourquoi les **épousailles** revêtent chez les Pèlerins d'Arès **(petit reste)** une signification **prophétique,** un **signe** de foi et d'espérance de première importance.

*33/23 : Je répandrai sur l'adultère ma Fureur : Le désespoir du Créateur face à l'adultère est une constante dans toute l'Écriture depuis la Genèse. La raison en est simple : Le couple étant la cellule de base de la société, si le couple ne va pas, le monde ne va pas. Tant que le couple n'aura pas la plus haute conscience des liens qui le soudent, aucun lien ne tiendra dans la société en général. Tout sera toujours remis en question, le Jour du Bien universel reculera sans cesse (30/4).*

*33/25 : S'ils n'acquièrent pas la gravité = S'ils ne comprennent pas que s'épouser est un acte plus que sérieux, un acte prophétique pour toute la société humaine.*

²²Mais avant de connaître leurs corps, car c'est une œuvre sacrée, ils viendront à l'Assemblée, qui priera avec eux selon que tu l'établiras, pour que le Père leur fasse don du regard des anges, les yeux qui rendent pures leur nudité, qui les dérobent aux aguets du tentateur lubrique, pour qu'ils soient sur leur lit comme les remous de Bézatha,
non pas comme les vagues qui se lèvent et s'abaissent pour engloutir.
J'envelopperai leurs joies d'innocence, J'en ferai une œuvre sacrée.

**L'adultère brise plus que le couple, la foi dans le Bien**

²³Mais Je répandrai sur l'adultère Ma Fureur.
L'époux non coupable sera libre, pourra venir à l'Assemblée lui demander son témoignage, une lettre de divorce,
la faire prier sur un autre lit.
²⁴La malédiction du coupable, s'il Me la demande, Je la lui consentirai, mais tu l'en dissuaderas.
Qu'il se souvienne de sa propre faiblesse et du tentateur qui rôde ;
qu'il Me demande plutôt d'oublier !
²⁵Les fiancés frénétiques, et les futiles qui tiennent Mon Lieu de prière pour une salle de fête,
ceux qui t'envoient leur ordonnateur, plus soucieux du monde que de *piété,*
renvoie-les avec douceur à Ma Parole !
S'ils n'acquièrent pas la gravité,
ne les inscris pas sur le registre des mémoires.

**Tout homme meurt, de là l'importance de la mort**

²⁶Voilà encore ! Quand sera mort le pécheur public, ou celui dont tu connais le secret impie, et qu'on vienne te chercher pour sa sépulture, ne t'occupe pas de cela !
Avec douceur renvoie ceux qui le pleurent à Ma Parole.

⁲⁷Mais quand sera mort
le pécheur qui a fait Mémoire de Mon Sacrifice,
qui a montré son repentir,
on le coudra dans la nappe blanche de la
grandeur d'un linceul, qu'il apportait à l'Assemblée pour y déposer le pain, le vin et l'huile, qui
est d'une toile forte comme l'âme du repentant,
comme la voile qui le pousse sous Mon Souffle
vers Mes Hauteurs Saintes.
²⁸Le symbole de ces choses est salutaire à ceux qui
le porteront en terre,
qui le mettront au feu
ou le jetteront en mer.

**Le culte funéraire n'ajoute rien au mérite du défunt**

²⁹Qu'on ne s'attarde pas au sort du cadavre
mais au salut !
Ma Puissance Se souviendra de la plus infime
esquille
au fond des abîmes,
de la cendre portée au loin par l'ouragan,
et les ressuscitera en Mon Jour.
³⁰Quelle prière fera plus que la pénitence de
l'homme qui laissera derrière lui comme un *sureau*
des membres qui se vident et s'effritent en
poussière ?
³¹M'implorer comme *grincent* vers les nuages les
aiglons de l'aigle abattu n'efface pas ses œuvres
mauvaises, les crimes qu'il a commis parmi Mes
Brebis,
les défis de son orgueil à posséder le Ciel et à
dominer sur la terre à Ma Place.

**En se mortifiant le vivant réveille sa chair…**

³²S'il n'a pas fait pénitence quand il était temps,
les prières des vivants sont vaines pour celui qui a
passé la porte des ténèbres,
mais s'ils se mortifient quarante jours,
et si le pécheur qu'ils pleurent n'a pas atteint le
*comble* de l'abomination, pour salaire de leur

33/26-28 : *ne t'occupe pas de cela* = les *funérailles* ne sont pas une cérémonie obligatoire ni même nécessaire ; c'est seulement honorer l'homme de *bien* que le *défunt* a été ou qu'il a au moins tenté d'être. Il vaut mieux que le *pénitent* ne *s'occupe pas* d'obsèques quand celles-ci n'ont pas de sens vraiment *symbolique* (33/28) ou prophétique.
*pécheur public* = celui ou celle qui est un notoire contre-exemple du *bien*, comme celui ou celle (cruel, grand égoïste, cynique, etc., pas si fréquent malgré tout) qui, à l'évidence, a refusé consciemment son *amour*, son respect, son *pardon*, la *paix* et leur *liberté* aux autres.
*quand sera mort le pécheur* = quand sera mort tout homme, quel qu'il soit. Personne dans l'état actuel du monde n'est totalement exempt de *mal* (*péché*).

33/29 : *Qu'on ne s'attarde pas au sort du cadavre* : Qu'un *corps* sans vie soit réduit en *cendre* dispersée ou conservé par momification, cela n'a vraiment aucune conséquence sur l'*esprit* et l'*âme* (voir Veillée 17) qui l'ont quitté. Ce corps ressuscitera transfiguré au *Jour* où le *temps* finira (31/8), parce que l'homme de *bien* — mais peut-être aussi le *méchant* (31/12) — porte en lui sa propre recréation, potentiellement, éternellement.

33/30-31 : *Quelle prière* (des survivants) *fera plus que la pénitence* (le *bien* dont fit preuve) *de l'homme qui… s'effrite en poussière ?* : La *prière* pour le *mort* ne sert à rien, mais on peut l'aider par la *mortification*, qui est autre chose (33/32).

*33/32 : s'ils se mortifient quarante jours : se mortifier et mortification sont deux mots qui, comme pénitence et d'autres mots dans La Révélation d'Arès ont des sens décalés par rapport aux sens religieux ou culturels. Se mortifier, c'est prêter sa chair (17/7) à celui qui vient de perdre la sienne et que ce déséquilibre rend malheureux pour un temps. Par un effort ou une privation exceptionnels, une passion réfrénée, un travail supplémentaire, etc., le vivant stimule la conscience de son être physique et dans ces moments-là celui qui a passé la porte des ténèbres en emprunte la force jusqu'au moment où l'âme (Veillée 17) lui suffit pour assumer sa survie. Quarante jours n'a pas valeur quantitative mais nominale : La mortification a ses limites. La mort n'est qu'une terrible anomalie due au mal (péché, 2/5).*

*33/33 : Qui sait qui est dans mon Lieu (hors des ténèbres) ? = Qui peut savoir qui est sauvé et qui n'est pas sauvé ? (11/3). De toutes les situations humaines qu'il ne faut pas juger (36/16, Matthieu 7/1) la vie après la mort est certainement le plus important de même que le plus mystérieux.*

*33/35 : Qu'on interdise...! : Il ne s'agit pas d'interdire par une loi, puisque le Créateur désapprouve les lois humaines (loi des rats, xix/24), mais de se dispenser de telles pratiques funèbres ostentatoires dans l'assemblée (le petit reste, les Pèlerins d'Arès).*

*33/36 : on ouvrira le voile du tabernacle pour contempler ma Victoire = Voir 10/7. Le tabernacle est un vide voilé qui représente la défaite du Bien devant le mal tant que la pénitence n'en aura pas triomphé.*

*33/37 : Mémoire de Mon Sacrifice = Voir nn. 8/1-2, 10/4, etc.*

piété un ange porteur de luminaire le visitera
dans les ténèbres
pour éclairer et tiédir son spectre malheureux.

**...pour la prêter à celui qui désormais vit sans chair**

³³Qui sait qui est dans Mon Lieu
et qui est jeté dans les ténèbres glacées ?
C'est pourquoi on se mortifiera
pour les repentants
comme pour les pécheurs publics.
³⁴Que ceux qui sont nombreux à pleurer un défunt
ne fassent pas tous mortification pour lui,
mais qu'ils portent le deuil et se mortifient
pour ceux qui sont morts dans la solitude, sans
parents ni amis pour les pleurer.
Ce sera l'aumône de leur défunt à son frère.

**Fastes et prières funèbres ne donnent pas le salut**

³⁵Qu'on interdise la pompe et l'opulence,
qu'on démantèle les mausolées,
qui sont piété pour les morts ;
il n'y a de piété que pour Dieu !
Cela aussi tu l'établiras, homme Michel, pour toi-même et pour ta descendance.
³⁶Un jour de funérailles on ne fera pas Mémoire de
Mon Sacrifice, mais on ouvrira le voile du
Tabernacle pour contempler Ma Victoire, car le
cœur des croyants défaille devant la mort ; on
rappellera dans la liesse Mes Promesses et Mes
Fins.

**Les bons époux sont prophétiques du bien à venir**

³⁷Un jour d'épousailles
l'époux fera pour tous Mémoire de Mon Sacrifice ;
avec l'épouse ils M'offriront
par leur patience et leur dignité
la première part de leurs joies de noces ;
ils ne prendront pas de boissons enivrantes ;
ils serviront leurs invités jusqu'au départ du
dernier.

³⁸S'étant retirés sans hâte,
avant de connaître leurs corps
ils s'adresseront à Moi encore, selon que tu le leur
diras, car tout au long de ce jour c'est eux qui
conduiront la prière comme les prophètes.

**La force spirituelle n'est pas dans la magnificence**

**34** ¹En tout temps celui qui fera Mémoire
de Mon Sacrifice portera une tunique pure,
qui le distinguera du monde par son humilité.
²Fais plier dans les coffres — qu'elles y
pourrissent !— les parures que tu portes comme
Aaron, que J'ai prescrites à Moïse comme
bouclier contre la magie pour les temps qui
précédèrent Ma Victoire sur elle et sur la mort,
sur la tyrannie de Béhémoth et de ses esclaves,
les parures et les couronnes que revêtent encore
les princes et les prêtres *sourds* et ignorants,
pour se faire une gloire devant leurs fidèles.

**Le spirituel, bête noire de la religion et de la politique**

³Parce que Je t'envoie effacer leur *lustre*, les
menacer de disette,
leur engeance te fera le sort des apostats ;
parce que tu lacères leurs enseignes,
Ma Croix Qu'ils ont dressée pour leur compte,
ils te traiteront en faux prophète,
⁴ils t'affameront, envoyant aux quatre vents leurs
hérauts pour répandre sur tes pas *l'opprobre*,
éloigner de toi la générosité des hommes pieux
qui leur servent une aumône de *richesses*,
dont ils ne te *verseront* pas une pièce de cuivre,
Mon Impôt qu'ils détournent.

**Aider le messager du Père est aider le Père**

⁵Mais qu'ayant vainement tenté de te perdre,
de t'affamer avec les tiens,
de te faire leur crier grâce, les princes perdent le
sommeil, qu'ils jeûnent, qu'ils en appellent à Ma

---

*33/38 : avant de connaître leurs corps = avant de partager les joies (voluptés) réservées aux époux (2/3, 9/7). ils conduiront la prière comme les prophètes : les époux auront conscience que leur union est hautement prophétique en ceci qu'elle annonce l'avènement de l'amour et du bonheur par la volonté de vivre ensemble les bons comme les mauvais moments.*

*34/3 : lustre (peut-être « luxe » mal écrit ou « lustrage » abrégé) = éclat, splendeur. tu lacères leurs enseignes = tu fais du tort à leurs intérêts. Enseigne doit être pris au sens de signe de reconnaissance, de marque d'autorité ou de propriété autant qu'au sens de drapeau ou oriflamme.*

*34/3-6 : ma Croix : tout comme mes Plaies (8/4, 10/5, 30/7) ou comme Marie ou ma Mère (11/2, 33/16-18), ma Croix se réfère à la culture chrétienne des églises seulement par métaphore, par association d'idées, parfois par ironie, pour aider l'homme à renoncer à cette culture. Le Créateur ne peut être crucifié au sens propre (concept païen), mais il souffre quand son prophète ou n'importe quel homme de bien souffre, lui ou persécuté pour avoir défendu la Vérité et appelé au changement du monde (28/7). Or tous les princes ou puissants et leurs lois se sont emparé (1/7) pour leur compte du droit unique de définir et dispenser le « bien » selon eux et de condamner ou affamer tous ceux qui s'efforcent de ramener le vrai Bien. Comme c'était déjà au temps de Daniel (Bible, 7 siècles av. JC) en finir avec la rivalité entre le système d'Adam et l'Amour du Créateur est tout l'objet de la Parole du Père et donc de La Révélation d'Arès.*

L'ÉVANGILE DONNÉ À ARÈS

34/6 : *demi-dîme* = écot qu'on peut verser au *témoin* d'Arès de son vivant pour lui permettre de poursuivre sa mission. Comme tout ce que recommande le Créateur cette *demi-dîme* n'est pas obligatoire, elle est laissée à la conscience de chacun.

La Veillée 34 rappelle au **petit reste** (26/1, 29/2) et à son **frère aîné** (16/1) qu'ils traverseront des temps d'épreuve et de privation et qu'ils devront survivre par l'autosuffisance matérielle aussi bien que spirituelle, car en s'attelant au très difficile travail de **réveil** (36/4) du monde, celui-ci leur apportera plus de problèmes que d'aide pendant longtemps. Ce **monde doit changer** (28/7), renoncer au système **choisi** par **Adam** (2/1-5). Le système sera évidemment défendu bec et ongles par ses partisans : religion, politique (rejeton profane de la religion) et leurs auxiliaires : finance et science.

34/7 : *ton art* n'a pas le sens d'art artistique ou médical, mais celui de charisme spirituel, *l'art* de distinguer avec *mesure* (12/1), *douceur et discernement* (27/4) le vrai du faux, l'utile de l'inutile, le juste de l'injuste.

34/8 : *denier de service* = la façon dont les *assemblées* locales, les missions, etc., se financent. En vertu de la *liberté* prescrite (10/10), le témoin, qui n'est le *chef de personne* (16/1), laisse les *assemblées* de Pèlerins d'Arès fonctionner comme elles le souhaitent.

35/1 : *Mon Champ est vaste… À ses quatre côtés tu te rendras* : le *Champ* de la mission (5/5-7) est si vaste qu'il est matériellement impossible au témoin de se *rendre à ses quatre côtés* de son vivant. Tout comme Jésus revient à Arès comme messager du Créateur pour achever sa mission, le témoin d'Arès devra sûrement poursuivre la sienne au-delà de la *mort*.

Justice, les insensés, Je leur fermerai la mâchoire, tu passeras au milieu d'eux comme Daniel au milieu des lions.

**Soutenir le messager du Père est soutenir le Père**

⁶Ai-Je abandonné Mes Messagers aux impies ?
J'établirai pour toi la demi-dîme pour redevance, tes fidèles te la verseront en œuvre pieuse ;
celui qui recevra cent valeurs t'en remettra cinq, et ce qu'il te versera c'est à Moi qu'il le versera.
⁷Celui qui te recevra Me recevra,
celui qui assurera ton voyage Me portera avec lui ;
ceux que tu quitteras après les avoir visités, Je ne les laisserai pas orphelins et Je les visiterai dans leur solitude ; déjà ceux qui te servent, qui veillent à ton entretien, qui recourent à ton art et à tes conseils, connaissent les bienfaits que Je réserve à ceux qui assistent Mon Messager dans sa tâche.
⁸Tu établiras pour ta génération et celles qui viendront, avec mesure, le denier de service de Mes Assemblées,
mais personne après toi ne recevra la demi-dîme du prophète.
⁹Tous ceux qui te la remettront sans détours, comme Hiram remit à Salomon les cèdres et l'or pour qu'il construise Mon Temple, recevront de Ma Main leur récompense.

**Une mission vaste et longue pour des générations**

35 ¹Mon Champ est vaste, homme Michel.
À ses quatre côtés tu te rendras
pour exhorter les moissonneurs, apporter Ma Parole dans leurs maisons ;
à leurs côtés tu fouetteras les épis de ta faux, tu leur laisseras tes consignes,
tu les enseigneras à prier.

## Prier n'est pas supplier ; c'est garder à l'esprit...

²Prier n'est pas mendier ;
Mon Salut n'est pas une aumône, mais le salaire du pénitent, la soumission à Ma Volonté de rétablir le temps où s'écoulaient dans Mes Jardins le Tigre, le Pichône, le Guihône en Assour, qu'on reverra entre les chaumes,
la Moisson faite,
quand les moissonneurs poseront leurs faux et se pencheront sur leurs rives pour se désaltérer.

## ...qu'il faut *accomplir* le Bien et restaurer Éden

³Alors J'arrêterai les jours et les nuits,
Je suspendrai les hivers et les étés,
le cours de Mes Fleuves s'arrêtera pour qu'ils ne se vident plus dans les failles de la terre,
qui rejetteront leurs spectres.
⁴Tu enseigneras à prier,
c'est-à-dire à proclamer Ma Parole ;
pour le reste J'ai dit comment on s'adressera au Père et à la mère élevée au-dessus de l'Orient.
⁵Tu ne montreras à personne la place où Je Me tiens pour te parler,
tu ne distribueras pas un fil, pas un *fétu* de ce que J'ai touché afin de ne pas détourner tes fidèles de la vraie piété.
⁶Prononcer Ma Parole pour L'accomplir,
voilà la vraie piété.

## L'homme ne peut agir sans réfléchir

⁷En toutes occasions tu garderas ton sens et ta mesure,
tu prendras le temps de décider, car Moi seul suis hors du temps, Ma Force seule se *débande* sans attendre ;
ta force sera dans ta patience et dans les conseils que tu prendras ;
⁸tu te reposeras, car la fatigue ôte l'esprit à l'homme ;

---

*35/2 : Tigre, Pichône, Guihône* = trois des quatre fleuves (Genèse 2/11-13) qui coulaient en Éden ici appelé Assour. Rétablir Éden sur terre est bien la mission que doit *accomplir* (35/6) le petit reste, le retour du Bien initial remplaçant le système choisi par Adam (2/1-5).

Le **témoin** appelle souvent la Veillée 35 **Veillée de la Parole Accomplie** (35/6). On y retrouve décrites les grandes **Promesses** (2/8, 33/36) faites aux **générations** qui **moissonneront** (35/2) le **Champ** du Créateur aussi longtemps qu'il faudra pour réunir le **petit reste** de **pénitents** qui vaincra le **mal** et la **mort** en restaurant le règne du **Bien**.
Le Créateur donne de nouvelles recommandations concernant :
La **piété** (35/6) comme mémoire **d'accomplissement,**
La futilité des objets "pieux" et des lieux porte-bonheur (35/5, 35/13),
**L'alliance** à faire avec les Juifs, les Chrétiens et les Musulmans (35/11), la famille d'Abraham, qui finiront bien par accepter cette **alliance,**
L'importance d'observer la **prudence** et de **prendre conseil** (35/10).

*35/5-6 : Tu ne montreras à personne la place où Je me tiens* = tu ne feras pas de ce lieu, où Jésus te parle, un lieu de superstition (21/1) ou un sanctuaire (40/2) et tu ne feras pas de reliques des objets que Jésus a touchés. Prier, c'est accomplir la Parole qu'on lit, mais non la rabâcher comme des formules miraculeuses ou des mantras.

*35/7 : tu prendras le temps de décider* = tout ce que fait l'homme prend du temps. L'affaiblissement considérable de l'homme, qui vit dans la précarité de l'âge depuis qu'Adam a refusé Éden et ainsi déclenché l'horloge du temps, a déjà été signalé par rapport au Créateur qui continue de vivre hors du temps (12/6).

35/9 : mes Plaies = non les plaies de Jésus sur la croix que le dogme des églises qualifie à tort de rédemptrices. Le Père aimant n'a jamais planifié le supplice de qui que ce soit. Les Plaies du Père sont seulement les peines qu'il ressent devant les injustices et les crimes de ses enfants aussi longtemps qu'ils ne retrouveront pas son image de bonté (Genèse 1/27).

35/11 : Les synagogues représentent le judaïsme. Les soumis de Dieu représentent l'Islam. nul de mes Fils = tous les hommes de bien et d'espérance sur terre, considérés comme frères actifs potentiels dans la pénitence (recherche du bien et changement du monde), à plus forte raison les chrétiens, qui se réclament de Jésus, même si le Jésus apparu à Arès au Nom du Créateur n'est pas le « Dieu incarné » de l'église.

35/12 : tu n'écarteras aucun de mes Livres : les Livres sont La Révélation d'Arès, ultime référence de la Vérité, la Bible des prophètes (2/6-8, 2/10-11, xviii/3, xLii/14-22) et le Coran de Mouhamad (2/9, 5/6, xLiv/7-10). D'autres Livres pourraient être ajoutés comme le Veda ou les Sutras bouddhiques, si ceux-ci n'étaient pas situés hors du champ de mission fixé aux Pèlerins d'Arès (5/6-7).

35/13 : Seigneur : Au moment de cette Révélation le témoin était ecclésiastique ; on l'appelait « Monseigneur ». Il lui est rappelé sans égards et avec ironie que ce titre, s'il y avait lieu de l'utiliser, reviendrait au seul Créateur.

35/14 : l'épée = le témoin et sa mission prophétique. le Bras = la force et l'inspiration du Créateur. L'épée n'évoque pas la violence, mais le souffle du Bien, doux et pacifique, qui, au final, vaincra les princes (les pouvoirs religieux, politiques, financiers, etc.), que la violence n'a jamais pu abattre.

35/15 : Je serai sur ta gauche : Pour que mon Bras droit (allusion au côté droit censé être le plus fort) t'assure une meilleure protection.

⁹tu n'auras pas des yeux de chair, qui jugent et qui convoitent, mais les yeux du prophète qui a vu Ma Justice,
qui a tremblé devant Ma Lumière,
qui a pleuré sur les *caillots* de Mes Plaies.

**Sagesse, prudence mais aussi amour du vrai pénitent**

¹⁰Tu ne refuseras tes conseils à personne, même au plus impie ; tu lui refuseras l'entrée de Mes Assemblées, car Mon Salut commence dès ce monde,
et parce que tu ne peux disposer de Ma Force mais seulement de ta prudence.

**Tous les croyants sont appelés à changer le monde**

¹¹Tu feras alliance fraternelle avec les assemblées des synagogues, celles des soumis de Dieu,
nuls de Mes Fils ne seront pour toi des étrangers.
¹²Sur le *chancel* de l'assemblée tu disposeras Ma Parole comme ils La proclament,
tu n'écarteras aucun de Mes Livres,
mais tu écarteras les livres d'hommes,
ceux de Pierre, de Paul,
d'*at*-Tabarî et des rabbins,
car dans Ma Parole réside la seule piété.

**Le pénitent est l'instrument du Bien, non son Bras**

¹³Je suis ton Seigneur,
ce *degré* revient à Moi seul,
dépose-le avec ta couronne et ton bâton de commandement ! Il ne t'est pas plus dû qu'aux statues n'est due la prière.
¹⁴Mon Souffle te portera. N'oublie pas ta place !
Tu es l'épée ;
l'épée n'est pas le Bras Qui la soulève.
Sous ton fer Je briserai les nuques des princes fiers, J'allongerai dans la poussière les riches et les forts, et tu resteras pourtant doux et pacifique.
¹⁵Encore quelques jours et tu ne Me verras plus, mais Je serai sans cesse sur ta gauche.

## L'homme est instable, vite fatigué d'espérer

**36** ¹Déjà, homme Michel, roseau frêle,
tu t'es habitué à Me voir ;
ton regard ne Me fixe plus anxieusement,
mais tes yeux s'agitent.
²Si les hommes avaient multiplié leurs yeux
comme les anges qui en portent tout autour de la tête pour ne pas Me quitter du regard,
Je Me montrerais aux hommes.
³De même les fidèles mangent avec indifférence le Pain descendu du Ciel,
ils L'avalent sans Le regarder,
parce que leurs cœurs sont agités.
⁴Réveille la pénitence en eux pour qu'ils consomment Ma Chair et Mon Sang
dans l'affliction du repentir.
⁵Mais tiens compte de leur faiblesse immense :
Qu'ils sursoient à Mon Repas dès qu'ils sont rassasiés !
Que la faim du repentir, qui est la faim de Mon Pain, les amène à Ma Table !
⁶Le pécheur entêté n'a jamais faim de Moi ; c'est pourquoi il ne sera pas reçu dans l'Assemblée tant qu'il se *gavera* d'impiété.
⁷Ne le porte pas à se croire accueilli à Ma Table,
car il s'endurcira dans son péché,
et même ton pire ennemi tu ne le tromperas pas ainsi, mais tu veilleras sur son salut.
⁸Judas a mangé à Ma Table, mais pour que fût accomplie la Parole ;
qu'on ne sonde pas Mes Desseins !

**Beaucoup n'entendent que ce qu'ils veulent entendre**

⁹Fais observer Mes Préceptes ! Rejette les *arguties* des docteurs ! Je l'ai déjà dit.
Donne Ma Chair au repentant, il se repentira davantage,
mais donne-La à l'impie, il portera sa faute à son comble !

---

La Veillée 36 a été appelée **Le Désenchantement Surmonté.** Le **témoin** se croit toujours très attentif, mais le Créateur le sent parfois distrait et le met en garde contre l'inconstance, source **d'impiété.** Il cite **Judas**, parce que la dramatique **impiété** de cet apôtre : la trahison, n'eut pour cause que ses inconstance, inattention et désenchantement. Ce que le Créateur appelle sa **Parole accomplie** (36/8) à propos de **Judas** est son avertissement qu'en matière prophétique des fautes fatales peuvent toujours résulter de causes provisoires comme le désenchantement. **Parole accomplie** (36/8) ne signifie pas **Parole** exécutée, mais **Parole** d'avertissement. Telle est le sens de **Parole accomplie** à propos des **princes** qui pensent faire **plier** Dieu selon leurs désirs comme un **éléphant** au cirque (36/10), mais qui le trahissent de même par désenchantement, doute ou simple inattention. C'est par les **mains** de gens insignifiants, mais constants, que reviendra la **Force** spirituelle et que disparaîtra la manie de **juger** et de **commander** les autres (36/16-19).

*36/8 : pour que fût accomplie la Parole :* Non parce que la trahison de *Judas* avait été programmée, car le Créateur ne programme jamais le *mal*, mais pour montrer l'inverse, à savoir que la trahison d'un homme n'empêchera jamais la *Parole de s'accomplir.*
*qu'on ne sonde pas mes Desseins =* qu'on ne fasse pas de théologie avec la prétention de tout comprendre et tout expliquer.

*36/9 : Donne ma Chair... à l'impie :* Il ne s'agit pas d'eucharistie, mais de la *Force* de Création, de l'Amour et de la *Lumière* de la *Vérité,* qui forment la substance même du Créateur. Rappelle : *Ne jetez pas les perles aux porcs* (Matthieu 7/6).

## La religion prétend disposer du Créateur à sa guise

*36/10-11 : Qui oserait ordonner au Créateur de bénir ou maudire ? Personne, pas même les princes et prêtres du culte religieux et leurs alliés du culte politique qui se comportent comme si le Créateur était à leurs ordres tel l'éléphant puissant au cirque. Le Créateur donne sa bénédiction à qui il veut ou prononce sa malédiction (= réprobation) contre qui il veut et quand il veut, apparemment très rarement.*

¹⁰Ne sois pas comme les princes du culte et les prêtres, qui, devant leurs assemblées, veulent Me conduire comme l'éléphant puissant, disant : « Plie les genoux, incline-Toi vers ceux-ci pour les bénir ! », ou bien : « Frappe de ta trompe ceux-là, maudits-les ! »

Or, personne ne peut même seulement bénir

¹¹N'appelle pas Ma Bénédiction ! Elle n'a pas attendu ta prière pour venir sur Mes Bénis ;
la Bénédiction,
la Malédiction Que Je ne veux pas
ne viennent pas.

*36/12 : Il ne s'agit pas d'imposer les deux mains pour désigner un successeur ou consacrer quelqu'un (8/1), ni même dans ce cas précis d'imposer les mains aux malades (16/8), car la force (36/13) de pénitence ou d'amour suffit pour cela sans le recours aux mains. Il s'agit seulement ici d'un signe par lequel le témoin de La Révélation d'Arès répond, dans certaines circonstances, au respect qu'on lui témoigne en tant que gardien de la Parole (prophète). La Force qui sort alors du témoin ne lui doit rien, car il n'est qu'un homme ; c'est la Force même de la Vérité devant laquelle le tentateur s'enfuit (= les mauvais et les impies ne demandent jamais ce signe).*

¹²Mais tu imposeras les deux mains à ceux qui te demanderont un signe en Mon Nom, car une Force sortira de toi et les remplira, les enveloppera d'une fumée pure qui pique les yeux du tentateur, qui s'enfuit en pleurant, abandonne sa proie.

## L'amour peut tout sauf sauver un impie malgré lui

¹³Ta force guérira les malades,
en songe elle désignera l'innocent au juge indécis,
elle arrêtera au loin le bras du méchant,
la langue du faux témoin et du diffamateur,
au lâche elle rappellera son abandon,
au jouisseur le tort qu'il fait aux siens,
elle fortifiera le faible,

*36/14 : Il est plus facile à la force de foi et d'amour de guérir un malade ou d'inspirer une bonne pensée à un juge ou à une mauvaise personne que d'accomplir le prodige qui consisterait à sauver des impies malgré eux. Personne ne peut faire pénitence à la place d'un autre, lui créer une âme (V. 17) et assurer son salut.*

¹⁴mais elle ne fera pas de prodiges,
elle ne sauvera pas de force les impies,
jusqu'à Mes Hauteurs elle ne les ravira pas ;
elle sera jusqu'à Mes Hauteurs comme la force du mulet qui porte le fardeau,
le bagage de ceux qui feront l'ascension avec toi.
¹⁵Tu prêteras ton arbitrage à la querelle entre frères,
tu réprimanderas le menteur,
tu exhorteras le voleur à restituer,
le méchant à réparer.

## Tu ne jugeras personne, pas même en pensée

¹⁶Mais tu ne jugeras personne, ni publiquement,
ni en secret ;
pas le plus petit jugement au fond de la tête,
car tu ne le piégeras pas plus qu'une puce,
à ton insu il sautera sur ta langue.
¹⁷C'est l'honneur du prophète d'éviter tout jugement,
de répandre la paix ;
même quand ses yeux lancent des éclairs
il ne fulmine pas,
mais il exhorte Mes Fils à la pénitence,
les met en garde contre l'abomination qui les tire
vers l'abîme comme une pierre aux pieds ;

*36/16 : Tu ne jugeras pas rappelle le Sermon sur la Montagne (Matthieu 7/1-5) : Ne jugez pas pour ne pas être jugés.*

## Le Créateur montre au témoin le séjour des morts

¹⁸car tu as vu le séjour des spectres ; tes dents ont claqué, l'horreur t'a blanchi comme un vieillard, tes bras ont battu les ténèbres pour écarter de toi les ombres,
tu as crié vers Moi pour que Je te tire vers le jour.

*36/18 : tu as vu le séjour des spectres : allusion à « tes dents claquent... parce que Je t'ai montré le séjour des spectres » (17/1). Le séjour des spectres = les ténèbres glacées (16/15, 33/33) où aboutissent les esprits de ceux et celles morts sans âme (v. 17) parce qu'ils étaient, de leur vivant, totalement réfractaires au bien.*

## Il faut guider, inspirer, mais non commander

¹⁹Tu ne commanderas à personne,
tu montreras Mes Sentiers vers les Hauteurs Saintes.
Quand on te demandera : « Quel nom faut-il porter pour plaire au Seigneur ? »,
réponds : « Qu'importe que tu t'appelles Lentille ou Chèvre, car si tu te fais une vie pour Dieu, un renom de bonté, de pénitence et de piété, ton nom deviendra aussi grand que celui de Moïse ou d'Élie. »

*36/19 : Tu ne commanderas à personne = Tu ne seras le chef de personne (16/1). Tout pouvoir et toute loi répriment et punissent des maux immédiats, mais sont incapables d'éliminer le mal fondamentalement, parce qu'ils contribuent à le produire. Le Créateur insiste sur le caractère anarchique (sans chef) que doit avoir toute société aspirant à vaincre totalement le mal et à installer le Bien absolu.
Quel nom faut-il porter ? : Donner à un enfant un nom de « saint » ou de personnages éminents n'influe nullement sur sa capacité future à être bon ou mauvais.*

## L'enfant n'est pas un moindre ouvrier de l'avenir

²⁰Aime les enfants, veille sur eux,
enseigne-les avec patience et reçois-les à l'Assemblée, car ils sont avec tous
un peuple de sacerdoce ;

*36/20 : les enfants sont avec tous un peuple de sacerdoce : dans la poursuite du salut général par le retour du monde au bien (28/7), les enfants ont aussi un rôle à jouer. Ces mots rappellent la Bible : Si vous n'êtes pas comme les enfants, vous n'entrez pas dans le Royaume = vous n'acquérez pas la vie spirituelle (Matthieu 18/3).*

mais qu'ils ne fassent pas Mémoire de Mon Sacrifice avant d'être pécheurs, avant que leur langue ne profère le repentir et n'en goûte les larmes.

## La Révélation d'Arès sous l'assaut du monde

36/21-22 : les impies = tous ceux qui réfutent et combattent le bien et La Révélation d'Arès. Comme tous les grands mouvements prophétiques depuis la nuit des temps, le mouvement parti d'Arès subira provocations et outrages avant d'être reconnu.

36/23 : le bonheur... se mesure... en éternité = le vrai bonheur se reconnaît à ce qu'il n'est pas un état fugitif ou temporaire, mais un état constant et qui se prolonge au-delà de la mort parce que son support est la vie spirituelle. Certes, sur terre le vrai bonheur n'exclut nullement les plaisirs sentimentaux, corporels et matériels, mais ceux-ci doivent être inséparables de la force intérieure permanente que crée la pénitence dans la joie et la fête (30/11), dans l'amour, le pardon, la paix et la liberté, qu'on donne aux autres même si ceux-ci ne vous les rendent pas. Il n'y a pas de bonheur sans don de soi et sans aspiration à la transfiguration.

37/1 : Jésus, l'envoyé du Créateur, annonce au témoin qu'il sera bientôt soulagé des intenses émotion et fatigue que lui cause l'expérience surnaturelle qu'il doit vivre depuis le 15 janvier 1974. De plus, écrire sur le vif le Message sorti des lèvres de Jésus, qui ne dicte pas mais qui parle assez vite, est une pénible épreuve pour le témoin.

37/2 : L'homme a perdu de sa race (xii/5) et de son intelligence (32/5) spirituelles à tel point que l'inconstance et la dissipation le menacent sans cesse. Même le témoin d'un prodige aussi exceptionnel que les visites d'un messager du Créateur pourrait se dérober à sa mission comme d'autres en grand nombre l'ont hélas fait avant lui (2/16).

²¹Ta vie sera un blâme pour les impies ; ils ne supporteront pas ta vue, les princes du culte et les prêtres surtout, beaucoup de leurs rebelles aussi, car la vie que Je te ferai pour Moi n'est pas comme la leur.
²²Ils te mettront à l'épreuve par le mensonge et l'outrage pour éprouver ta douceur et ta vérité. Ne les approche que s'ils t'appellent pour t'entendre, car alors c'est Mon Esprit Qui t'appellera vers eux. Sinon, tiens-toi au loin, ils sont dangereux.

## Le bonheur nous attend au-delà des tribulations

²³Crie partout : « Cette vie est courte ; le bonheur ne se mesure pas en années, mais en éternité ; chacun a juste le temps du repentir, car les regrets du spectre ne font que s'ajouter à ses tourments ! Écoutez la Parole Que j'ai reçue et sauvez-vous ! »

## 37

¹Bientôt tu ne Me verras plus et ne M'entendras plus, homme Michel. Remplis tes yeux et tes oreilles comme Mes Témoins après Ma Victoire.
²Que Mon Souvenir ne soit pas pour toi comme un nuage qui monte et disparaît à tes yeux par beau temps,
et ne revient devant ton regard qu'aux jours froids et tristes,
ainsi qu'il en est pour la multitude.

³Tu pourras dire : « J'ai vu Dieu, le Dieu de mon salut. Maintenant j'ai confiance, car j'ai vu le Salut du pénitent et sa Force ! »

**Porter témoignage sans peur ni autocensure**

⁴Ce Que tu as vu et entendu publie-Le sur les toits et dans les assemblées.

**Quoi de pire que troquer Vérité contre richesses ?**

⁵Méprise les richesses qu'on t'offrira pour te taire,
pour publier que tu as fait un songe,
pour racheter tes livres,
les jeter au bûcher,
car on te soumettra à des séductions et à des tentations très grandes.
Que ton esprit les frôle, Je t'anéantis !
⁶Prends garde au tentateur ! Je te donne la force pour le vaincre, mais il redoublera de ruse et d'efforts.
Ève y a succombé, mais Marie a triomphé de lui. Fais-toi d'elle une compagne de route ! Ne lâche pas les pans de son manteau ! À sa vue le serpent s'enfuit en sifflant.

**La protection du Créateur sur les hommes de bien**

⁷Quant aux hommes qui t'attaqueront, Je l'ai dit : une légion de saints tout équipée t'en défendra ; d'un Souffle Je t'élèverai au-dessus d'eux.
⁸Ma Protection s'étendra sur les moissonneurs qui travailleront avec toi au Champ ;
eux aussi subiront les méchants et les ruses du tentateur.
⁹Le traître parmi eux, celui qui entre en doute, éloigne-les tout de suite !

**La gloire couronnera pénitents et moissonneurs**

Mais ceux qui goûteront jusqu'au bout du bonheur à leur peine, dont l'ardeur et la piété ne failliront pas,
J'en ferai une constellation éclatante sur Mes Hauteurs Sacrées.

---

*37/3 : Tu pourras dire : « J'ai vu Dieu »* annonce les visites du Créateur (théophanies) à l'automne 1977 (Le Livre, 2ᵉ partie de La Révélation d'Arès) que le *témoin* ne peut pas prévoir en avril 1974. Il ne saisit donc pas le sens de ces mots. Sur l'instant, il se met à rêver que le dogme trinitaire de l'église reste quand même valable et qu'on peut plus ou moins voir Dieu lui-même en Jésus qui lui parle. Il lui faudra plusieurs mois pour accepter cette *Vérité* pourtant simple : *Jésus n'est pas Dieu* (32/1).

**Veillée des Mises en Garde,** la Veillée 37 est un chapelet de recommandations portant surtout sur les erreurs à ne pas commettre et sur les dangers de retour du **mal** même chez les **pénitents,** retour que le **petit reste** doit éviter avec **vigilance** (xvi/14) et rigueur, parce que le monde, pour des raisons pas toujours claires ni logiques, s'opposera parfois violemment à l'installation du **Bien** dans la société.

*37/6 : Marie* (nn. 9/6, 11/2, 33/13, etc.) n'est pas plus un personnage historique et datable que ne l'est *Ève.* Toutes deux symbolisent des étapes de la vie spirituelle.
*Ève* symbolise la difficulté pour tout homme d'assumer la vie spirituelle qui commence, que ce soit aux jours de la genèse ou aujourd'hui.
*Marie* symbolise, dans le Créateur (33/13-18) comme dans l'homme de *bien,* l'effort qui *triomphe* de cette difficulté par *l'amour.*

*37/9 : Le traître* = Celui qui perd la foi ou dont l'attitude contraire à celle qu'on attend d'un membre du *petit reste* constitue une menace pour *l'assemblée.*
*une éternité pour leur gloire :* quand le *petit reste* aura amené le *monde* à *changer* en *bien* (28/7), du moins assez pour que le *triomphe* de la *pénitence* soit inévitable, surviendra le *Jour* de la résurrection et de l'éternité (la vie *sans jour ni nuit,* 31/8).

37/10 : *que tous Me craignent* : ce n'est pas le Créateur, *Père trop aimant* (12/7), qu'il faut *craindre*. La phrase est un trope (tournure assez fréquente dans La Révélation d'Arès) signifiant qu'il faut *craindre* non le Créateur, mais le *mal* contre lequel le Créateur met en garde les hommes.

La Veillée 38 peut s'appeler **Les Époux Témoins de la Volonté Divine** (38/9). Une fois de plus, le Créateur **exhorte** (38/1) à la **moisson** des **pénitents** qui stopperont la montée du matérialisme-rationalisme, dont le règne absolu, s'il survenait, serait le **péché des péchés** (38/2). Le Créateur réitère sa promesse que cette **moisson** très dure sera surnaturellement soutenue. Il affirme aussi que la force **prophétique** maximale sera trouvée dans la famille (**épouse, enfants**, 38/9), ce qui nous rappelle les mots fameux : **"Il n'est pas bon que l'homme soit seul"** (Genèse 2/18).

38/3 : *ma Mère et mes Témoins* : on pense à la mère de Jésus et aux apôtres (icône traditionnelle), mais ici comme ailleurs dans La Révélation d'Arès il faut se délivrer du schéma culturel. *Ma Mère et mes Témoins* ne désignent pas des individus historiques, mais un processus de perception à la fois spirituel et pratique. C'est une image qui aide la pensée humaine devenue *impie* et insuffisante (*faible lumignon*, 32/9) à comprendre qu'on ne vaincra pas le *mal* sans l'association de *l'Amour* (le côté *Mère* du Créateur, voir n. 33/13) et des hommes de *bien* (mes *Témoins*).

38/6 : Des *époux* non formellement passés par les *épousailles* (33/21 et 37) peuvent être *prophétiques* (33/38), cas du *témoin* et de son *épouse* déjà mariés depuis six ans en 1974. Le prophétisme n'est pas formalisme. Il existe par sa seule *force* spirituelle, même dans la vie quotidienne d'un couple.

Il y aura un temps pour leur peine et une éternité pour leur gloire.
¹⁰Mais que tous Me craignent tant qu'ils n'ont pas achevé leur tâche. Qu'ils observent la Parole Que Je te livre et Celle Que J'ai livrée à Mes Prophètes et à Mes Témoins avant toi.

**Il faut se mettre au travail, hommes et femmes**

**38/** ¹Homme Michel, tu as cessé de trembler,
tu es consolé et fort.
²Je t'ai saisi et déposé à la lisière de Mon Champ ;
il est temps que la Moisson se fasse,
que le monde soit sauvé,
avant que ne *pleuve* le péché des péchés.
³Que Je ne vienne pas à Mon Champ sans t'y trouver !
Devant Moi, partout quand J'étais avec vous,
J'ai trouvé Ma Mère et Mes Témoins.
Fais de même !

**Difficile moisson, mais le moissonneur n'est pas seul**

⁴De tes craintes Je t'ai consolé,
tu sais que Je te suis sur ta gauche.
Agite ta faux devant toi !
Écarte devant toi les épines qui gênent ta marche
pour conduire Mon Peuple jusqu'à Mes Hauteurs.
⁵Gerbe et engrange !
Guide et exhorte à l'ascension !
J'ai parlé en paraboles pour affirmer ta confiance,
déposer en toi la Vérité sans détours,
car le langage des sciences est comme l'obscurité
et Je suis la Lumière,
il est comme la mort et Je suis la Vie.
⁶Je t'ai donné une épouse et J'ai béni vos épousailles. Elle est éprise de toi pour t'être un réconfort,
l'étreinte de son sein affermit ton cœur ;
elle te verse à boire, te sert elle-même le soir

quand tu as peiné tout le jour.
Qu'elle vive toujours auprès de toi à la lisière de Mon Champ, sur les sentiers de Mes Montagnes !

**Le célibat n'est ni une vertu ni un avantage**

⁷Ne sois pas comme les ambitieux qui éloignent femmes et enfants, se vêtent de la tunique des vierges, croyant s'élever en vertu devant les hommes
et croyant Me servir mieux ;
⁸mais ils ont oublié Ma Parole, les insensés ; le tentateur les a *violés* sous leur tunique, a engrossé leur cœur d'orgueil et d'ignorance.
⁹Toi, homme Michel, vis auprès de ton épouse et de tes enfants devant toutes Mes Assemblées pour montrer où est Ma Volonté.

**Dieu sait tout sans apprendre, l'homme apprend**

**39** ¹Tu Me verras demain encore
et puis tu ne Me verras plus,
mais tu sentiras comme un air léger Mon Haleine quand Je te parlerai encore plus tard,
car tu n'as pas idée des questions innombrables qu'on te posera,
des enseignements que tu devras *répandre*.
²Ne réponds rien de toi-même,
demande un délai pour la prière,
attends que Je te parle !

**Bâclage et rationalisme, les grands maux du temps**

³Répugne à la hâte et à la science ;
ce sont les portes par où entre le mal dans le monde !
À Moi la Puissance et la Connaissance ;
à toi la mesure, la patience et la piété.

**Pas de commerce avec les morts et les "saints"**

⁴Tu t'adresseras à Moi seul,
tous feront de même.

---

38/7 : *les ambitieux qui éloignent femmes et enfants* = les clergés et congrégations qui prétendent faire mieux que les autres pour le *salut* du monde par le célibat. Par *orgueil* ou par *ignorance* ils dénient la *Parole* du *Père*, qui a crée spirituels l'homme et la femme non séparément mais unis dans *les joies réservées aux époux* (2/3, 9/7). Par conséquent, il y a même dans la volupté du couple quelque chose de *prophétique* que n'a pas le célibat.

38/9 : *ma Volonté* : par *Volonté* le Créateur veut dire *Vœu* (1/7) dans toute La Révélation d'Arès. *Volonté* ne signifie jamais ordre ou commandement, parce que le *Père* aimant procède par suggestion. Ceux que la vie a laissés célibataires pour des raisons impératives ou de santé ne sont évidemment pas en contradiction avec la *Vérité* s'ils œuvrent à son avènement.

La Veillée 39 est comme la suite des Veillées 36, 37 et 38. Ces quatre veillées pourraient constituer une seule unité, une grande leçon de conduite spirituelle et missionnaire qui, par le soin que le Créateur apporte à la formation de son **témoin,** montre bien son intention de confier à **l'homme Michel** une mission universelle d'exceptionnelle importance.

39/1 : *tu sentiras... mon Haleine* : Même si la liberté et la responsabilité du *témoin* restent totales, le Créateur inspirera celui-ci quand ce sera nécessaire parce que sa mission prophétique non seulement présentera de grosses difficultés pratiques, mais elle passera pour *blâmable* aux yeux du monde *impie* (36/21-22).

39/3 : *la science* = la logique rationaliste qui est celle du monde moderne.

*39/4 : Tu t'adresseras à Moi seul = Tu te référeras à la seule Parole que Je te donne. Il ne s'agit pas de dialogue, car on ne dialogue pas avec Dieu contrairement à ce que certains prétendent faire. Le mode d'échange entre Créateur et créature est tout différent. Le Créateur, tantôt directement (théophanies), tantôt par un messager, parle au prophète qui écoute et comprend sans intervenir et ensuite transmet et explique la Parole aux frères (xx/12, xxviii/26).*
*d'autres esprits que Dieu = les morts ou les « saints » avec lesquels certains vivants croient communiquer. Nécromancie dangereuse pour l'homme que le péché a rendu imperméable au monde invisible. Les médiums, même sincères, trompent et égarent.*

*39/5 : Mère = voir n. 38/3, etc. elle ne répand pas la Vie : l'homme trouve la Vie (24/5) et fait son salut lui-même. Personne, pas même le Créateur, que ce soit dans sa phase Père ou dans sa phase Mère (33/13-17), ne fait cela pour lui.*

*39/6 : Ne rebrousse pas chemin : Même l'homme qui a été témoin d'un grand prodige surnaturel peut se mettre à douter ou retourner à l'erreur et à la frivolité, parce que le péché a terriblement fragilisé sa nature humaine.*

*39/7 : Le jour où ton âme se perd : Confirme que l'âme que se crée le pénitent (V. 17) peut disparaître quand sa pénitence s'arrête.*

### Contre le péché d'adoration

mets-les en garde, ceux qui s'adressent à d'autres esprits que Dieu,
qui leur vouent des sanctuaires et leur apportent des offrandes,
aux morts qui ont laissé un renom de piété et de sacrifice !
Ceux qui prient les morts sont morts.
⁵La Mère seule donne audience à ses enfants ;
ceux qui s'adresseront à elle le feront avec sens,
sachant qu'elle ne répand pas la Vie
mais le conseil, la consolation et la force.
Ne fais-tu pas de même désormais ?

### On peut hélas détruire l'âme qu'on s'est construite

⁶Ne rebrousse pas chemin ; ne reviens pas sur tes pas, homme Michel.
Le péché que tu y as abandonné
est embusqué dans l'ornière de ta trace comme un serpent ; sa morsure te tuera avec ton âme.
Je marche en avant avec toi ;
Mes Pas ne t'accompagneront pas en arrière,
et tu seras sans Protection.
⁷Le jour où ton âme se perd, tes parents et amis ne te servent à rien ;
ils peuvent courir à gauche et à droite,
pas plus que l'eau que boit la terre après la pluie
ils ne retiendront ton âme.
Ne t'encombre pas de parents et amis impies,
qui t'aiment, mais qui ne reçoivent pas la Parole
Que tu leur livres !

### Aime tous les humains mais ne fréquente que les bons

⁸Mieux vaut pour toi être entouré de compagnons sévères, qui ne te donnent pas un baiser,
pas un mot d'affection, mais qui reçoivent Ma Parole et qui L'accomplissent.
Les cajoleurs ne sèment que la faiblesse.
⁹De même la compagnie des hommes qui ne prononcent pas Mon Nom, parce qu'ils ont été scandalisés,

mais qui vivent selon Ma Justice,
sera pour toi meilleure que celle de *dévots* au
cœur faible, qui prient et pèchent tout à la fois.
¹⁰Aucun malheur ne te frappera,
aucune amitié fourbe n'attentera à ton salut,
si tu ne t'y prêtes pas.
Tout Ce Que J'ai dit ici
vaut aussi pour tes fidèles
et les générations de ta descendance.

*39/10 : Aucun malheur ne te frappera… si tu ne t'y prêtes pas :* Confirmation que l'homme est par la pénitence l'artisan de sa propre Grâce et de son salut. Ce processus du salut est sous-jacent à toute La Révélation d'Arès. Sinon, à quoi servirait la pénitence, c.-à-d. la responsabilité acceptée de combattre le mal est d'assurer le bien non seulement pour soi, mais pour toute l'humanité et toute l'Histoire (*les générations de ta descendance*) ?

### Qui se voue au Bien n'est plus rien pour lui-même

**40** ¹Voilà la dernière nuit où tu Me vois.
Grave Ma Face dans ton regard !
²Mais ne fais pas de cet endroit un sanctuaire,
ne laisse pas croire que Je suis venu
et que Je suis parti.
³Je Me suis seulement montré, et J'ai parlé d'une
Voix d'homme, car ton témoignage aidera à
surmonter les faiblesses de ce siècle,
⁴*mais* Je suis au milieu de tous ceux réunis en
Mon Nom
pour accomplir Ma Parole
depuis toujours
et jusqu'à Mon Jour.
⁵Va, homme Michel, chausse-toi !
Conduis Mon Peuple sur Mes Hauteurs Saintes
où Je l'attends !
⁶Désormais tu es Mon Messager,
tu n'es plus rien pour toi-même.

13 avril 1974. Le **témoin** d'Arès, le futur Frère Michel, **frère aîné** (16/1) des Pèlerins d'Arès, rencontre Jésus, **messager** du Créateur, pour la dernière fois. Il ne sait pas qu'il rencontrera le Créateur en personne 44 mois plus tard, qui le confirmera comme **prophète** (xxxvii/2, voir Le Livre, 2ᵉ partie de La Révélation d'Arès), mais ce titre lui a déjà été donné ici même (35/9). Toutefois, cette Veillée 40, bien que le mot **prophète** n'y soit pas prononcé, confirme de façon éclatante que le Créateur confie à **l'homme Michel** une mission d'importance suprême. C'est bien pourquoi il lui est demandé de n'être plus **rien pour lui-même** (40/6) et d'être désormais tout pour le **Père de l'Univers** (12/4) et le **Bien** de l'humanité à venir.

# LE LIVRE

En 1978 le témoin
donna à cette révélation,
reçue directement du Créateur en 1977,
le titre de
Le Livre,
inspiré du verset i/11 :
*Tu ouvres le bon Livre, enfin.*

Avertissement :

Pour éviter les confusions
avec les références de
L'Évangile Donné à Arès
qu'il avait divisé en Veillées
numérotées en chiffres arabes : 3, 15, 29, 38, etc.,
**le témoin a divisé
Le Livre
en cinq Théophanies,
chacune datée et subdivisée en Chapitres
numérotés en chiffres romains : iii, iv, xix, xxv, xxxix, xLii, etc.**

---

Les mots et phrases entre parenthèses
dans le texte de la révélation
sont des compléments
rédigés par le témoin en personne
pour faciliter la compréhension
et la récitation harmonieuse
d'une Parole dont le sens lui était insufflé
en même temps qu'il en entendait le son.

La montagne était comme en feu parce que Yahwé y était descendu, et tout tremblait violemment.
(Exode 19/18)

**Annonce,**
**17 septembre 1977, dans un village du Var, France**

Sois prêt !

**Première Théophanie,**
**2 octobre 1977, Arès (Gironde, France)**

Le Créateur, silencieux depuis Mouhamad, revient...

# i

¹Tu vois le Retour.
²(Comme) le Bon donne la Parole, tu (la) donnes.
³Le muet lasse l'œil.
⁴Ouvre ta gorge, dis la Parole, Elle est.
Les dents arrêtent la Parole ; les morts, le(ur)s dents serrent.
⁵Le Bon dit : « Ferme le livre (de) l'homme ! Tu ouvres (le) bon Livre devant les frères. »
⁶Ferme (dans) le Livre les siècles !
Ferme, sauf Mouhamad !
Ses frères sont (des) droits changeurs ; (ils) donnent contre fidélité bon change.
⁷Moché, ses frères ; Yëchou, ses frères, le(ur)s bras (pèsent) sur le(ur)s frères,
⁸(et) la nuit couche sur les frères.

**...pour libérer l'homme des dogmes dominateurs**

⁹Le Bon dit : « Ferme le livre (de) l'homme ! »
¹⁰Écris le Livre, l'œil ouvert ! Couvre ta main, (car) le coucou, sa caresse a le bec !
Sa faim est la mer sans rive, (où) tu ne pêches pas.
¹¹Tu ouvres (le) bon Livre enfin.
Tu fermes le livre de(s) siècles.

**Nuit du 2 octobre 1977, Arès, Gironde, France.** Michel Potay, déjà **témoin** de Jésus en 1974, est réveillé par un bruit étrange au dehors : cliquetis et chocs métalliques. Par une porte-fenêtre il voit la nuit étinceler. Des milliers d'épées et boucliers semblent s'entrechoquer. L'armée du bien contre l'armée du mal ? Au fond de l'arrière-cour une lave blanche coule des murs de la chapelle, dont les fenêtres sont surnaturelle-ment éclairées de l'intérieur par la même lumière. Le **témoin** s'habille à la hâte, traverse la cour, tremblant, dans le bruit et les éclairs. Il trouve la porte de la chapelle déverrouillée. Il entre. La charpente craque, semble exploser. Les murs intérieurs semblent aussi fondre en lave blanche. Au centre de ce tumulte se dresse un trait de lumière guère plus grand qu'un bâton d'où sort une **Voix**.

*i/2 : le Bon* = Jésus, *messager* de *l'Évangile biblique et de L'Évangile Donné à Arès (1ère partie de La Révélation d'Arès).*
*la Parole, tu la donnes :* le *témoin* d'Arès est institué *messager* au même titre que Jésus (*le Bon*).

*i/6 : sauf Mouhamad :* confirme que le fondateur de l'islam est bien *prophète* (2/9).

*i/7 : leurs bras pèsent sur leurs frères* = les religions (judaïsme, christianisme d'église, islam, etc.) ont changé en systèmes lourds et fixistes la *Parole* qui a au contraire à la *Vie* spirituelle *libre*, évolutive et créatrice.

*i/10 : le coucou* = le personnel de l'ordre établi ou système, profane ou religieux, ici plutôt le clergé.
*la mer sans rive* = la faim de domination sans limite (*sans rive*) qu'ont la religion, la politique, la loi, etc. (système). Ce n'est pas dans cette *mer*-là que le *témoin* d'Arès et ses *frères* (des apôtres) *pêcheront* la *Vérité, l'amour* et la *paix*.

i/12-14 : Mikal = le témoin d'Arès, appelé homme Michel dans L'Évangile Donné à Arès. Parole de Mikal Ma Parole = le témoin d'Arès est prophète (36/17, xxxvii/2). l'Eau va dans un pli d'argent = le destin de l'homme est existentiel, malléable comme l'argent qui prend le pli bon ou mauvais que l'homme lui façonne. Pas de destin inexorablement mauvais : tout homme peut s'imposer de vivre selon le bien. Existentialisme de la foi, quand la foi n'est pas simple croyance, mais volonté active d'être bon comme le Bon (i/2-9).

i/16 : elles fendent les plaies = elles provoquent des souffrances. La mission de Mikal (i/12-14) et des frères (i/15, ii/5) sera pénible et ingrate, mais tout à fait possible.

i/17 : gouets = serpes, c.-à-d. tout ce qui blesse, même moralement. n'a pas de cure = ne guérit pas. Rien ne sert de s'exposer à des coups mortels. Il faut être prudent.

i/18 : Ils mangent le Fruit : Le grand public ne peut pas tout de suite comprendre la Parole. Il faut l'en imprégner peu à peu. Dans l'immédiat seul un homme par-ci par-là (une jambe) suit l'appel en attendant que d'autres s'y rallient.

i/19 : la jambe qui chausse mon Pied, qui bat mon Orge, le bègue = les institutions religieuses ou politiques qui prétendent représenter vérité, justice, morale, etc., le système d'Adam (2/1-5) qui cherche à imiter le Créateur.

ii/1-2 : J'ai, Je suis = Le Créateur, le possesseur et l'existant absolu. ton œil se tend, il bute = si vaste est la Création que la science humaine elle-même ne peut l'évaluer.

ii/3-4 : Le Bon (Jésus) n'est pas Dieu, il n'est qu'un homme. Seul le Créateur est l'Étalé, celui qui est partout à tout moment.

ii/5 : Le Bon (Jésus) et Mikal (le témoin d'Arès) sont des prophètes. Tout homme qui les suit est leur frère, spirituellement fertile (plein d'Eau), et peut contribuer à changer le monde (la terre) (28/7).

## Le don de Vérité donné à qui écoute le Créateur

[12] Parole de Mikal Ma Parole.
[13] Mikal boit Mon Eau. Sa langue, l'Eau (en) lave le cal, (elle est comme) une main blanche. La boue coule (de) sa tête ; l'Eau va dans un pli d'argent.
[14] (À son tour) Mikal lave ses frères ; il donne l'Eau.

## Retrouver les hommes de bien sera une rude tâche

[15] Mikal cherche les frères ; les frères (sont) dans les jambes (qui se) serrent, les jambes serrent. Mikal (ne) voit (que) les jambes, les jambes, (il cherche comme) l'oiseau cherche l'herbe.
[16] Ouvre les jambes ! Elles sautent, elles fendent les plaies. La nuit te bat (comme) l'enfant ; tu as la larme du soir, la larme du matin.
[17] Les jambes portent la faim (comme) le(s) gouet(s). Tu portes le Fruit ; le(s) gouet(s) frappe(nt) ton bras ; lâche (le Fruit) dans le(ur)s dents ! Ton bras coupé n'a pas de cure.
[18] Ils mangent le Fruit (néanmoins) ; une jambe (te) suit.
[19] (Mais) la jambe (qui) chausse Mon Pied, (qui) bat Mon Orge, le bègue (qui lit) dans le Livre, tiens le Fruit loin (d'eux) !

## Un seul existant et possesseur absolu, le Créateur

## ii

[1] J'ai. Je suis.
[2] Les soleils tournent dans Ma Main. (Or,) Ma Main a mille Mains ; ton œil (se) tend, (il) bute.
[3] Le Bon descend, il est bas ; il va (à) droite, il est (à) droite, (quand) Je (le lui) dis.
[4] Je descends, Je suis (en-)haut ; Je vais (à) droite, Je suis (au) milieu. (Je suis l')Étalé.
[5] Le Bon (est) Mon Vent, Mikal (est) Mon Vent. Le frère ouvre l'oreille (au Vent) ; son poil est (comme) la terre, (elle est) pleine (de) l'Eau Bleue, (de) la graine (qu'apporte le Vent).

## La vie spirituelle réinstalle le Créateur dans l'homme

⁶Mon Bras (comme) l'arbre vert entre (dans) la fente (d'une oreille).
⁷L'oint sec (qui re)vêt l'aile de mite (et) le maître de(s) compte(s) font) le bruit.
Ouvre l'oreille (à leur bruit, elle devient) pleine de sable.
⁸La bouche fait le bruit. Le bruit (est) à côté du vrai.
⁹Le vrai (est) un jardin dans la tête.
¹⁰L'œil (du) dedans voit les fleurs ; l'œil (du) dehors compte les fleurs ;
¹¹(alors) le jardin est fauché, vendu.
¹²L'homme sourd compte le(s) bruit(s) dans Ma Maison.
¹³Sa bouche (est) fanée, il a soif (tant) il compte les meules ;
le bruit tourne les meules, (les disperse comme) la vapeur.
¹⁴L'homme compte, l'homme compte ;
le rêve cache la nuit.
¹⁵Ferme le livre de(s) siècles, (car) tu comptes (encore, toi aussi).
(Fais taire) le(s) bruit(s) de bouche devant le livre !

## Le Père s'abaisse au petit clou qu'est son fils humain

¹⁶Ouvre (le) bon Livre !
¹⁷L'homme sourd (tombe en) copeaux.
Ta voix est le fer.
(Si sous son poids) pend ta tête, le Vent (re)lève le fer.
¹⁸Ta parole (est) Mon Jardin.
¹⁹Un Cri le jour, un (autre) Cri la nuit.
La nuit, le Bon parle en bruit(s), (mais) il ne compte pas le(s) bruit(s). (Ce qu')il fait, tu (le) fais.
²⁰Je parle le bruit d'homme.
(Pourtant) Je suis l'Eau Forte ; pas de poumon dans Moi.
Le(s) monde(s) tourne(nt) dans Moi.

---

*ii/7-8 : L'oint sec* = Quiconque distribue les récompenses du monde : les félicitations, grades, médailles, sacrements, etc.
*aile de mite* = posture autoritaire, titre, uniforme, robe de juge, habit ecclésiastique, etc.
*compte* = estime excessive ou exclusive des valeurs matérielles et rationalistes, gains, mérites, etc., en vigueur dans le monde.
*bruit* = les apriorismes, préjugés, idées reçues et mensonges, dont le monde fait grand *bruit*.

*ii/10-11 : L'œil du dedans* = La pure (xL/3) conscience spirituelle.
*l'œil du dehors* = le conformisme qui ne voit que les valeurs et artifices du monde.
*les fleurs* = la beauté (12/3) du *bien*, du *vrai* (vérité), de la *vertu*.
*le jardin est fauché, vendu* = la vie spirituelle (*amour, pardon, paix, liberté* absolue, etc.) que devrait être la vie sociale est réduite en religion, politique et *loi* (xix/24).

*ii/14-15 : compter* = verbe se rapportant à *compte* (ii/7-8).
*livre des siècles* = Histoire, Écriture non épurée des *livres de l'homme* (16/12, 35/12), dogmes, traditions, idées reçues, préjugés, etc.

*ii/16 : le bon Livre* = la pure *Parole* du Créateur ou *Père* comme la présente Révélation d'Arès et ce qui lui correspond dans l'Écriture.

*ii/17 : Ta voix est le fer* = Ce que tu (pro)clames (xxxi/17, xLviii/1-3, 35/4) ou écris est comme le *fer* du rabot qui affine, lisse et rend *beau* (12/3) le bois grossier qu'est devenu, au mieux, *le vrai* (la Vérité) dans l'esprit et le cœur de l'homme depuis longtemps rendu *sourd* au Vent (Verbe) du Créateur.

*ii/20 : Je* = le Créateur ou *Père* qui parle à Arès en cet automne 1977.
*bruit d'homme* = ici langage de l'homme, imparfait et grossier comparé au langage céleste qui serait souhaitable, mais que l'homme est maintenant incapable de comprendre.
*Les mondes tournent dans Moi* = l'univers infini M'appartient.

## LE LIVRE

*ii/21 : Dans l'image du clou sous le marteau le Père décrit pathétiquement l'effort considérable de rapetissement qu'il doit consentir, lui l'Étalé (ii/4) qui n'a ni dimension ni limites, pour parler au tout petit homme, qu'il aime comme un fils.*

²¹La bouche d'homme J'entre (de)dans ; Je serre, Je serre comme le clou (sous le marteau).

**La frêle *voix de fer* dominera le *grouillis* du mal**

*iii/1 : Mets ta main sous ma Main = Sois l'image de ton Créateur (Genèse 1/27, Lévitique 19/2).*

*iii/2-3 : Le grouillis = Le grouillement du mal sur la terre. la voix de fer = la voix du bien et de la vérité ultimement plus forte que celle du système du monde.*

*iii/4-5 : Le témoin d'Arès, qui est aussi infime au milieu du monde qu'est la Pierre Noire (un météorite) enchâssée dans un angle de la Kaaba au milieu des grandioses monuments de La Mecque, sera malmené, mais il lui restera toujours assez de force (un os) pour s'exprimer.*

**iii/** ¹Mets ta main sous Ma Main ! ²Le grouillis, le(ur)s bras (sont comme) le boyau ; ³il(s) (en)lace(nt) ta côte, (ils é)cache(nt) ton poumon, (croyant étouffer) Mon Poumon. (Mais) tu ne siffles pas ; tu as la voix de fer. ⁴Ta côte (est comme) la Pierre Noire. Un baiser, la Pierre (est comme) le doigt de la (jeune) fille trembl(ant)e. Un coup, la Pierre monte, (c'est) la bâcle, (une barrière comme) un pic. ⁵(Le haineux,) il crève ton œil, tu as (encore) l'(autre) œil. Il mord ton bras (et) ta main, tu as (encore) l'os. L'os écrit.

**L'immense Créateur est sans dimension ni limites**

*iv/2-4 : mille ans petits = moins de mille ans, mille ans grands = plus de mille ans, Courts sont les ans d'homme = La vie humaine est brève. La terre roule = La terre tourne et l'horloge du temps ne s'arrête pas. comme Moché = comme Moïse au buisson ardent ou sur le Mont Sinaï (Exode 3/1-22, 4/1-17, 19/16-24).*

*iv/5 : Le doigt d'homme = double sens de pénis qui engendre (qui germe) et de main qui désigne la route à suivre ou l'avenir. Les ans vont devant = l'homme dépend du temps (12/6) comme la charrue (l'araire) dépend du bœuf (taureau) qui la tire.*

*iv/6 : Le menteur rassure le mauvais = On ment aux autres et on se ment à soi-même, c'est la première source du mal et de l'erreur qui ainsi se perpétuent sans que l'homme pleure sur sa faute, c.-à-d. sans qu'il soit vraiment conscient de son erreur.*

**iv/** ¹Mon Pas, Ma Tête ne (le) voit pas. Mon Épaule ne voit pas Mon (autre) Épaule. (De) Ma Main à la Main Je cours mille ans d'homme. ²De Yëchou à Mouhamad mille ans petits ; de Mouhamad à toi mille ans grands, ³(et toi,) tu entends la Parole (comme Moché l')entend(it). La terre roule sous ton pied.

**L'homme empreint de mal s'illusionne sur sa force**

⁴Courts (sont) les ans d'homme. ⁵Le doigt d'homme germe les fils. Les fils germent le(s) peuple(s). Les ans vont devant l'homme (comme) le taureau va devant l'araire. (Gare à) la fosse ! ⁶Le menteur (r)assure le mauvais, (pour qu')il ne jeûne pas, (pour qu')il ne pleure pas (sur sa faute).

⁷Le menteur (con)tourne la nuque (jusqu')au ventre ;
il lave le(s) mort(s).
⁸Le mauvais (une fois) mort jeûne ; le mauvais (une fois) mort pleure.
Les os froids cassent ; la larme brûle la racine.
L'arbre, le mauvais n'(y re)monte pas.
⁹Le nuage ne porte pas le vent.
Le mauvais couche sous la pluie ; il compte, il (af)file sa dent, il ferme l'œil dans le ravin noir.

**L'homme empreint de bien retrouve *l'intelligence***

¹⁰Tu trembles ; tu es béni.
¹¹Tu comprends (que l'homme) qui compte fait le livre de(s) siècles.
Donne (le) bon Livre ! (Il n'y en a qu')un.

**Ne pas attendre une autre vie pour faire le bien**

# V

¹L'homme fou compte les vies, (alors que) l'homme (n')a (qu')une vie.
²La tête du ver morte, la queue souffre, mais (l')homme, (lui), ne souffre pas la mort vieille.
(L')homme a une (seule) mort.
³Le jour court cherche Adame ;
Haouha (ne) pleure (qu')une fois.
⁴Étrangle le mauvais maintenant !
⁵(Le) juge ne revient pas des os.
⁶(L')homme gagne maintenant.
(L')homme (n')a (qu')une vie au soleil.
⁷Appelle : « (L')homme (est) fou(! Il) compte l'or.
(L')homme (est) fou(! Il) compte deux chaises (pour) une jambe, deux lits (pour) une nuit. »
⁸(L')homme, son œil saute ; il lit deux livres (pour) un livre.
⁹(L')homme lave le(s) mort(s comme) il lave le pain des poules.
(Il pense à tort :) « La fosse (est) un ventre ; (seules) l(es) fèce(s en) sort(ent). La jambe ne saute pas (la fosse). »

iv/7-8 : *Le menteur* = (double sens) le *mensonge* et celui qui ment.
*Le mauvais* = (double sens) le *mal* et celui qui fait le *mal*.
*(de) la nuque... au ventre* = partout dans l'homme.
*le mauvais (une fois) mort pleure* = c'est dans la *mort* que l'homme découvre qu'il fut *mauvais*. Autant s'en apercevoir avant.

iv/9 : *Le nuage ne porte pas le vent* = Le *mal* n'apporte jamais le *bien*.
*couche sous la pluie* = baigne dans son propre *mal*.
*il compte* = voir note ii/14-15.
*il affile sa dent* = il s'accommode du *mal* comme il peut.

iv/11 : *Tu comprends* = Tu retrouves *l'intelligence* spirituelle qui est quasiment éteinte (32/5).
*le livre des siècles* = la version officielle de l'Histoire, l'Écriture non épurée, les principes et lois du système du monde qui continuent d'engendrer le *mal*.

v/1-3 : *n'a qu'une vie... une seule mort* = pas de seconde chance pour l'humain ; il ne se reconstitue pas comme un *ver*, c.-à-d. il ne renaît pas, il ne se réincarne pas.
*Haouha ne pleure qu'une fois* = Ève, la femme ou la mère, ne reverra pas dans une autre réincarnation son mari ou ses enfants morts.
*Adame* = *Adam* (vii/1).

v/4-6 : *Étrangle le mauvais* = Chasse dès *maintenant* de ton cœur les tentations du *mal*.
*Le juge ne revient pas* = on rattrape rarement une erreur fatale de jugement. On doit avoir *bonté* et *équité* tant qu'il en est temps.

v/7-8 : *La folie de posséder plus qu'on a besoin est un grand mal de notre époque.*

v/9 : *lave les morts comme le pain des poules* = le rationaliste voit la tombe (*fosse*) comme la fin de tout, un tube digestif où finit toute vie. Il ne croit pas à la survie de l'*esprit* (*spectre*, 4/6-7, 16/17) ou de l'*âme* (V. 17 et 18), mais il se trompe. On ne se réincarne pas, mais on survit dans l'attente du *Jour* (31/8-13).

## Le témoin projeté dans la mort et dans l'au-delà

> Le Créateur soumet le **témoin** d'Arès à **l'expérience de la mort et de l'au-delà** (titre parfois donné au Ch. vi). Une fois finie cette expérience, le témoin ressent son retour sur terre comme "sombre, triste, voire sinistre après une fête de lumière, de feu et de forces." Le Créateur décrit lui-même ici l'expérience vécue par **Mikal** (Michel Potay, **homme Michel** dans L'Évangile Donné à Arès). Le **témoin** ne saura dire si son transport dans l'univers infini a duré deux minutes ou deux heures, mais il se souviendra bien d'être devenu insensible aux "inexprimables vitesses, lumières, forces de feu et pressions régnant là." Il parlera aussi de "gigantesque forge." Ce qui le frappera le plus est le fait que **l'âme** (ch.17 et 18) ou **l'ha** (xxxix/5-11) de celui qui **ne boit plus l'air** (qui ne respire plus, le mort) ne hante pas la terre des humains, contrairement à la croyance populaire, et n'y revient que rarement, quand il y revient, parce que la terre de **péché** et de **mal** est pour lui **noire (charbon),** inhospitalière (tout le contraire d'un **asile),** et le restera jusqu'à ce que **le monde change** (28/7).

*vi/5-6 : croubis = (écrit comme entendu) sans doute « keroubim », mot hébreu pour chérubins, anges. voix de fer = (iii/3) le témoin d'Arès.*

*vii/1 : Textuellement : Avant, l'homme d'Adame est long. Type même de laconisme fréquent dans le parler théophanique. C'est à cause de ses locutions spéciales que le Créateur donnait simultanément au témoin « par le cœur » le sens des mots captés « sonorement par l'oreille. »*

*vii/4 : la Voix n'est pas le bruit = la Parole n'est pas faite pour mentir ou blablater, mais pour créer. jardin : voir note ii/10-11.*

**vi** ¹Sors (là où) tu ne bois plus l'air, (où) ton pied ne bute pas (contre) le(s) mont(s) haut(s), (où) le feu est bleu, (où) ta main a vingt doigts (comme) la queue du soleil. ²Ton œil moud la lumière, (c)elle (qui) brûle la pierre ; tu vois la bulle dans le morio. Le fer bout dans ta main ; (cependant) ta main frise la fleur ; ta main (en) connaît le bord (et) le fond. ³Tu montes (jusqu'où) les mondes sans heure tournent (comme) les poissons dans Mon Eau. ⁴(De) Mon Pouls sort(ent) les mondes ; tu cours devant (eux, comme devant) l'arc ; (pourtant) les mondes ne touchent pas ta barbe. (Comme) les poissons (ils) sucent le jonc dans l'Eau Forte (qui) coule. ⁵Mon Bras (s'é)tend. J'ouvre Ma Veine sur toi, tu bois l'Eau, la Force (entre en toi). Tu plonges (de très) loin par la pluie noire au fond (de la terre, mais) la barque de(s) croubi(s t')attend (en-)haut. ⁶Ta dent est un grain ; tu entres dans le (grain de) charbon ; l'orage (éclate) dans le charbon. Les maisons (alentour) coulent (comme de) la poudre ; l'homme fou fuit, (mais) l'asile fuit (devant lui). Le frère a sa face à Ma Face ; Je (lui) parle : « Ta fatigue est légère ; monte avec la voix de fer ! »

## L'Adam spirituel fut créé d'un animal humain

**vii** ¹Avant (Adame) l'homme (fut le terreau) d'Adame(. L'homme) est (depuis) long(temps sur terre avant Adame). ²L'homme couche sur l'ombre ; ³les mondes tournent dans Ma Main ; ⁴la Voix n'est pas le bruit ; l'oreille (qui l'entend) est un jardin sans le bruit.

⁵Ma Voix entre dans l'homme ; Ma Parole est dans la parole d'homme ; il tète la force dans Ma Force.
⁶Adame sort de Ma Bouche avec la lime (af)filée.
⁷Le lion de la nuit cherche la cuisse ; un désir de noce entre dans la cuisse. La noce branle (comme) l('af)front(ement) de bouc(s).

**L'homme optant pour le mal a opté pour la mort**

⁸Le bruit entre dans la tête (d'Adame comme) le sable ;
le bruit vient dans l'homme.
⁹L'homme met le bruit dans la terre.
L'homme met le bruit dans le ventre.
L'homme met le bruit dans le fer.
¹⁰Le bruit saigne le compte.
¹¹Le bruit fond le sable, il va dans la terre.
(Mais) le bruit a la langue longue ; (par) elle (il s'ac)croche (à) la tête, (il) lèche le gosier, le bruit (é)tampe le fer.
¹²Le bruit ne saigne pas le lait.
La lèvre n'est pas la rive de la lumière.
(Sur) le crin l'encre coule ; il bat le dos ; il coupe l'œil.
¹³Adame mange sa gorge.
L'homme (est) la mort d'Adame.
¹⁴La graisse (et) le vinaigre tuent l'homme ; le bruit (le) tue.
L'homme (est) la vache, (qui de) sa gueule trait son sein.
Sa jambe casse, son ventre va (comme) l'orvet va.
¹⁵(Sur l')homme Ma Parole est la couronne de glace.
¹⁶Le bruit ouvre la bouche, (mais) ferme l'oreille.

**Il ne tient qu'à l'humanité de retrouver la *Vie***

## viii

¹Je parle à l'homme, l'oreille se ferme.
²Je parle au Bon, il (M')entend.
³Le Bon parle à Mikal, tu (l')entends (mieux que) le bruit.

*vii/6 : la lime affilée = l'intelligence spirituelle (avant que le mal ne l'éteigne, 32/5) qui rend bonnes les pensées et actions comme l'outil qui modèle, ajuste et polit le fer (voir voix de fer, iii/3).*

*vii/7 : Le lion de la nuit cherche la cuisse = la rage de la domination et de la jouissance saisit Adame, toujours libre (10/10) de choisir (2/1-5), comme le rut lubrique et l'avidité (2/3) avaient saisi l'animal humain (l'homme avant Adame) dont il avait été tiré (vii/1).*

*vii/9-11 : Adame n'entend plus que le bruit de son plaisir, de sa cupidité et de sa violence. L'énumération indique la progressivité : Le mal n'a pas saisi d'un seul coup Adame (la race spirituelle qu'il va falloir refaire, xii/5). Le mal a pris du temps (voir livre des siècles) pour s'installer.*

*vii/12 : L'homme chasse sa misère spirituelle en se flattant de ses produits intellectuels (l'encre de ses écrits) comme le cheval chasse les mouches de sa queue (crin).*

*vii/13 : L'homme est la mort d'Adame = l'homme d'aujourd'hui n'est plus que l'ombre de l'Adame spirituel, bon et sage, créé à l'origine comme un jardin (vii/4) de bonheur.*

*vii/14 : C'est le mal qui a rendu l'homme mortel ; il ne se rend plus compte qu'il dévore sa propre vie, qu'il n'est plus qu'un triste Adame infirme (sa jambe casse).*

*vii/16 : Le bruit ouvre la bouche, mais ferme l'oreille = l'homme n'est pas vraiment inconscient du mal qu'il perpétue, mais il feint de l'ignorer ou il lui donne une apparence logique.*

*viii/1-3 : Si le Créateur, dans une grandiose manifestation, parlait au monde entier, celui-ci ne l'entendrait plus. L'écoute ne pourra renaître que du travail long et patient (24/2) des messagers et de leurs compagnons, les frères. Le Bon parle à Mikal = Par les lèvres de Jésus est venu L'Évangile Donné à Arès.*

## Le témoin d'Arès redonnera la Parole au monde

*viii/4 : la figue qui se fend sous le soleil = le bon fruit mûr de la Vérité offert au monde pour qu'il croie (le suc = la foi). L'homme doit croire qu'il peut changer sa vie (30/11) et que même le monde peut changer (28/7) en bien totalement.*

*viii/5 : Assieds-toi à ma Place : confirmation de la mission prophétique que le Père confie à Mikal, son témoin (i/12, xxxvii/2).*

*viii/7 : l'Eau Forte : la Vérité et le Bien qui donnent leur force à la foi et à la pénitence (9/1, 33/30, etc.)*

⁴(Et) Mikal (est) la figue (qui se) fend sous le soleil, le suc coule (de lui), le frère de l'oreille (le) boit. ⁵Elle est bénie.

Assieds(-toi à) Ma Place !
⁶Le Retour (de Dieu) fend la tête (jusqu')à la gorge.
⁷Je suis l'Eau Forte.

## La foi active et prophétique demande du courage

*viii/8-11 : si tu refermes ton coude... si tu recraches ma Salive = si tu te dérobes à ta mission ou si tu l'accommodes au goût du monde, tu finis sans protection (comme une tortue sans carapace ou sans cuir, viii/9). Ma Salive est sur ta langue = Je te donne la Vérité et te montre la bonne Voie.*

⁸Mikal, ouvre ton coude ! J('y) mets la flamme (que) la terre n'étouffe pas, (mais si) tu (re)fermes ton coude, tu brûles. ⁹Je tire (sur) ton dos fripé, (J'en fais) le cuir de tortue, (car) le haineux frappe (dans) le dos. (Tant que tu es) debout, sa pique ne crève pas (ton dos) ; (mais si) tu dors, la pique crève ton foie ; tu coules (comme) le baquet.
¹⁰Je plante ta jambe.
¹¹Ma Salive est sur ta langue.
(Si) tu (La re)craches, le mauvais (em)porte ta langue sur l'étal, il (la dé)coupe pour son plat.

*ix/1-3 : Les chiens = l'humanité tenue en laisse par l'ordre établi, religieux, politique, social, etc., comme les chiens d'une meute. Les singes = les sceptiques que le Vent (La Révélation d'Arès) intrigue mais qui n'en voient pas l'intérêt. Le roi blanc = la religion en général comme système marqué par la fixité de dogmes, de lois et de pouvoirs religieux, par opposition à la Vie spirituelle (24/5, xix/26), libre par nature (10/10, xLv/12-17), que prêche La Révélation d'Arès. Le pendant profane du roi blanc est le roi noir (x/6, xxix/9, xxxi/12).*

*ix/5-7 : ses genoux ont les dents = il s'agenouille pour prier, mais il ne faut pas s'y fier, il est dangereux. l'homme qui n'a pas l'œil = les subordonnés et fidèles aveuglément soumis.*

## Le roi blanc (la religion) est l'ennemi du prophète

## ix

¹Mikal, ton poumon est chaud. Souffle ! Le Vent (par ton souffle sou)lève la peau, les chiens bavent.
²Les singes rient.
³Les chiens lèchent le pied du roi blanc, (ils lui disent :) « Ta peau est lourde (comme) une porte. Ta larme est (figée comme) la glace. Le Vent n'entre pas (sous) ta robe. »
⁴(Le roi blanc dit :) « Les chiens ne chassent pas pour moi, (mais) ils mangent avec moi. »
⁵Le roi blanc, ses genoux ont les dents.
⁶Il mange ta moelle avec Mon Sel.
⁷Le roi blanc a l'homme (qui) n'a pas l'œil.

⁸La Lumière (est prise) dans le piège d'homme. Mikal libère la Lumière.
(Si) le piège mord ta main, (avec) le bâton (tu) casses le piège.

ix/8 : <u>Mikal</u> = Michel, le <u>témoin</u> de La Révélation d'Arès, appelé homme Michel (1/1, 2/20, 3/9, 4/1, etc.) dans L'Évangile Donné à Arès (1<sup>ère</sup> partie de La Révélation d'Arès).

**Le monde cherche le Créateur où il n'est pas**

# X

¹Tu as la voix de fer.
²Appelle la nation, ton frère (qui) glane. Il ne trouve pas le Saint ; sa pelle fouille, il ne trouve pas le Saint.
³Il allume la brande, son œil (ne) voit (que) la nuit.
⁴(L'homme, même le frère, crie :) « Ruine le Saint ! »
Le chiot d'homme dit : « Où est le Saint, le Vent ? »
⁵Il dit vrai : Ruine le Saint. Pâquis, chasse, bouc et chien, (voilà à quoi) l'homme (L'a réduit).

**Le *Chant* d'un nouvel espoir enrage les puissants**

⁶Le roi blanc, le roi noir (sont comme) corne et dent.
⁷(Mais toi,) tu viens sur deux pieds.
⁸Mon Chant (est) à ta barbe.
⁹Ta parole pèse (comme une) balle de laine sur les reins ;
tu n'entres pas dans les reins, (mais) ils sont pleins.
¹⁰Le roi fort vient ; devant lui les reins (sont) fermés.
¹¹Il étouffe (de colère) ; (il y a du) poison derrière son œil.

**Toute mission prophétique est un combat**

¹²Le bouc (re)joint le chien. Huit griffes contre tes pieds blancs. Gare (à toi si tu joues) la colombe !
¹³Bruit d'aile !
Je regarde ; Je gèle l'aile.
¹⁴Tu tombes ? Non ! Combats !

x/1-5 : <u>voix de fer</u> = cette Révélation comme outil (<u>fer</u>) grâce auquel l'homme peut retrouver en lui le Créateur (<u>le Saint</u>, 12/4, Lévitique 19/2) dont il est <u>l'image</u> (Genèse 1/27), et grâce auquel le <u>monde</u> (28/7) peut dépierrer les <u>sentiers</u> (7/1-2, 25/5) de la <u>Vie</u> et replanter le <u>jardin</u> (ii/9-11) de la <u>vérité</u> (28/7) et du <u>bonheur</u> perdu.
<u>ton frère qui glane… ne voit que la nuit</u> : beaucoup de croyants cherchent la <u>vérité</u> et la voie du <u>bien</u>, mais ne les trouvent pas, parce qu'on ne les parque sur les pâturages (<u>pâquis</u>) de la religion ou des idéologies, qui n'ont pas vaincu le <u>mal</u>.

x/6 : <u>le roi noir</u> = la politique, l'industrie, la finance, la loi, etc., le côté profane du système dont le <u>roi blanc</u> constitue le côté religieux (voir n. ix/1-3).
<u>comme corne et dent</u> = rivaux et différents, mais alliés et solidaires dès que leurs pouvoirs et privilèges sont mis en question ou menacés.

x/7-11 : <u>sur deux pieds… mon Chant à ta barbe</u> : le témoin détient la <u>vérité</u> solide, équilibrée et, de plus, pleine de <u>beauté</u> (<u>Chant</u>) (12/3). De là la colère du <u>roi fort</u> (tous les pouvoirs du monde, <u>roi blanc</u> et <u>roi noir</u> alliés) dont le discours paraît soudain fade et suspect.
<u>les reins sont fermés</u> = la foule n'a plus soif des promesses des <u>dominateurs</u> (28/21, 29/2, etc.) et <u>spoliateurs</u> (27/9).

x/12 : <u>Le bouc rejoint le chien</u> = les puissants (<u>roi fort</u>), les privilégiés (<u>bouc</u>) et la masse servile (<u>chien</u>, ix/1-3) s'allient toujours contre toute espérance qui préconise un <u>changement</u> (28/7) radical.
<u>Je gèle l'aile</u> : Bien qu'impressionnants, les moyens dont dispose le système ne sont pas invincibles.

*x/15 : J'étire ton épaule = Tu parais frêle face au monde, mais la foi que Je (le Créateur) te donne te fera aussi large qu'un mur.*

*x/16 : le feu = le feu de la Vérité qui brûlera et dévorera les broussailles et les épines du monde (31/10).*

*x/17-18 : Rien n'est pire pour le prophète et ses frères que la peur devant le monde. Il faut tenir bon (entrer le pied dans la terre).*

[15]J'(é)tire ton épaule large (comme) un mur.
Ton bras (devient) un barreau, ton front une
étoile.
[16]Ton cœur lance le feu.
[17]Tu fuis ? La corne (et) la dent crèvent le(s)
rein(s), le(s) pis gros(, que tu as remplis).
[18]Le chien rit,
(il dit :) « Quelle ombre couvr(it) le(s) rein(s) ? »
[19]Combats ! Entre le pied dans la terre !

### La Parole plus forte que le *bruit* du mensonge

*xi/1 : Tu as ma Parole : Comme si le témoin doutait sans cesse de ce qu'il entend, le Créateur ne cesse de lui rappeler de diverses façons que c'est bien la Parole du Créateur qu'il reçoit et devra transmettre.*

*xi/1-6 : ils te rasent la tête, le menton = ils s'efforceront d'effacer (raser) tes mérites et ta dignité en te calomniant et en t'avilissant. Assois-toi à ma Place = Rends-toi à l'évidence : tu seras bafoué comme Je le suis, comme s'ils voulaient juger le Père de l'Univers (12/4) en personne, mais leur loi fait d'eux des nains. Le compte creuse l'homme mort = Tant que l'homme ne se fiera qu'aux principes et aux lois (bruit, compte) du système il s'exposera à la mort spirituelle qui a entraîné à son tour la mort physique (Adame à l'origine ne fut pas créé pour mourir, 2/1-5, vii/1-6).*

**xi/** [1]Tu as Ma Parole.
Ils ouvrent l(eur) loi devant toi, ils (te) rasent la
tête, le menton.
[2]Ne crains pas ! Assois-toi (à) Ma Place !
[3]Le juge, le compte coule (de lui).
[4]Le compte creuse l'homme, l'homme (devient) un
nain.
Le compte creuse l'homme mort. Le bruit tire la
graisse de l'homme.
[5]L'homme (devient) le bœuf au champ.
[6]Ma Parole (est) couronne de glace sur l'homme
de bruit.
Le bruit ferme l'oreille.

*xi/7 : juge qui mange sa langue = juge qui oublie sa loi pour écouter son bon sens, la justice du cœur.*

[7]Le juge (qui) mange sa langue ouvre la porte
devant toi.
[8](Mais) le guetteur du roi, (qui) mange (à)
l'entraille du roi, il (ac)court, il parle dans le cou
(du roi).

*xi/9 : Le juge, ses reins sont pleins : Il s'agit du juge qui n'a pas appliqué la loi des rats (xix/24), qui a fait passer la Parole du Créateur avant son code civil ou pénal. loup = le prophète traité de loup. haste rouge = broche à rotir, rouge comme le fer au feu. Il a les fils = Le prophète gagne des fidèles, tandis que le roi (blanc ou noir) en perd chaque jour.*

[9](Il dit :) « Le juge, ses reins sont pleins. Le loup
(à) l'haste rouge entre (dans) les reins. Il a les fils,
(alors que) le roi va sans fils.
(Que le loup soit) pendu ! »
[10]J('é)tends Mon Bras. Je mets le deuil sur le roi.
Je vêts ton épaule (avec) le lin ; tu n'es pas nu.
Je tire (sur) ton menton, la barbe (re)descend
(comme) la main sur ta gorge.

*xi/11 : tes frères en font une brande = les générations qui te suivront supprimeront le système et changeront le monde (28/7).*

[11]Les maisons de(s) roi(s), tes frères (en) font une
brande. (Ils mettent) le pot sur la brande ; les
frères (qui) ont faim mangent.

¹²Tes frères boient l'Eau Forte. (De) l(eur) lèvre coulent les torrents ; les frères (qui) ont soif boivent.
¹³Mikal est Mon Fils.
Il germe les fils de l'Eau.

**L'homme est détestable, mais le Créateur l'aime**

## xii

¹L'homme (est) la nèpe sous Mon Pied.
²Mon Pas est lent, (mais) Mon Talon est lourd.
³Mon Haleine ne court pas dans les pins (comme) les bègues (y) courent. Ils vengent l(eur) langue cousue.
⁴Les bègues mangent la poussière.
(Quand) Mikal parle, la poussière (devient) le miel. Le miel fait le fort. Parle !
⁵Ta bouche mâche la poussière pour le frère.
(Tu es comme) l'abeille (qui) vole dans les pins ; le miel coule dans le frère. Il fait la race.
⁶La mer lance la tempête, les pins (se ren)versent, (mais) l'abeille vole, le miel (est à l'abri) sous l'écorce,
(tandis que) la nèpe entre dans la terre, le flot (la) noie.
⁷Appelle le frère ! L'homme sourd, crie dans son oreille !
(Dis leur :) « Le feu lourd, sa braise fond le roc. »
⁸Le feu lourd tombe (dans) le bec de fer sous la mer. Le feu vanne la mer (comme) la paille ; il essuie la mer (comme) la sueur.
⁹(Seul) Mon Souffle éteint le feu.
¹⁰Tu as Mon Souffle.
(Quand) ton genou plie (de fatigue), Ma Main (te re)lève.
¹¹(Al)long(e) ton bras, (mets) ta main sous Mon Pied ! Tu es droit (comme) un nerf !

xi/13 : Mikal est mon Fils = La Révélation d'Arès dénie la notion de fils unique de Dieu, dogme ecclésiastique. Il y a, en fait, autant de fils que d'hommes ou femmes qui mettent leurs pas dans les Pas du Père (2/12, 32/3), comme il y a autant de christs que de pénitents et moissonneurs exemplaires.
Il germe = il génère, il forme les hommes bons qui changeront le monde en bien (les fils de l'Eau).

xii/1 : nèpe = punaise d'eau, insecte aussi déplaisant qu'insignifiant.

xii/3-5 : dans les pins = à l'époque des théophanies (1977) Arès, France, était une localité située entre la mer et une forêt de pins. Les bègues = les beaux parleurs qui accourent à Arès pour défendre (venger) leurs croyances et idées personnelles ou traditionnelles (langue cousue) que contredit La Révélation d'Arès, mais Mikal leur mâche la poussière, c.-à-d. en expose avec courage le sens hardi et hautement créatif, toute la Vérité régénérée.

xii/6 : la nèpe figure l'humanité qui, héritière des regrettables choix d'Adam (2/1-5, vii/9), est devenue aussi orgueilleuse que superficielle et méchante.

xii/8-11 : Le feu lourd tombe dans le bec de fer sous la mer : Soit une invention humaine aussi insensée que catastrophique (bombe nucléaire ?), soit un fléau naturel encore inimaginable (éruption sous-marine géante, tsunami, pollution monstre ?), peut anéantir l'humanité aujourd'hui si fière de ses conquêtes scientifiques et politiques.
Ne pas attendre un désastre pour considérer l'appel au changement que La Révélation d'Arès souffle sur le monde.
Allonge ton bras, mets ta main sous mon Pied : Invitation d'un Créateur aimant à sa créature qu'il aime malgré ses fautes, mais qu'il ne peut pas sauver malgré elle, parce qu'elle est créée libre (10/10).

## Deuxième Théophanie,
## 9 octobre 1977, Arès (Gironde, France)

Le soir du 8 octobre 1977, Mikal, le **témoin**, prend un peu d'exercice sur la plage d'Arès après une journée de travail au bureau. Il ignore qu'une nouvelle théophanie, aura lieu dans la nuit. Sur la plage habituellement déserte en octobre, il voit soudain "un être très beau qui lui sourit... de la stature d'un humain normal... (mais) d'un bel ocre pâle avec des cheveux plus clairs." C'est un ange, qui lui dit : "Tu t'es réjoui tout ton saoul des joies de la terre. Longtemps le Maître de Tout t'a recherché. Tu lui as échappé, mais à présent tu es dans sa Main et il t'y tient fortement." (Récits, Notes et Réflexions du Témoin, éd. 1985, 1987 et 1995).

xiii/1 : *elle (la porte) tourne* = la *porte* de l'invisibilité ne se refermera pas tant que le *Père* se rendra visible et parlera à *Mikal* pour faire de lui un *prophète*. Allusion au désir secret du *témoin* de voir cesser cet événement surnaturel qui l'éprouve.

xiii/3-7 : *Pourquoi ton bras est-il comme mort devant le Bon ?* = Pourquoi te crois-tu inférieur à Jésus (*le Bon*) et découragé à l'idée d'assumer une mission similaire ? *Le Bon est en-bas* : Jésus n'est qu'un homme, un *prophète*.

xiii/15-16 : *face à l'aurore* = à l'Orient. *Mouhamad plein d'Eau Céleste* = Mahomet est un vrai prophète.

xiii/19-20 : *Tu montes sur leur oreille* = tu les vaux ou tu n'as pas de raison de te croire inférieur à eux. *Le roi blanc (la religion), tu souffles ses pas* = à la suite de ta mission la religion comme système sera pour la première fois véritablement ébranlée, mise en doute.

xiii/21 : *Le roi qui tient la barbe de Moché (Moïse)* = *le judaïsme*. *le roi qui tient la barbe de Yëchou (Jésus)* = *le christianisme d'église*. *le roi qui tient la barbe de Mouhamad (Mahomet)* = *l'islam*.

# Jésus n'est qu'un homme et Mikal est son égal

## xiii

[1] La porte (pour)suit la porte ; elles tournent.
[2] Berger, tu as Mon Bras.
[3] (Pourquoi) ton bras (est-il comme) mort devant le Bon ?
[4] (Tu te dis :) « Le Bon tombe comme l'éclair. »
[5] Yëchou (est) vrai, (mais) sa gorge (est) petite ; (elle) souffle.
[6] Le Bon donne la Parole en bruit.
[7] Yëchou (est en-)bas ; Je suis (en-)haut.
[8] La Parole, un nerf dans ta tête.
[9] Le Bon passe, (il laisse sa) salive sur ta main ; pourquoi ton bras (serait-il) mort ?
[10] Frotte ta main ! Le Bon est roi (en-)bas ;
[11] (il) regarde (mais) son œil (est) l'œuf mort.
[12] (Il) vole, crois-tu ? (Non,) le Bon marche (comme) l'araignée marche.
[13] (Toutefois,) le Bon parle vrai.
[14] (Il) est roi du peuple (d'en-)bas face à la mer, entre la terre et l'arbre.
[15] Mouhamad (est) la voix face à l'aurore.
[16] L'œil de Mouhamad (est) plein d'Eau (Céleste).
[17] Le Bon pousse la nuit ;
Mouhamad tient le soleil sur la tête de Yëchou.
[18] (Mais, de la) bouche de Yëchou (et de la) bouche de Mouhamad, toi (tu sors comme) le feu.
[19] Tu montes sur l(eur) oreille.
[20] Le roi blanc, tu souffles ses pas ; le(s) fidèle(s) ne voi(en)t plus (les pas du roi blanc).
[21] Le roi (qui) tient la barbe de Moché, le roi (qui) tient la barbe de Yëchou, le roi (qui) tient la barbe de Mouhamad,

²²son bas a le(s) trou(s), (il r)entre sa jambe, (mais comme) le serpent (il te) cherche.
²³Cache ta face ! (Quand elle devient comme) le cuir, (tu laisses) le roi blanc voi(r) ton œil.

**Les fils d'Adam refusent encore la Parole créatrice...**

# xiv

¹Adame frappe l'arbre de (la) Parole. (Blessure) ouvert(e) !
²L'arbre pleure le sang.
Le sang (gicle) sur la tête, la cuisse (d'Adame, qui sont) rouges.
³Rouges ! Je suis blanc (comme) l'Eau.
⁴Rouges (sont d')Adame le fils, et (les) fils et (les) fils,
⁵jusqu'à Yëchou (qui est) percé ;

**...Mahomet leur a échappé et a ouvert une voie.**

⁶(mais) Mouhamad lance le fer.

**Comme les prophètes Mikal traversera des épreuves**

⁷Toi, (tu es) assis sur l'île sèche, là (où) Cha'oul boit la pluie, (se) tord (de) la faim.
⁸Cha'oul donne la Parole en bruit de bruit.
⁹L'île (en devient) sourde,
(ils en ont) mal (à) l'oreille, pousse(nt) Cha'oul dans la mer.
¹⁰(Si) le(s) sang(uinaires te) chasse(nt) à l'île sèche, là assois la Parole !
¹¹(L'île te fait) honneur ! L'île, Mon Œil tourne autour.

**Mais la Parole est sans cesse renvoyée aux hommes**

¹²Sous le pouce (repasse) l'œil de Yëchou ; Mouhamad (a) l'œil plein d'Eau.
¹³Ton œil (a) le Feu ;
l'homme (qui te suit) voit l'Île Bleue (au) loin.

---

*xiii/22 : son bas a les trous* = la religion (*le roi*), quelle qu'elle soit, perd de son prestige et de son influence.
*il rentre sa jambe* = la religion, néanmoins, restera longtemps l'adversaire (*le serpent*) de La Révélation d'Arès.

*xiv/1 : Adame* (ici toute l'espèce humaine) *frappe l'arbre de la Parole* = l'humanité secoue *l'arbre de la Parole* et en ramasse le *fruit* (Genèse 3/3) qu'elle consomme grossièrement sans égards pour *l'amour, la vertu* et la *beauté* qui en sont l'essence. *Adame* déclencha ainsi le cycle du *mal* et de la *mort* (2/1-5, vii/8-13). *Blessure ouverte* = La descendance d'*Adam* perpétue le *mal* et la *mort*.

*xiv/5 :* Le *mal* n'épargne rien. Même Jésus (*Yëchou*), *prophète*, porteur de la *Parole*, est tué, *percé* de clous.

*xiv/7-9 : Cha'oul* = Saül ou Paul, l'*apôtre*. Ces versets confirment que la prédication de Paul ne fut que *parole d'homme* ou *livres d'hommes* (16/12, 35/12), c.-à-d. *bruit de bruit*. Il faut écarter de la Bible les épîtres de Paul. Toutefois, le Créateur semble rendre hommage au courage de ce missionnaire et exhorte le *témoin* d'Arès à en faire autant en cas de nécessité ou de persécution.
*l'île sèche* = Malte, île sans puits, où se réfugia Paul (Actes des Apôtres 28/1-10), mais *île* prend le sens plus général de refuge dans Le Livre.

*xiv/12 : Sous le pouce repasse l'œil de Yëchou :* Jésus renvoyé sur terre comme *messager* en 1974 (L'Évangile Donné à Arès) renoue avec la mission terrestre et les difficultés de la communication entre hommes.

*xiv/13 : l'homme voit l'Île Bleue =* (sens complexe) celui qui *suit* La Révélation d'Arès retrouve la vie spirituelle, recrée son *âme* (Veillées 17 et 18), sait que l'humain pour la seule *peine d'une pénitence* (28/25) *change* en bien (30/11) et que le *bonheur* perpétuel pourra revenir un *Jour* sur terre (31/8-13).

| Certains événements d'avenir proche sont prédits dans La Révélation d'Arès. On a vu dans L'Évangile Donné à Arès la prédiction, quinze ans à l'avance, de l'effondrement du bloc communiste (28/20, 31/5), une éventualité inimaginable en 1974. On verra plus loin (xxv/4-9) l'annonce de la paix entre Israël et l'Égypte, mais ici il s'agit de l'annonce plus de deux ans à l'avance d'une guerre, que rien ne laisse davantage présager, entre l'URSS et les croyants Afghans et la victoire de ceux-ci sur l'armée soviétique, alors la plus forte du monde.

## Guerre d'Afghanistan annoncée deux ans à l'avance

**XV** ¹Kabou(l) haché ! ²(Où) l'aigle dort le(s) frère(s) de Mouhamad dor(men)t. (De) la pierre (ils) bouche(nt) la gueule (qui) tonne ; (ils) pare(nt) le tonnerre (comme) le croc. ³J'ai les Bras pour le(s) frère(s) de Mouhamad. Un (Bras) donne la furie, un (Bras) donne le pain, un (Bras af)file la lame, un (Bras) couvre l'enfant. ⁴Je vois les rois assis sur le(ur)s mains ; (ils) querellent. ⁵(Parce que) tes frères appellent le Nom, les rois laissent la fumée (de la guerre) cui(re) les briques pour la pile.

xv/5 : *la pile* = le pilier, la colonne comme monument aux morts et aux souffrances du peuple afghan pour sa foi et sa liberté. Les gouvernements du monde (*les rois*) observeront lâchement et longuement (jusqu'à ce que *la fumée de la guerre* se soit bien épaissie) sans rien dire le martyre des Afghans (*frères de Mouhamad*) et n'interviendront qu'à la fin. Telle est la politique, fille de la religion.

## Victoire des croyants sur l'URSS prophétisée

⁶(J'en fais) serment, (je mets) le(s) frère(s) de Mouhamad (à) Ma Droite. (Où qu') il(s) boi(ven)t, le torrent n'est pas sec. ⁷Le mur tombe ; il(s) relève(nt) le mas'ji. ⁸La griffe dans la vallée tourne l'olque, sème le sel. Ma Langue (le) lave. Je sème la noix, la feuille (comme) l'oiseau monte.

xvi/1-4 : Les corporations de la foi et de l'espérance, prêchent et prient tantôt en grand tralala (les *divins* dans leur *fumée* d'encens et *ailes de mite* = ornements), tantôt dans une triste austérité (les *dos gris* = puritains). Elles n'hésitent pas à rationaliser ou idéologiser l'espoir (les *devis* = déviants divers). Elles s'approprient et réglementent le domaine des convictions. Elles rejettent et raillent le *témoin* d'Arès qui prétend, au *Nom de Dieu*, que la *vie* spirituelle doit être *libre* (10/10) et seulement fondée sur l'*amour* et la conscience du *bien*. Elles le traitent de *fou* qu'il faudrait médicaliser et enfermer (*marc* = éther, drogue, *chaîne* = camisole).

## La foi et l'espérance trustées par des professionnels

**xvi** ¹Le(s) ri(re)s siffle(nt) : « Le fou appelle le Nom (de Dieu) ! » ²Le(s) divin(s) la tête dans la fumée (et) l('effluve d)e cumin, le(ur) dos vêt(u de) l'aile de mite, ³le(s) divin(s qui) ont le dos gris, (qui) portent les livres (comme) les cannes, ⁴crient avec le dévis : « Le fou appelle le Nom (de Dieu). Chaîne, marc pour le fou (qui tient au) loin le marchand, le trône, (parce que) le Livre (lui) donne le pain (et) la pluie. ⁵Le croubi ? Le(s) divin(s et) le dévis — son cil est sacarlate — (leur) nouent le collier.

xvi/5 : La foi professionnelle truste tout, paraît même tenir les anges (*croubis*, vi/5) en laisse (*collier*). *sacarlate* = écarlate (allusion à la couleur imposante des cardinaux, des juges, etc.).

## L'homme s'estime au-dessus de la Parole et des anges

⁶« Plie le cou ! » (ordonnent-ils au croubi.)
« Vois ! Le gland de fer tue la voix de fer.
(Admire l'homme ; il) jette l'éclair, la jambe de fer, la ligne (qui) pêche (par-des)sus la mer.
⁷Haut l'homme, l'orage (est) sous son genou ! (Il) jette le fer contre le Nom, (Les-)Mille-Bras (qui) taille l'ortie (et) le carabe sans force.
(Même) le volcan (ne) brûle (de l'homme que) l'ongle. »
⁸La nuit a quatre voies pour l'homme (qui) mange sa cervelle,
⁹(mais c'est) Ma Main (qui) tient la main (de l'homme souffrant, comme) la mère mouille (s)a gorge (de larmes).
¹⁰Crête sur le front d'homme, la poule (qui) rugit. Ma Main (est) son nid. Mon Doigt (se) plie (pour) mouler les œufs (de la femme) ; le bec (de l'homme, Mon Doigt en) fait le pollen. L'ortie est roi, (si) Ma Larme (en) mouille la fleur.
¹¹L'homme saute la vague. (Mais si) Je dis : « L'air (qui était léger) est (à présent) lourd ! », le navire tombe (comme) le cerf dans le ravin.
¹²L'homme frêle dort ; Je souffle dans le sang, il court ; Je (re)tire sa paupière, le sang (devient comme) le sable. L'homme (qui) ne dort pas (est plus frêle que) la mouche.

## Ce monde sombre dans une aberration mortelle

¹³(Mais si) le gland de fer couche Mikal, il dort sans paupière. (De) sa mâchoire pousse l'arbre (à) la pointe toujours verte.
¹⁴Les frères ont la main (en-)haut, (vers) l'enseigne.
Le faucon niche (là-haut), le vigile (qui) ne dort pas.
¹⁵(Quand) l'écorce mange l'arbre, (quand) l'herbe (devient) noire, (quand) les coqs tuent les poules pour (de) la mousse, le faucon tue les coqs, il vit.

*xvi/6 : Une simple balle de fusil (gland de fer) pouvant tuer le témoin d'Arès (voix de fer), celui-ci passe pour insignifiant aux yeux de la masse, qui défie même les anges (croubis, vi/5, xvi/5) et s'en croit supérieure parce qu'elle fabrique des autos, des avions (jambes de fer) et communique par-dessus la mer : radio, internet, etc.*

*xvi/7 : le Nom = le Créateur, le Père. le fer = ici la théorie scientifique comme capable de nier la Parole, la foi, etc. L'homme défie la Parole (jette le fer contre le Nom), croit qu'il pourra un jour maîtriser même le volcan.*

*xvi/9 : L'humanité tombée dans la rationalisation grossière ne ressent même plus l'amour et la tendresse invisibles qui le lient à la Création.*

*xvi/10 : Crête sur le front = Orgueil humain. Ce n'est pas la sotte poule humaine, qui se croit un lion (qui rugit), ni un hasard de la nature, mais le Créateur qui rend la femme et l'homme féconds (œufs et pollen = ovaires et sperme). L'ortie est roi, si ma Larme en mouille la fleur = Ce n'est pas la « loi » biologique mais l'intention sublime que le Père a mise dans la nature qui peut transformer l'insignifiance en importance.*

*xvi/11 : La science, si fière de ses conquêtes, sait-elle qu'il n'y a rien d'immuable et que l'équilibre mathématique et physique de l'univers peut changer demain ?*

*xvi/12 : Si l'homme, frêle et porté au mal comme il est, vit encore sur cette terre, c'est seulement parce que le Père le veut bien, car il l'aime toujours comme son fils.*

*xvi/13-14 : Le faucon (le témoin du Créateur) ne mourra jamais (il dort sans paupière). Ses frères, les pénitents et moissonneurs, porteront son enseigne à travers le monde pendant des générations (24/4, 29/1) jusqu'au retour d'Éden.*

*xvi/15 : l'écorce mange l'arbre... les coqs tuent les poules : le monde devient aberrant, il se perd par l'absurde. La mission du faucon est plus que jamais nécessaire.*

xvi/16 : _Le soleil_ = le bon sens naturel et par extension le bon sens du _faucon_ (le _prophète_). Ce bon sens fera plus que la _sueur_ et la science (_la tête_) des experts.

xvi/17-18 : _le frère assis_ = l'observateur. Quiconque observe que la souillure et la perversion du monde approchent le désastre sait qu'il faut _changer le monde_ (28/7).

xvi/19-20 : _Ta lanterne droite_ = le clocher de la Maison de la Sainte Parole que le _témoin_ a construite à Arès. Il sera le signe de la nouvelle Jérusalem (_Yërouch'lim_), où le _frère_ viendra en Pèlerinage (xLi/7-13, xLviii/1-10), pour y rafraîchir (_chanter_) son espérance et renforcer sa force missionnaire.

Après xvii/7 (ou peut-être xvi/20), le Créateur se tait. Commence alors sous les yeux du **témoin** une procession des prophètes morts. "Des dormeurs ou des morts, diaphanes" passent dans le bruit du "cliquetis d'armée du dehors et des craquements de la charpente… Ils se présentent sur le flanc, sur le ventre, sur le dos" comme allongés sur des civières dans les mains "d'invisibles porteurs… Aucun sexe… pas de poil sauf les cheveux… Une voix dit : « Les prophètes ! » Ils passent, dormeurs attendant la résurrection… La voix revient, dit : « Redoutable, le sort des prophètes ! »" (Récits, Notes et Réflexions du Témoin, éd. 1984, 1987, 1995).

xvii/1-4 : _lais_ = banc de sable découvrant à marée basse. Allusion au Bassin d'Arcachon (Gironde, France) près duquel ont lieu ces théophanies. Comme les marins pêcheurs travaillent ou naviguent selon les marées, _Mikal_ et ses _frères_ devront adapter aux circonstances leur mission.

xvii/6 : _cent voix de fer_ = les _frères_, le _petit reste_ (24/1, 26/1, etc.) Ils répercuteront La Révélation d'Arès et _l'enseignement_ du _prophète_.

$^{16}$Le soleil (suffit à cuire) l'argile, il est dur ; l'huile brûle le(s) bras.
La sueur (de l'homme) ne sale pas la mer. La tête (est) un pot (où) le pavot bout.

**La vraie Jérusalem est là où règne le *Bien***

$^{17}$Assis, le frère voit la fleur (se) fane(r et) la rouille (se former), (il sent) son os (qui se) tord ; (alors dans) sa tête la houe entre (pour faire) le jardin (qui) ne fane pas.
$^{18}$Le frère (qui) voit clair sort (de) sa tête, monte dans Ma Main.
Sa tête (devient de) l'or en feu (comme) le soleil, sa salive verse la pluie, la forêt couvre sa jambe.
$^{19}$Ta lanterne droit(e est) la tour (du renouveau,) Yërouch'lim debout.
$^{20}$Ton frère chante sous la lanterne.

**L'appel aux frères pieux, sages, habiles et hardis**

# XVII

$^{1}$Sous ton pied le lais (est comme) le pétrin ;
les chats (le) lèchent, la joue (en) est pleine, le mouton mange ton pied gras (comme) la bette.
$^{2}$(Si) l'oreille (n'est qu'un) trou de sable, ferme ta voix !
Le sable avale l(a voix d)e fer (et) l'Eau.
$^{3}$(Re)pose ton pied, pose ton œil (sur le) loin(tain) !
Le(s) frère(s) vien(nen)t, (ceux qui ont) le jardin dans la tête
(où) l'Eau monte (comme) dans l'arbre, (dans) la fleur.
$^{4}$L(eur) oreille (a) le nerf, le(ur) jarret (a) le genou du cheval, le(ur) poignet tient la scoute ; il(s) parle(nt) dans le guichet.
$^{5}$Il(s) ouvre(nt) la main pour toi.
$^{6}$Le(ur) poumon fait cent voix de fer.
Le(s) roi(s et) l(eurs) tabl(é)e(s) tremblent (comme) les loups (qui) entendent le lynx.

## Religion et politique abêtissent le monde

⁷Le(s) roi(s) mange(nt) la cervelle de (leurs) mordeurs,
les chiens sans œil (af)filent le(ur)s dents, le(ur)s griffes ; le(ur) coude bat les chaînes.
⁸Jusqu'à l'île tu montes.
⁹(Si tu es un) chien mouillé, tu (pro)jettes les nuits dans la mer ;
la mer (em)porte les nuits (au) loin.

## L'homme bon et vrai survivra et restaurera Éden

¹⁰Garde(-toi) clair, le bras en feu sur l'île.
¹¹Là (où) Chéoul (se) tord (de) la faim, (à) toi l'air (ap)porte le drap, le grain. Le Vent prend ton aile blanche.
¹²Les nuits, tu restes (l')homme clair (et) blanc, (comme) Je suis blanc.
¹³(Des) soleils et (des) soleils (finissent dans) la fumée,
(parce qu'étant) blancs vient (sur) eux le noir.
¹⁴Voilà (que) ta tête, ta peau (sont) la Maison !
¹⁵(Les) frères de Yëchou entrent dans ta tête (qui est) la Maison (du Père) sur l'île.

## La Vérité est vie évolutive et non dogme inerte

# XVIII

¹Le noir a trois doigts : père, fils (et) fumée ; sa dent paît le Vent.
²(Si) le noir crache le Nom, le Nom lourd pend (à) sa gueule (comme) le rondeau.
³Dolent, le noir (re)mâche le Nom, il (le) roule dans sa dent.

## Pourquoi toujours enfermer le Père dans une idole ?

Le soleil (levant), il (lui) dit :
« Sarsouchtratame ! »
La lune grasse, (il lui dit) :
« La-cane-sa-cuisse-pond-l'or ! »
L'étoile, (il lui dit) : « Yëchou ! »

---

*xvii/7 : leur coude bat les chaînes* = (sens complexe) les media (appuyés sur leurs coudes pour écrire) s'efforcent de noircir tout ce qui contrarie les rois, auxquels ils sont asservis comme des chiens.

*xvii/8 : l'île* = refuge de la Parole (voir xiv/7-9). Mikal est lui-même le refuge de la Parole qu'il a reçue et le tabernacle de l'espérance, mais, si nécessaire, il se met à l'abri des rois et de leurs mordeurs ou chiens.

*xvii/9 : un chien mouillé* = un lâche. *projeter les nuits dans la mer* = ruiner tous les espoirs.

*xvii/10-11 : bras en feu* = phare, par extension lumière de la Vérité. Chéoul = Cha'oul (xiv/7-9), Paul. Déjà la Parole disait par la voix de Jésus : « Ne vous inquiétez pas pour votre vie... À chaque jour suffit sa peine. » (Matthieu 6/25-34).

*xvii/12 : blanc* = plein d'espoir. *Les nuits, tu restes clair et blanc* = Dans les soucis et les épreuves tu garderas ta foi, parce que Moi, le Père, J'ai foi en toi (Je suis blanc).

*xvii/13 : Ici le noir* désigne le démon du doute, la désespérance.

*xvii/14-15 : la Maison* = le témoin d'Arès comme image du Créateur (Genèse 1/27).
*Les frères de Yëchou (Jésus)* = Les Chrétiens au sens simple et essentiel du Sermon sur la Montagne (Matthieu ch. 5 à 7). Les Pèlerins d'Arès sont chrétiens dans ce sens.

*xviii/1-2 : Le noir* = ici, le dogmatisme qui tue la vie spirituelle.
*père, fils et fumée* = père, fils et saint esprit, le dogme de la trinité par lequel les églises désignent Dieu (le Nom), lourd et inutile discours religieux.

*xviii/3 : Dolent* = qui a le ton plaintif ou doucereux des religieux.
*Le soleil levant* : En Perse ou Iran antique c'est en Sarsouchtratame (Zarathoustra) qu'on voyait Dieu.
*La lune grasse* : Dans la religion moderne du profit, c'est dans le gain financier qu'on voit Dieu.
*L'étoile* = l'étoile suivie par les mages jusqu'à Bethléem (Matthieu 2/3). Pour les églises, Dieu c'est Jésus (Yëchou).

**xviii/4 :** Confirme que des livres d'hommes (16/12, 35/12, ajouts de main humaine) ont gonflé et bistourné la Parole originalement simple pour en faire l'Écriture prolixe, diffuse et contradictoire qu'on connaît (on a fait d'une patte de rat un pied de chameau). frères de Moché (Moïse) = Juifs. Ils entendent le noir = La loi qu'ils suivent n'est pas entièrement d'origine divine.

**xviii/7 :** le nerf dans l'oreille = l'intelligence spirituelle (32/5). onze jours = n'a pas valeur arithmétique, signifie longuement. jette ou prend = pèse le pour et le contre, réfléchit. La vérité n'est pas dans des formules figées, mais dans la pensée vivante, active et évolutive.

**xviii/9-10 :** L'homme asservi n'ose plus distinguer le vrai du faux, le bon du mauvais. Il sent l'odeur de bouc de la religion et de la politique, mais dit que c'est un délicieux parfum (oliban), puisque le système et ses lois l'affirment. Mon Doigt = La Révélation d'Arès. Noir = nom donné ici à la structure, d'aspect vénérable mais trompeur, des erreurs et rouerie du système, la base institutionnalisée du mal. grolle = homme de loi, huissier. L'homme résout ses problèmes par tribunaux, banques, notaires, etc., domaine privilégié du noir.

**xviii/11-12 :** Blandice = qui séduit, qui flatte. l'haste = broche à rôtir, mais ici organe sexuel dont la lubricité fait perdre la tête à l'homme qui paie le prix de la séduction (blandice). Buée de plomb = illusion lourde de conséquence, dont est victime même le nostalgique du Bleu (la pureté, la beauté, l'angélisme).

**xviii/13 :** cave = orbite de l'œil. ruileau = spatule pour appliquer le maquillage : fond de teint, fard, etc. La vraie beauté de la femme émane de sa personne entière, des vertus, qualités et intelligence autant que de la grâce du corps, mais trop de femmes ne se croient séduisantes que par leur physique. Elles retendent leur peau, s'épilent et se maquillent (tapent le ruileau) à l'excès.

⁴Le noir parle à Moché : « La Parole de Nom va (comme) le pas du rat, (mais) ma parole (à moi est large comme) le pied du chameau. » ⁵(Les frères de) Moché entend(ent) le noir. (Mais toi,) ferme ton oreille ! ⁶Reste assis, écoute(-Moi) ! L'homme sonne (comme) la casse, sa tête a le plomb. Le noir chante (au son de) la casse (et du) plomb.

**La vraie foi réfléchit, elle rejette les formules**

⁷Tu as le nerf dans l'oreille. Il (se) bande onze jours, (puis il) jette ou (il) prend. ⁸Le noir roule la pierre sur ton pied, (mais) ton pied descend dans la Botte. ⁹L'homme, son nez (est) sur le bouc, (mais) le noir (lui dit) : « L'oliban ! » ¹⁰Mon Doigt (s'al)long(e) dans l'œil de Noir ; il tombe (dans une chute) sans fond. L'homme envoie la grolle (régler ses affaires) ; son dos (est) la selle (du noir), sa fiente cure l'œil (du noir).

**L'humain perd la tête dans l'argent et la lubricité**

¹¹Le bras de Noir (entoure) l'homme ; le ventre (de Noir) coule dans le ventre (de l'homme). Bland(ic)e, l'haste secoue l'homme ; sa lèvre (s')ouvre (comme) le coffre. ¹²Buée de plomb ! L'homme dit : « Où est le Bleu ? » Le froid souffle, le plomb tombe ; ses os plient sous (le plomb), (ils) trouent la terre.

**Les femmes cherchent en vain leur beauté perdue**

¹³Le(s) femme(s), l(eur) œil (par le) lustre tombe (laissant vides) les caves ; les enfants de Noir (y) grouillent.
Le(s) femme(s), l(eur) peau, l(eur) poil tombent ; (elles) tapent le ruileau (sur leurs joues).

## La simplicité traitée d'intolérable puritanisme

**xix** ¹Le(s) mauvais (te) crie(nt) : « Tu tires le poil, la peau ;
tu (é)toupes la bourse, ta fumée (tire) les pleurs ! » (Que) ton cil ne cache pas ton œil !
²(Si) l'huile brille (sur) ta lèvre,
³(si) ton bras (con)tourne ton dos, il est vare. (Al)long(e) ton bras, frappe ! Le bruit râle.
⁴Garde ton cœur ! Le(s) mauvais (t')envoie(nt) la femme ; elle ouvre sa robe devant toi.
⁵(Comme) la gigue elle cuit ; de son ventre le feu monte dans sa langue (comme) le venin.
⁶La paix n'est pas dans ta main.

## Le discours du bien tient tête au discours du mal

⁷Parle (de des)sous l'œil ; ne parle pas (de des)sus l'œil.
⁸Le secret (est comme) le rat (qui) rode le mur.
⁹La parole (d'homme) vole devant le Vent,
¹⁰(ou bien elle s'en)roule (comme) le nœud. L'hudra, (secret et parole d'homme),
¹¹le bois (qui) flotte (et qui) pourrit ; le(s) roi(s le) pousse(nt) devant (eux). (Alors) le tupha pourrit.
¹²(Mais) le bois vient à la mer. Le(s) roi(s) ne nage(nt) pas contre l'Eau, voilà (que) la mer (les) noie.

## Religion et politique tentent d'adapter cette Parole

¹³La langue de(s) roi(s est comme) la flûte.
¹⁴(Les rois) épie(nt) ta langue, (ils se disent :) « Mikal, sa langue (ferait) sur la tête le diadème. La flûte (se) lave le dos, la robe de Mikal (re)vêt (l'oubli). La reine est (parée de) neuf. »
¹⁵Le soleil, sa jument (est devenue) l'urne (qui) pue.
¹⁶Le(s) roi(s) tremble(nt) dans l(eur) manche ; l(eur) pied (glisse) dans la boue.

---

*xix/1 :* Tu tires le poil, la peau = c'est comme à plaisir que tu laisses venir ta barbe et tes rides !
tu étoupes la bourse = tu es radin.
ta fumée tire les pleurs = ta vertu et ta simplicité (prise pour du puritanisme) sont tristes à pleurer.

*xix/2-3 :* Si l'huile brille sur ta lèvre... ton bras est vare (varus, tordu) = Si tu aimes ton prochain mais lui montres trop d'indulgence, ta mission boite ou s'égare.
Allonge ton bras = Repousse les mauvais (xix/1) qui traitent La Révélation d'Arès de mensonge et qui tentent de te compromettre.
Le bruit râle = les mauvais se taisent.

*xix/4-6 : gigue* = cuisse.
Le monde cherchera à neutraliser le témoin d'Arès par la dépravation. Sa vie ne sera pas de tout repos (la paix n'est pas dans sa main).

*xix/7 :* de dessous l'œil = avec humilité, bonté et réflexion.
de dessus l'œil = avec orgueil, pédantisme et/ou superficialité.

*xix/8-10 : hudra* (hydre) = (écrit comme entendu) hermétisme, occultisme, cabalisme.
Le Créateur fait et dit tout au grand jour. Sa Parole n'a rien de secret ou d'initiatique, elle s'adresse à tout le monde. On ne doit pas non plus la présenter comme philosophie, idéologie ou théologie, qui expliquent mais qui n'égalent jamais le simple Vent du Père.

*xix/11-13 : tupha* (typha) = (écrit comme entendu) plante d'eau, ceux qui vivent de l'Eau divine.
La langue des rois est comme la flûte = longtemps imperceptibles au peuple, les arrière-pensées et les malices des puissants deviennent, par les media, aussi criantes qu'un son aigu de flûte.

*xix/14-15 :* Religion et politique utilisent à leur profit les idées de La Révélation d'Arès. Elles s'en feront un diadème, qu'elles trouveront plus seyant sur leurs têtes, ainsi parées de neuf, que sur celle de ce pauvre Mikal voué à l'oubli.
Le soleil, sa jument = La terre.
urne qui pue = urne funéraire.
Ce monde est à vous dégoûter !

*xix/17 : Le roi (blanc = religieux ou noir = politique) aura tôt ou tard, besoin de la vérité comme le fer rouge a besoin de trempe (a soif). Le prophète et ses frères ne seront pas indéfiniment réduits à l'oubli.*

*xix/18 : la vapeur avant l'Aurore = celui qui annonce ou rappelle que tout homme peut changer sa vie ou être pénitent (30/11) et qu'un petit reste de pénitents fera se lever le grand Jour (31/8-13) du monde enfin changé (28/7).*

*xix/19 : thuma = (écrit comme entendu) thym, le bon arôme d'une Révélation qui incite le monde à ouvrir ses côtes (= se décarcasser) pour changer en bien (28/7, 30/11).*

*xix/20-22 : Pathétique description de l'état de bonheur et d'intelligence (32/5) spirituelle, auquel l'humanité peut accéder par le seul exercice de l'amour, dont elle est capable contrairement à ce que prétendent les rationalistes et même les religions qui estiment que l'homme est irrémédiablement mauvais et n'est sauvé que par la pratique religieuse ou la loi.*

*xix/23-24 : les mauvais sans peur = les cyniques qui prônent le chacun pour soi et pensent qu'il n'y a pas de plaisir sans mépris des autres. Même si Mikal (le témoin de La Révélation d'Arès) vit dans le monde Joseph vécut avec pharaon (Genèse 46/31+) pour sauver l'alliance d'Abraham, il s'en sortira sans fouet ni forteresse (= avec bonté et paix du cœur). Le faucon = Mikal, le prophète et par extension le prophétisme. la loi des rats = la loi humaine, particulièrement celle édictée et appliquée par la politique (roi noir) et la religion (roi blanc).*

*xix/25-26 : l'Eau = ici le Bien que les enfants (13/5) du Créateur retrouvent en faisant pénitence. l'angle à quatre renforts = la pile inébranlable du pont du destin que l'homme reconstruit pour repasser sur la rive d'Éden, s'il en a la volonté. la Vie (spirituelle) = la source d'une existence heureuse et sans fin (9/6, 24/3-5, 38/5, 39/5).*

## **Mikal est *la vapeur avant l'Aurore***

[17] Le fer rouge a soif aussi, (et) ta tête coupée (re)pousse. [18] Tu es la vapeur avant l'Aurore. L'œil de(s) roi(s) ne (la) voit pas (encore, mais) la mouche y boit (déjà). [19] Tes doigts (s'é)tendent (comme) le bois (d)e thuma (qui) monte (par) le nez (de) l'homme ; (l'homme s'a)dou(cit), s(es) côte(s) s'ouvre(nt).

## **Même le *mauvais* cruel et cynique peut s'amender...**

[20] (Même) le cru(el) pose) sa tête entre tes seins (comme sur ceux de) la mère. [21] La ronce laisse le(s) piques, le mort (re)vient, la mâchoire (se re)lâche, le sang (redevient) clair. [22] L(es) homme(s de)vien(nen)t les frères, (le monde devient) le nuage (d')or (où) les nations (s')embrassent, (où) le frère ne vend pas le pain (et) la laine.

## **...et vaincre le mal et même la mort**

[23] (Con)jure le(s) mauvais sans peur ! Ma Main (est) ta main. Le(ur) crach(at) brûle ton doigt ? Ma Main (r)est(e par)faite. Ils nouent le collier (à ton cou), mais Ma Main fait (du collier) le lierre (qui) odore, l(a) bras(sée de) la récolte. [24] (Dans) le fossé Je descend(rai comme) l'Eau sur le ronc(i)e(r). Toi, (tu es) déjà sous la paille Mon Eau, (tu es) le roi debout sans le fouet, (sans) les fort(eresse)s. Le faucon n'a pas (besoin de) la loi de(s) rat(s).

## **La *Vie* absolue — Éden — peut renaître**

[25] Gard(i)e(n de) l'Eau, tu es (le) lieu haut, l'angle (à) quatre (ren)forts ; (tu es) la lèvre, l'œil, l'oreille, la main ferm(é)e sur Ma Parole. Le frère bénit Mikal. [26] Tu donnes la Vie.

## Ce que le *nabi* (prophète) décide, le Père le décide

**XX** ¹Nabi, (quand) tu écris, tu coupes ton ongle.
²Écris le vrai !
³Mon Ongle (seul) raye ; ta voix a Mon Ongle.
⁴Tu ne pousses pas ton frère (comme) la montagne pousse le ruisseau ;
⁵il casse sur le roc ; la poussière (le) boit.
Le frère a la tête (à) gauche, le frère a la main (à) droite.
⁶Tu tiens la perche, tu (la) tailles long(ue ou) court(e).
⁷Tu dis : « Trois jours (ou) trente jours. Trois pas (ou) trente pas. »

### L'inspirateur et le guide d'une mission immense

⁸Nabi, (de) ton sein coule la sueur ; (r)entre la sueur !
Mikal (est) la fontaine (qui) court ; tu ne (dé)fonces pas la vallée.
⁹(Que) ta main ne tourne pas dans la pâte ! Tu perds ton pied ; ta tête (est) dans le cuveau. Ton œil voit bas.
¹⁰Le frère (qui) a le bras fort, le frère (qui) a le (fil à) plomb dans la tempe, (est) le frère (qui) tient l'arc, la pelle, la faux.
¹¹Ton œil (se pose) sur le(s) frère(s pour qu'ils) ne donne(nt) pas le pain avec l(es) pique(s, ni) l'Eau avec la bave.
¹²Le(s) frère(s), Je ne (leur) parle pas ; tu (leur) parles.

### Le prophète n'est pas un chef, mais la Vérité et la Vie

¹³Le Vent ne (sou)lève pas ton cheveu (comme) une couronne.
¹⁴Je mets le nacar sur ton doigt ; tu ne grattes pas la motte.

---

*xx/1-2* : <u>Nabi</u> (hébreu et arabe) = Témoin du Créateur, <u>prophète</u> (35/9, xxxvii/2).
*le vrai* = *la <u>vérité</u>*.

*xx/3* : *ta voix a mon Ongle* = ce que tu dis grave ou burine (<u>raye</u>) la Vérité dans la mémoire du monde.

*xx/4-5* : Le <u>prophète</u> ne doit pas forcer (<u>pousser</u>) les hommes à le suivre comme la pesanteur force un <u>ruisseau</u> à descendre la pente. L'homme n'existe réellement, n'est heureux et ne fait son destin que s'il le veut. Une fois de plus la <u>Vie</u> spirituelle est déclarée volontaire et existentielle et par là capable de dépasser la destinée déterministe à laquelle l'homme s'est réduit.

*xx/6-7* : <u>perche</u> = jauge. Le Créateur donne à son <u>témoin</u> (<u>nabi</u>) le charisme de décision et de sagesse ou bonne mesure.

*xx/8-10* : Aussi durs et incessants sont le labeur et le tourment du <u>nabi</u> ou <u>prophète</u>, dont la mission difficile durera jusqu'à son dernier souffle, il ne peut pas <u>changer le monde</u> (28/7) tout de suite à lui tout seul (il <u>ne défonce pas la vallée</u>). Il est surtout la source (<u>la fontaine</u>) et l'inspirateur irremplaçables d'une vaste mission qui engagera beaucoup de <u>frères</u> et qui prend naissance ici à Arès.

*xx/11* : <u>Mikal</u> laissera des <u>consignes</u> (35/1) pour que l'apostolat se fasse dans la dignité, le respect des autres et surtout la sublimité (<u>l'Eau</u>) qui haussera la mission (<u>moisson</u>, 4/12, 38/2) au-dessus du plat discours philanthropique ou social à la mode.

*xx/12* : <u>Je ne leur parle pas, tu leur parles</u> = Ma <u>Parole</u> au monde passe toujours par la bouche d'un <u>prophète</u> ou <u>nabi</u>.

*xx/13-14* : Le Créateur ne fait pas de son <u>prophète</u> un <u>chef</u> ou un souverain (16/1, 36/19) et même cela le réduirait, car la belle nacre (<u>nacar</u>) de la <u>Parole</u> qu'il transmet le place au-dessus de l'autorité humaine.

xx/15 : Mikal atteint au niveau des grands prophètes (Moché = Moïse, Yëchou = Jésus). Il réveille en la fouettant (il bat) la foi des peuples de l'étoile (de David), c.-à-d. tout peuple de racine biblique (l'islam y compris, Mouhamad, xx/16) sur toute la terre (la jument).

xx/16-17 : frère de Mouhamad = musulman. sexte = sieste. Le sommeil qui a engourdi les religions est moins profond dans l'islam que dans le judaïsme, la chrétienté ou d'autres, mais quel que soit le peuple, noir (brou de noix), jaune (amande) ou blanc (moût du raisin blanc), la foi est partout la même et le Créateur sait pourquoi, même si l'homme de culture y voit à tort des différences (ne sait pas).

xx/18-19 : trois = plusieurs, n'a pas ici valeur arithmétique, indique seulement pluralité ou variété. Un même Vent de Vérité souffle sous diverses formes du Danube (Duna) à l'Euphrate (Pourate, où se dresse l'étendard de Mouhamad, 5/6) partout, quoi qu'on y mange : calebasse (cucubale, courge tropicale ?), blé ou raisin (vigne).

xx/20-21 : si ta dent mange l'amande avec la noix = mais si tu ne t'en tiens pas aux limites déjà fixées (voir 5/6) tu échoueras.

xx/22 : Mikal doit garder conscience de ses possibilités humaines et toujours discerner l'essentiel de l'accessoire.

xxi/1 : rois = roi blanc (religion et philosophie) et roi noir (politique, finance, industrie, science, etc.) chiens et coucous = tous ceux qui se conforment au système des rois, le « politiquement correct », « l'intellectuellement correct », etc.

xxi/2-4 : le ventre est ouvert = le rationalisme et l'incroyance dominent, à base de raisonnements dits scientifiques qui, en fait, expriment une idéologie, sorte de nouvelle religion, selon laquelle l'homme n'est qu'un ver (= vie animale ou pure biologie) et n'a aucun pouvoir de transcendance.

[15] Mikal a le doigt (si) fort (qu')il lève l'étoile de Moché (et de) Yëchou, (c)elle (qui) dort dans la nuit. Sa main (comme) le (bâton de) saule bat (l'étoile comme) le cheval ; il (re)prend la jument (pour Dieu).

**Les croyants très inégaux en niveaux spirituels...**

[16] (Pour) le frère de Mouhamad la sexte (est) à la fin ; son cheval court (sur) le jarret (de la jument).
[17] Ma Main (avec) l'amande oint l'homme, (avec) la noix oint l'homme, (avec) le moût oint l'homme ;
Je sais (pourquoi). L'homme ne sait pas.

**...mais tous appelés sans distinction ni préférence**

[18] Trois têtes, trois portes pour le Vent.
[19] Tu as le Vent (qui) souffle sur Duna (et) Pourate, (et sur) la cu(cu)bale dans le(s) blé(s et) la vigne.
[20] (Si) ta dent mange l'amande (avec) la noix (elle) casse.
[21] (Si) ta main tourne dans la pâte, (elle) est las(se) ; ta tête tombe dans le moût ; ton bras n'est pas la pelle, il plie.
[22] Mikal ne jette pas le soleil (comme) la braise.

**La Vérité n'est pas réductible à la raison humaine**

## XXI

[1] Tu n'ouvres pas le ventre de l'homme (comme) le(s) roi(s), le(ur)s chiens (et) le(ur)s coucous (l')ouvrent.
[2] Le ventre est ouvert, (ils disent :) « Les ver(s sont) dans le ventre, (donc) l'homme est fils de ver(s). »
[3] (Ils disent encore :) « L'homme mort, le(s) ver(s le) mange(nt), (donc) l'homme est le pain de(s) ver(s). »

⁴(Ils disent encore :) « Le ver tisse la bave, l'homme tisse, (donc) le ver est maître de l'homme. »

**Nature divine de l'homme, image du Créateur**

⁵L'homme n'est pas fils du ver ; l'homme est fils de (la) buée (de) Ma Bouche.
⁶(Partout de) Ma Main (gauche) à Ma Main (droite seul) l'homme souffle (sur) le feu.
⁷(Si) l'homme (M'appelle), Je lave la tache dans l'œil, J'écarte les dents (de l'homme).
⁸Le Vent chaud monte le Vent froid.
⁹Mikal souffle (sur) le pain, le vin (et) l'huile ; (ils deviennent) légers.

**L'humanité n'a jamais reçu aussi forte Lumière**

¹⁰Teste ! Donne (la Parole) aux fils de tes frères (pour que) l(eur) œil n'arrête pas la Lumière ; (la Lumière) cuit le(ur) pain, (elle) presse le(ur) vin, l(eur) huile.
¹¹Mer profonde (où) tu (ne) vois (pas plus loin que) ta main.
¹²(Pourtant) la Mer entre dans ta vessie.

**Troisième Théophanie,
19 octobre 1977, Arès (Gironde, France)**

**Très instable puissance des pouvoirs terrestres**

# XXii

¹La grue à trois pattes (qui) dort chez Néro(n), (a tenu comme) l'ancre dans le Vent Fort,
²(mais) la grue a trois banos (et) tombe.
³(Si de) la grue les trois becs cassent le(s) pied(s) de Mikal(, il) clope sur l'os, (mais) le Vent (sou)lève sa jambe.
⁴Tes frères trottent sur l'os ; le Vent (sou)lève tes frères (aussi) ;

*xxi/5 :* Non, *l'homme n'a pas que la chair (ver) et l'esprit comme simple activité physico-chimique du cerveau. Il a aussi une âme (17/7), une nature divine, s'il retrouve l'image (Genèse 1/27) du Créateur par l'exercice de la bonté (36/19) et de l'intelligence du cœur presque éteinte aujourd'hui (32/5).*

*xxi/6 :* de ma Main gauche à ma Main droite = dans tout l'univers. *La maîtrise du feu (de l'énergie) par l'homme prouve sa nature divine, démontre qu'il est l'image du Créateur (Genèse 1/27) qui est seul maître des soleils (astres de feu).*

*xxi/7 :* Si l'homme M'appelle = si l'humanité (le monde) écoute la Parole et se décide à changer (28/7).

*xxi/8-12 :* monte = comme on monte *un cheval. La vérité (Vent) spirituelle est au-dessus de la vérité intellectuelle et la guide.*

*xxi/9 :* pain, vin et huile = Mémoire du Sacrifice *(voir 8/2-9, 9/1, 10/4-6, 33/12 et 37, 34/1, 36/20).*

*xxi/10 :* Teste ! = Laisse à *l'humanité cette Révélation comme un testament de Lumière !*

*xxi/11-12 :* Le témoin d'Arès, le prophète, *passe pour méprisable et myope, mais il détient une Vérité d'immenses dimension et profondeur (comme la mer).*

*xxii/1-3 :* grue à trois pattes... chez Néron = les pouvoirs terrestres qui, *bien qu'insensés et maladroits comme une* grue *(l'oiseau) qui se laisserait pousser* trois pattes, trois *ailes (*banos*) et* trois becs *pour paraître plus grande et plus forte, ont résisté à la* Vérité *(le Vent Fort).* cloper (y trotter) sur l'os = boiter. *Les* frères *de* Mikal *(témoin d'Arès) sont pris pour des esprits boiteux, mais ils marchent bien droit dans la* Vérité *(le Vent).*

*xxii/4 :* Tes frères = les frères et sœurs de foi et de mission qui *passent pour des victimes crédules de* Mikal*, mais qui comme celui-ci sont guidés par la* Vérité *(le Vent).*

*xxii/5-6 : égala'h = (écrit comme entendu, hébreu) moisson (4/12, 6/2, 15/7, 38/2, etc.), ici la récolte des pénitents (hommes de bien) qui formeront le petit reste qui incitera le monde à changer (28/7). l'attelle qui coupe la peau = les difficultés et peines de l'apostolat. Rête = mors, rêne et bride librement supportés par ceux qui s'attellent au sauvetage de l'humanité et que conduit la Vérité.*

*xxii/8-9 : baiser la lèvre d'où sort le pus... qui cache l'hameçon = aimer tous les hommes, même les méchants et les dangereux. femier = fumier, indiquant que tous les hommes, même les plus mauvais et les plus repoussants, sont appelés à changer en bien (voir Matthieu 5/43-45).*

*xxii/10-11 : Le Créateur, n'ayant ni dimension ni finitude, ne voit pas ses propres extrémités et pour lui le temps ne compte pas (12/6). Cependant, il peut se réduire à la taille d'un clou (ii/21) et il a besoin du frêle et mortel Mikal qu'il emporte comme sa boîte à outils.*

*xxii/12-14 : Le Créateur peut tout créer, effacer ou recréer dans l'univers infini, tout sauf l'homme, qui est le seul dans toute la création qu'il a créé à son image spirituelle (Genèse 1/27), son enfant. L'homme, à cause de sa parenté divine créatrice, ne peut que se recréer lui-même, retrouver ses force et éternité initiales. Il reste cependant libre (10/10) d'accepter ou de refuser la Vie spirituelle en conscience (en devenant un frère conscit = qui a conscience).*

*xxii/15-16 : véprelle = chauve-souris, qui s'accroche aux parois des cavernes. Le mal ou péché a rendu l'homme fragile et mortel, mais s'il trouve la volonté de s'en tenir à la Vérité riche et puissante (la Lèvre du Créateur, l'Eau Grasse), dont il fut issu, en retrouvant sa bonté initiale, il vaincra même la mort (survolera haut la fosse ou tombe).*

⁵les frères, l'égala'h (a) l'attelle (qui) coupe l(eur) peau ;
⁶ils vont (sur) ton talon, les frères (qui) mâchent Ma Rête, (qui) dorment dans la foul(é)e de ton pied.
⁷Les frères de Mikal tournent dans Mon Œil ; la canne à leur poignet (est) la Lumière de Mon Œil.
⁸Le frère baise Ma Lèvre (quand il) baise la lèvre de l'homme, la lèvre (d'où) sort le pus (ou) le ver (comme) la lèvre (qui) cache l'hameçon ; le frère (les) baise
⁹(parce que) le femier, (c'est de lui que) sort le jardin.

**L'immense Tout-Puissant patronne le frêle *Mikal***

¹⁰Mon Œil ne voit pas Mon Pied ;
(de) Ma Main à Ma Main Je cours ;
¹¹le vent use mille montagnes, Je ne reviens pas encore ;
J('em)porte Mikal.

**Le Créateur peut tout, sauf sauver le monde...**

¹²(Le jour où) le soleil (est dispersé comme) plumes de pavo(t) Je cours (encore, et entre temps) Je fais mille (nouveaux) soleils.
¹³Ma Main passe, (Elle) éteint les soleils, (et en fait de) la boue ;
(Ma Main fait) coule(r) les feux (du ciel comme) les écailles.

**...sans consentement de la conscience humaine**

¹⁴Ma Main couvre le frère (qui) va conscit ;
(il) pousse le soleil, les feux (des cieux comme de l'esprit), (ainsi que) l(a) bras(sée) d'épines pousse l'âne.
¹⁵(Devant) la mort (et) la faim l'homme (a) sa langue (qui) pend, son menton tremble ;
¹⁶(mais si comme) la véprelle il tient (à) Ma Lèvre, (il devient) le frère, (il) boit l'Eau Grasse — Elle (Qui) ne sèche pas —, (il sur)vole haut la fosse.

## Il faut retrouver la foi active, créatrice

[17] Ton bras (en)lace ta tête ;
le soupir de ton soulier (se) mêle (à) ton haleine.
Tu es l'arbre (et) la rave et la fleur (de l'arbre).
[18] Le zéleur (est) plat dans la fosse, les nuits roulent (sur lui).
Tu clopes, (mais) ta jambe passe (par-dessus) le soleil.

## L'homme délivré du mal ne craint plus les pouvoirs

[19] (De) ta lèvre (re)tire la croûte !
Lave ta langue ! Tu as Ma Parole.
[20] Siffle la grue ! Trois becs courent devant ; trois pattes courent (comme) la tour, (elle) tombe.
Trois banos ne (la sou)lèvent pas.
[21] Vif (dans la) paix (doit être) Mikal.

## Douloureuse rivalité du Créateur et de la créature

# XXIII

[1] Ma Lèvre (est écrasée) sous ton pied lourd.
[2] (Mais) Mon Talon (aussi) est lourd.
[3] La pierre n'est pas le fils de feu ; la lave (l'est).
[4] L'escape (comme) la mâchoire (s'a)bat (sur) ton oreille (et) ton œil.
[5] La joie fend l'escape (comme fait) le coin ; l'œil (qui) brille (de joie) brûle (l'escape) ; la rondelle (la) bat (des pieds) ; le Vent de ta lèvre (la r)épand (comme poussière).
[6] Le mousse, frappe(-le) ! (Ses) quatre pas (comme) le mont (s'ef)fond(r)ent.

## Il faut réveiller *l'intelligence* spirituelle

[7] Tu parles, tu ris, ta crache (est plus) fort(e).
[8] Ma Bouche (te) donne le pain (et) la pluie.
[9] Prépuce Mi'âl (est) ton nom, (parce que) ta crache ne vient pas (par en) bas, elle est (donnée par en) haut.
[10] Ton frère voit la Lumière, il mange dans Ma Main ;

---

*xxii/17* : Ton bras enlace ta tête = tu dois agir autant que penser.
le soupir de ton soulier se mêle à ton haleine = tu dois bouger, voyager, autant que parler.
Tu es l'arbre, la rave, la fleur = ce que tu peux dire et montrer, ce que la prudence te demande de cacher, ce que l'éloquence te commande d'embellir.

*xxii/18* : zéleur = celui qui ne croit qu'à l'efficacité à tout prix, mais qui n'aura pas d'avenir face à une humanité qui voudra changer (28/7) en réinstaurant l'amour.

*xxii/19-21* : croûte = ce qui gêne pour parler, timidité, peur.
la grue... tombe = les pouvoirs attaqueront La Révélation d'Arès, mais, lourds, compliqués et divisés (grue à trois pattes, voir xii/1), ils ne prévaudront pas contre sa logique simple et praticable.
Vif dans la paix = actif, efficace, mais toujours pacifique.

*xxiii/1-2* : sous ton pied lourd = sous le côté péché et système (côté lourd) qui parfois ressort de Mikal (témoin d'Arès) par opposition réflexe au côté pénitent, spirituel, léger, auquel il devra parvenir.
Mais mon Talon aussi est lourd = comme Créateur, j'ai aussi ma liberté et je poursuis mon but obstinément, persuader l'homme qu'il doit changer sa vie (30/11) et changer le monde (28/7).

*xxiii/3-6* : Que de feu il faut pour que le cœur de pierre humain devienne lave et coule comme l'Eau (Vérité, Vie) !
escape = intelligence intellectuelle. Celle-ci fourre son nez (mousse = museau) dans tout, mais si elle n'est pas contrebalancée par l'intelligence (32/5) spirituelle (l'œil qui brille de joie) la pensée humaine court au désastre.

*xxiii/7-10* : crache = semence spirituelle, issue de la Parole.
Mi'âl (Mikal, le témoin) est le générateur (prépuce ou pénis) de la Vie spirituelle qui sauvera une humanité matérialiste qui court au désastre, si elle ne change pas.
C'est par en haut (spirituellement), mais non par en bas (matériellement) que le salut viendra.

*xxiii/11-13 : L'homme rationalise mais se prouve incapable d'anticiper sa vie et de prévoir le désastre matériel du monde qui se prépare (comme le cheval au pré ne voit que l'herbe à ses pieds). Si tu pars, tu ne reviens pas = Si tu ne t'accroches pas à l'Arbre de Vie, tu te perds avec toute l'humanité qui marche à l'aveuglette.*

$^{11}$l'homme ne voit pas dans ta gorge ; il mange ta langue.

$^{12}$L'homme (est comme) le cheval, (il) mange là (où) son pied reste.

$^{13}$Le fruit n'est pas l'Arbre ; (c'est) toi le fruit. (Si tu) pars, tu ne reviens pas.

**On ne peut servir ensemble la vérité et l'erreur**

*xxiv/1-5 : Il ne faut pas avoir deux langages. Il faut choisir. La Vérité (la Lèvre du Père) est le bon choix. Même la peur ne justifie pas le reniement de la Vie spirituelle.*

## XXIV

$^{1}$Sois un dans toi !

$^{2}$Ta dent mord Ma Lèvre, elle tient. (Si) ta dent mord ta lèvre, tu es deux.

$^{3}$(Si) ton ventre creuse (sous) la peur, tu es dix.

$^{4}$Sois un !

*xxiv/6-8 : L'homme qui entre l'étoile sous son cil = l'homme infatué de lui-même, plein d'autosatisfaction. Cet homme-là ne voit pas les erreurs et les insuffisances de la raison raisonnante (il mange le bruit comme le caillot). Ses propres pensées l'aveuglent plus qu'elles ne l'éclairent ; il perd sa spiritualité en croyant gagner en intelligence.*

$^{5}$La tête (qui se) sème les oreilles (est comme) trois sourds.

**Il y a plus *d'intelligence* dans une pierre...**

$^{6}$La pierre crie dans Mon Oreille. L'homme (qui) crie dans son oreille n'entend pas la pierre ; J'entends la pierre.

$^{7}$L'homme (qui) entre l'étoile sous son cil mange le bruit (comme) le caillot.

$^{8}$(L'homme) coupe sa main, (il) écrit (dans) son œil, (il) rase son rire.

*xxiv/9 : Le frère rentre l'étoile dans ma Main = c'est dans la pratique du Bien et non par l'intellect que l'homme retrouve la Vie spirituelle, le sens de la nature réelle des choses (il entend la pierre). il court sur son bras 1.000 ans = il retrouvera sa nature divine (Genèse 1/27) et éternelle.*

**...que dans le cerveau humain ; il faut que ça change**

$^{9}$Le frère (r)entre l'étoile dans Ma Main ; (alors) il entend la pierre,

il court sur son bras mille ans.

*xxv/1 : Prends la pointe ! = prends ton crayon et écris ! J'emporte ton œil où... = J'attire ton attention sur... les poils épais = des armées d'une agressivité aveugle.*

**Que l'Égypte fasse la paix avec Israël (1977) !**

## XXV

$^{1}$(Prends) la pointe ! J'(em)porte ton œil (où) guerr(oient) le(s) poil(s) épais.

*xxv/2 : Sarbal et Moussa... = (écrit comme entendu) l'Égypte (Jabal et Musa, montagne du Sinaï). ...ferrent Yërouch'lim (Jérusalem) = l'Égypte finira par vaincre Israël si la paix n'est pas vite conclue entre les deux pays.*

$^{2}$Sarbal (et) Moussa ferrent Yërouch'lim, (dont) les murs pleurent.

³(Ils) appellent : « Al ! » ;
l'œil voit l'œil, (chacun se croit) dans Mon Eau
(et crie) : « Mauvais (pour) mauvais ! »
⁴(Avant que) Mon Talon (ne) passe, (et ne) laisse
cendre, envoie l'aile blanche :
⁵« (Que) le paro parle (ainsi) à Israël :
" (R)entre le fer dans ta main ! " »

**La guerre, une horreur qui ne résout jamais rien**

⁶Tu envoies l'aile blanche au paro.
⁷Oblate(s), défie(z-Moi) encore,
(et) le Bras (Qui) guide l'aurore lance le safre ;
⁸(le safre) entre (par) la narine, (il) sale le sang, le
nerf (dé)périt debout.
⁹La paix (qui) monte contre le Saint (re)tombe
(de) l'aurore jusqu('à) la décline.
¹⁰Les dents noires (qui) ont les livres (a)choppent.

**Le Père *(le Saint)* n'aide qu'à faire la paix**

¹¹Le Saint, Sa Paix (Se) plante (pour longtemps) ;
(mais) la paix (qui) a l'écorce (mince), les dents
(la) mangent.

**Ce monde de loi et de calcul court à sa perte**

# XXVI

¹Les dents noires (comme des) vieux chiens rodent les boules.
²L'homme (qui) compte (a) le cou plat, la langue lacée,
³(il re)tient sa part derrière l'œil, la bouche.
⁴Le frère (est) mort (quand) sa main (se) ferme.
⁵(Depuis que) Ma Part manque (à l'homme qui la
refuse), ta main (lui) manque) aussi ;
⁶ton front (peut être) rouge (d'effort), ta main
(est fermée comme) une noix.
⁷(Le) b'hêr, (du) b'hêr à l'homme noir (et du)
b'hêr à Moi une eau (différente de) Mon Eau.
Le b'hêr (ap)porte(ra) sa part (de Mon Lot et du
lot de l'homme).

---

xxv/3-4 : *Al !* = Dieu ! *Al* est une racine sémitique signifiant Dieu. Invoquer Dieu (*Al*) est sans effet. C'est l'homme l'inventeur du *mal*, pas le Créateur. C'est à l'homme d'arrêter de faire le *mal* et de réparer le *mal* fait.
*aile blanche* = courrier, lettre.

xxv/5-9 : *paro* = pharaon, le chef de l'état égyptien Anouar El Sadate. *Oblates* = les chefs d'états d'Égypte (le *paro*) et d'Israël.
*safre* = l'atrocité des armes.

Le 25 octobre 1977, le Créateur demande au **témoin** de La Révélation d'Arès d'écrire au Président d'Égypte Anouar el Sadate et au Premier Ministre Israëlien Menahem Béghin pour les prier de faire la **paix**. Tel Aviv n'accusera jamais réception. Par contre, l'ambassade d'Égypte à Paris, très tôt le 9 novembre 1977, téléphonera à **Mikal** qu'Anouar el Sadate arrivera en Israël sous peu. L'avion du Président Égyptien atterrit à Tel Aviv le soir même.

xxv/10 : *Les dents noires ont les livres* = les politiciens connaissent tous les trucs pour s'en sortir, mais ça ne leur servira à rien. Ici *livres* signifie expérience professionnelle.

xxv/11 : Pas de paix fragile (*mince*). Il faut une *paix* durable.

xxvi/1-4 : *boules* = boules du boulier, machine à calculer.
*Les dents noires de vieux chiens* = les calculs rationalistes, qui ont fait perdre à l'homme son *amour*, sa générosité et sa grandeur spirituelle.

xxvi/5-6 : *Depuis que ma Part manque* = depuis que l'homme a obscurci en lui *l'image* du Créateur (Genèse 1/27), il n'est plus qu'un animal égoïste et calculateur (sa *main est fermée*).

xxvi/7 : *b'hêr* = (hébreu) puits, citerne, source.
*homme noir* = partisan zélé du *roi noir* (politique, finance, légalisme). Les braves gens croient à tort que l'ordre terrestre actuel (*lot de l'homme*) n'est pas un obstacle à l'amour (*Lot* du Créateur).

L'homme a perdu son **âme**, croyant mieux prendre en **main** (xxvi/10) son bonheur loin des « bondieuseries » de **l'amour** et de l'espérance, mais c'était une illusion (**voile fragile**).
Le matérialisme lourd a fait resurgir des forces primitives : **le ver gras dans la boue dure**, qui est le fond animal, brutal, **dominateur** de **l'homme de l'ombre** (vii/2), qui disloque tout sans cesse, même son propre système. Guerres, crises et malheurs de toutes sortes accableront l'humanité tant qu'elle ne **changera** (28/7) pas en passant du matérialisme épais (**fer et flate blanc** = le tout énergie) à la vie spirituelle.
L'homme est certes matière (**jambe de sang**) et le Créateur l'a rendu **maître** de toute la matière (**ta part est Ma Part**), mais l'homme ne la maîtrise que s'il se maîtrise lui-même (18/1-3) en totalité, c.-à-d. s'il recrée aussi son **âme** (son **vrai corps**, 17/3) et retrouve sa vocation spirituelle.

*xxvii/1-5 : peau sèche = coquille d'œuf. La femme procrée comme la poule pond ; elle oublie qu'elle enfante une race (xii/5) spirituelle, une image divine (Genèse 1/27), non des petits animaux pensants. Son orgasme perd sa naturelle beauté (12/3), résulte d'excitants (vin qui secoue le ventre). homme noir = homme cérébral et/ou lubrique qui abuse du plaisir et qui perd tôt sa puissance virile (qui a le bras qui pend).*

*xxvii/6-7 : tubra = (origine du mot non identifiée) fécondité mâle dans tous les sens : sexuelle aussi bien que créatrice, industrieuse. femme claire = femme qui a retrouvé santé, force, vérité, sources d'une civilisation nouvelle.*

*xxvii/9 : C'est la femme qui la première décidera de renoncer au système (lui coupera la tête), qui changera de vie et travaillera à changer ce monde (28/7, 30/11).*

## Une grande et dramatique crise annoncée

⁸L'or pourri(t) ; le feu (s')éteint ; le soleil (devient) froid ; le blé (se) vide.
⁹Sous l'homme le pied ; le fils d'homme(, sa) griffe (est sûre).
¹⁰La main (ne doit pas se) prend(re pour) le pied ; le fils d'homme, sa main (est) un voile (fragile).
¹¹(Alors) le ver rit, le ver (est) gras dans la boue dure.

## Il faut changer le monde, retrouver *l'image* du *Bien*

¹²Bonheur (pour) l'homme (qui) griffe la boue, (qui) mange le ver.
¹³Tu casses l(es) jambe(s) des maîtres,
¹⁴tu éteins les soleils (que font quand ils) fondent le fer (et) le flate blanc.
¹⁵Ta part (est) Ma Part.
¹⁶Tu embrasses la jambe de sang,
¹⁷(mais) la jambe (qui) danse sur le feu, tu la casses.

## Lucide artisane et grande force de l'avenir : la femme

# XXVii

¹L'œuf dans la femme (devient) peau sèche.
²La femme, sa cuisse ne boit pas l'eau (aux) filaires ; (elle) boit le vin (qui) secoue le ventre.
³L'enfant ne dort pas sur le sein ; l'homme dort là.
⁴L'air (et) la pluie (vaincront) l'homme noir. (Il) tombe, l'homme (qui) compte, la poule (qui) a l'œil de chat.
⁵L'homme noir (a) le bras (qui) pend.
⁶L'homme du sentier, l'homme du riz, (l'homme) du tubra monte ;
⁷il remplit la femme claire.
⁸(Il est) ton frère.
⁹La femme coupe, coupe la tête, (elle) ouvre sa cuisse sur le fort.

¹⁰Devant la porte l'enfant, beaucoup (d'enfants) ; l'enfant crie (de joie).
¹¹L'homme noir part avec la pluie, avec l'air.
¹²Épais le cheveu de femme, sa main (s')ouvre sur le frère, sa dent mord la braise (et) fait le fil.
¹³La femme (a) la paix. Entre les dents (de la femme) coule la Parole, le soleil descend (de) son sein ;
¹⁴sa gorge parle, l'œil ferme l'œil.

**Les étapes historiques de l'ascension spirituelle**

# xxviii

¹La femme, la main du Bon (est) dans sa main.
²Yëchou tremble, la femme tremble ; Yëchou pleure, la femme pleure.
³Tu flottes sur le Vent (comme) l'oiseau large ;
⁴(comme les os de) Yëchou (et de) Mouhamad tes os éclatent, le Vent (les) presse loin.
⁵Je suis la Force ; la Force est dans le frère (comme) dans l'homme mauvais.
⁶La Force (est) dans Yëchou, (dans) Mouhamad, (mais aussi) dans le noir, (dans) l'épine ; (Elle est) dans l'oreille du frère (mais aussi dans) la corne (du buffle).
⁷Abraham, son frère (est) le lézard, (sur) son ventre (il) marche.
⁸Moché (Me) voit, (il) mange dans Ma Main (comme) le chat ; le chat (a) le lézard sous son ventre.
⁹Yëchou, son frère (est) le bélier ; le chat (passe) sous son ventre.
¹⁰Le frère de Mouhamad (est) le cheval ; le bélier (passe) sous son ventre.
¹¹Mikal (Me) voit, (il) mange dans Ma Main ; son frère (est) large (et) haut (comme) l'aigle.

xxvii/10 : *Devant la porte... beaucoup d'enfants* = de l'éducation féminine sortira une nouvelle *race* (xii/5) spirituelle.

xxvii/12-13 : La femme peut montrer un *amour* (*sa main... sur le frère*), une force (*cheveu épais*, elle *mord la braise*) et une inventivité (elle *fait le fil*) insoupçonnés. De plus elle fera preuve de *paix*, de vérité (fera *couler la Parole*) et d'une générosité qui seront la lumière (*le soleil*) du monde.

xxvii/14 : *l'œil ferme l'œil* = par la femme, pierre d'angle d'une nouvelle civilisation, une ère va s'achever, une autre va commencer.

xxviii/1-2 : *le Bon... Yëchou* = (rappel) Jésus. La femme ressent bien la sensibilité du *prophète* (ici Jésus). Son aptitude à la *Vérité* montre que le prophétisme est sans rapport avec le sexe.

xxviii/3-4 : *Mikal*, le *témoin* de La Révélation d'Arès, est aussi grand et important que *Yëchou* (Jésus) et *Mouhamad* (Mahomet). Sa mission a la même universalité.

xxviii/5-6 : Mais qu'on ne s'y trompe pas ! Le *prophète*, quel qu'il soit, n'est pas la Force. La *Force* du Créateur est potentielle dans tout homme, *bon* ou *mauvais* (Matthieu 5/45). C'est pourquoi il y a une espérance raisonnable que le *monde* (toute l'humanité) puisse *changer* (28/7).

xxviii/7-11 : La *Vérité* n'a certes jamais changé, mais dans sa manière de l'exprimer le Créateur a tenu compte des possibilités de compréhension et d'accomplissement des hommes selon les périodes historiques. Ainsi la *Parole* du Créateur a-t-elle progressé *d'Abraham* à Moïse (*Moché*), à Jésus (*Yëchou*), à Mahomet (*Mouhamad*) et à Michel, le *prophète* d'Arès (*Mikal*) lequel représente son summum (*haut comme l'aigle*).

xxviii/12-xxviii/23       LE LIVRE       130

*xxviii/12-13 : Le noir = tout à la fois le mal et les malfaisants, le pécheur et les pécheurs, les forces du mal dans leur ensemble. tourne pour la Lumière = cherche la vérité. Le mal n'est pas sans aspirer au bien et à la vérité. Ainsi le témoin de La Révélation d'Arès lui-même est sorti comme tout homme d'une humanité pleine de malignité et de mensonge et cependant il n'a pas refusé de voir la Lumière.*

*xxviii/13-17 : Homme d'église quand Jésus lui parla (1974), le témoin de La Révélation d'Arès garda pendant un certain temps trois côtés à son oreille (= la prétention à discerner le bien du mal selon les critères religieux). C'était mieux qu'avoir quatre côtés (= la prétention rationaliste de tout comprendre, d'être l'homme fort), mais maintenant Mikal passe à une autre dimension : celle simple et immense (étalé comme la mer) de la pure Lumière.*

*xxviii/19-20 : L'homme qui se croit fort = le fataliste, le cynique et le rationaliste, pas aussi différents entre eux qu'on pense, parce qu'ils croient tous les trois que le sort humain est immuable comme la pierre. Mais la Parole du Créateur (le Vent) rappelle que la vie est existentielle, l'homme peut changer son destin comme l'oiseau peut s'envoler, tandis que le fatalisme ou le déterminisme sont un mal (noir), un fatal cancer.*

*xxviii/21 : tu hérites le Jardin = la Parole que tu hérites du Créateur fera renaître le jardin d'Éden, si l'homme l'accomplit (35/6).*

*xxviii/22 : Je brûle comme le Jardin de Moché : À Arès la Voix du Créateur sort d'un jet de lumière (de la hauteur d'une canne) similaire à ce que Moïse (Moché) appela flamme de feu dans un buisson (Exode 3/2).*

*xxviii/23 : si tu tires la barbe devant l'œil = si tu fais semblant d'ignorer l'événement et le message surnaturels dont tu es témoin, un torrent de glace sous ta robe = tu seras comme mort.*

### Tout homme mauvais voit la Lumière, s'il le veut

¹²Le noir tourne pour la Lumière ; il sème le sel (pour y voir) clair.
¹³Ton front est plat, trois côtés a ton oreille ; tu frappes ton poumon (comme du) bois creux. (Pourtant) tu as la Lumière.

### Merveille de l'homme qui retrouve son Créateur

¹⁴Frappe ton poumon, le Vent (en) sort !
¹⁵Ouvre ta veine ! Le Sang sort, Il (s'en)vole (et comme) le nuage (Il parcourt la terre).
¹⁶Frappe (de) ton front (ce sol ! Ton front est) étalé (comme) la mer, ta lèvre court partout.
¹⁷L'homme fort a quatre côtés de fer, (mais) il rouille sous Ma Larme.

### L'égoïsme et le fatalisme animals dépassés

¹⁸Le singe, (de ses) deux mains (il) mange. L'homme (a) une main (qui) mange, une main (qui) donne. Mes (deux) Mains donnent.
¹⁹L'homme (qui se croit) fort dit : « (Je suis) la pierre ; (si) le Vent vient, le Vent n(')e(m)porte pas la pierre. » Le Vent (a mieux à faire, il ap)porte l'oiseau (qui s'envole) de ta gorge.
²⁰L'homme (qui se croit) fort, son œil (est) mou (comme) le cancer (qui sort de) son os ; le noir (le) goûte.

### Le prophétisme de Mikal, le témoin, confirmé...

²¹Je donne la Parole à Mikal. (Qu'il La) garde ! (Toi, tu seras) fort dans le vrai ; tu hérites le Jardin.
²²Je brûle (comme) le Jardin de Moché.

### ...mais il devra surmonter sa faiblesse humaine !

²³(Mais si) tu tires la barbe devant l'œil, Je (fais) coule(r) un torrent de glace sous ta robe.

²⁴(Mets) ton œil devant l'étoile ; (al)long(e) ton bras ! Ton bras brûle (comme) la laine, Je (te) tire (à Moi).

**L'homme fait pour l'éternité, anomalie de la mort**

²⁵Vois ! Tes os restent (en-)bas.
²⁶Garde la Parole ; lie(-la à) ton poignet ! Parle aux frères, les frères parlent (ensuite aux hommes).
²⁷Sois assis dans Ma Maison (et) va sur la route ! Dors, le(s) frère(s sont) vigile(s) ; l'œil (s')ouvre, tu es (le) vigile de(s) frère(s).
²⁸L'homme baise la foul(é)e de ton talon.

**Quatrième Théophanie,
9 novembre 1977, Arès (Gironde, France)**

**La religion tentera d'adapter cette Révélation...**

# XXIX

¹Vaincu, le roi blanc sort, la main (tendue) devant (lui).
²La main écarte le(s) pied(s) comme les figues, la jambe (du fidèle qui) pend.
³Coupé le cou (du roi blanc par) le fouet (dont il) coupe le(s) cou(s).
⁴Le roi blanc parle, le vent qui a l'oreille (des fidèles) ; (mais) le vent (traverse de part en) par(t) le(ur)s côtes.

**...mais ce ne sera qu'ostentation, faux-semblant...**

⁵Les étoiles tombent(-elles ? Le roi blanc dit : « C'est ma) vapeur (qui) goutte. »
⁶Il vêt le gant de Moïse.
⁷Le roi blanc parle, (mais) le(s) pendu(s à qui il) parle n'ont) pas l'oreille.

**...car la Vie renaîtra de la bonté, non de prières**

⁸Le pied, la cuisse (des pendus) tombent : lumière dans la terre !
⁹Le roi noir laboure (ensemble) peau (et) terre.

---

xxviii/24 : l'étoile = ici le point haut, d'un éclat plus intense, du bâton de lumière d'où sort la Voix.

Le **témoin**, soudain tiré en l'air, flotte à trois mètres entre sol et charpente. De là il **voit ses os** d'où pendent ses chairs en décomposition, son propre cadavre assis **en bas** sur le siège qu'il vient de quitter. Par cette expérience le Créateur lui rappelle que si l'homme trouve horrible la vue de sa **mort**, c'est parce que la mortalité humaine est une anomalie causée par le **péché** qui règne depuis le mauvais choix d'**Adam** (2/5). Mais si une partie de l'humanité (les **frères**, le **petit reste**) devient attentive (**vigile**) au mal qui la ronge et la tue, s'engage dans la **foulée** du **témoin** d'Arès, elle **changera le monde** et par le fait même triomphera de la **mort**.

xxix/1-9 : roi blanc = toutes les religions vues comme systèmes dogmatiques et réglementaires. la jambe du fidèle qui pend = la masse des croyants accrochés aux règles religieuses sans conviction intime comme des pendus à leurs cordes.
Le roi blanc, une fois vaincu par le courant de libération spirituelle, tentera d'adapter les principes de La Révélation d'Arès, mais la masse comprendra que c'est par le Bien accompli (35/6), mais non par la religion, les dogmes et le rabâchage de prières que le monde changera (28/27).
Le danger est que les fidèles ne désertent les religions au profit d'une morale complètement athée qui provoque l'extinction totale de la vie spirituelle (lumière étouffée dans la terre) et que la masse ne soit totalement exploitée (labourée peau et terre) par un autre type de religion, celle du roi noir et de ses idéologies politiques, matérialistes, rationalistes, hédonistes, etc., faisant de toute l'humanité non seulement une masse encore plus éloignée de ses sources spirituelles mais encore moins libre (10/10) de les retrouver.

## La mort spirituelle profite au monde profane

xxix/10-18 : *Tire encore !* = *Tire sur la corde ! Pends tes fidèles ! Toi, religion, tu t'es faite sans t'en rendre compte le gibet de la foi et c'est moi, roi noir* (= politique, matérialisme, incroyance) *qui en profite.*
*Femier* = fumier, ici le pourrissement de la foi religieuse qui se change en engrais des idéologies profanes matérialistes.
*son ventre se croit de bois vert* = la religion *se croit* toujours vivace.
*le pied tombe* = *le pendu* (le fidèle dont la foi se sclérose ou qui perd la foi) se décompose et finit *par tomber.*
*un sac* = une illusion. La masse religieuse reste très visible, mais comme des *pendus* qui se balancent au bout de leur corde et donnent l'illusion qu'ils volent.

¹⁰(Il crie au roi blanc :) « Tire (encore) ! »
¹¹Femier le fils du roi blanc.
¹²Le roi blanc, son ventre (se croit de) bois vert.
Il mange, (il) rote, un bourgeon (lui sort).
¹³Mikal coupe le bourgeon.
¹⁴Le roi blanc marche, passe l'eau, sa parole (bruit comme) un bourdon.
¹⁵(Mais) il (ne) prend (que) le suc de(s) mort(s) ; il tire le pied avant (et) après, le pied tombe.
¹⁶(Le roi blanc crie :) « Mon fils vole !
(Puisque) mon fils vole, sa lèvre baise les soleils. »
¹⁷L'oiseau (qui) a les cornes (em)porte la lèvre au nid.
¹⁸Le roi blanc, son fils pend (comme) un sac.

xxx/1 : *Mikal,* le *témoin,* ne fera pas illusion. C'est un *prophète* dont la foi est vivante et conquérante (n'est *pas le sac)* et avec qui il faudra compter.

xxx/2-3 : *l'étoile n'est pas sa chaise* = la lumière *(étoile)* d'où sort la *Voix* du Créateur n'apparaît pas à un témoin qui en tirera profit pour lui-même comme le ferait *l'homme* de calcul et de plaisir. Dans Le Livre *homme* est presque partout celui qui ne croit pas en La Révélation d'Arès opposé à *frère,* qui est celui qui y croit.

xxx/4 : La religion *(roi blanc)* renforcera sa prétention d'être seule détentrice de la *vérité* et dispensatrice du *salut.*

xxx/6-8 : *Je n'élève pas de force* = Moi, Créateur, je n'oblige pas la créature à croire en moi. La créature est *libre* (10/10) de son choix, mais si elle croit dans cette *Parole* et *entre en pénitence* (8/6, 31/2, 33/13) le *Père* l'aide dans sa difficile transformation interne (ensemble ils *tiennent la houe).*

xxx/9 : *queux blanc* = *roi blanc* vu comme cuisinier (maître *queux)* qui sert au monde la carne d'un vieux cheval épuisé *(éplié)* dont la *sueur* n'est pas la *Salive* (viii/11) ni la *Parole* du Créateur.

## Mikal ni une illusion ni une créature des pouvoirs

**XXX** ¹Je parle à Mikal, pas le sac.
²La cuisse d'homme, l'étoile n'est pas sa chaise.
³Vide (est) sa cuisse.
L'homme (reste) debout (mais comme un) pendu.

## Les fidèles des religions : une ballade de pendus

⁴Le roi blanc dit (au croyant) :
« Je (t'é)lève. Le sel des étoiles prend (à) tes cheveux. »
⁵(Le roi blanc é)lève le pendu.

## Plus de religion, mais la volonté libre d'être bon

⁶Je n('é)lève pas (de force). Mon Bras (attend) au bout du bras d'homme ; (il Le saisit s'il veut).
⁷(Si) Ma Main (et) sa main tien(nen)t la houe, l'homme a mille ans, (et) mord encore.
⁸(Le frère,) il répand son sang, (mais) sous sa peau Ma Salive (coule).
⁹Le queux blanc sert (cuit dans) la sueur le cheval blanc éplié.

## Le prophète d'Arès dans la lignée d'Isaïe (Bible)

[10] Le-Reste-(Re)vient (est) Mikal, son bras monte (plus) haut (que) le piège.
[11] Je ne lace pas le bras (de celui qui respecte) le pacte ;
[12] Je (le) mène (en-)Haut (où) la Mer dissout l'or (et se) mange (comme) le pain tendre.

## Mikal ne demande que ce que le Père demande

[13] Le marmot de Mikal (se plaint) :
« Le-Dos-Porte-la-Mer presse mon œil, (par lui le Créateur me) taille (comme) le lard ;
[14] Sa Langue (est) dure (comme) le pied. »
[15] (Dis à tes marmots :) « Le-Dos-Porte-la-Mer est (en-)Haut.
[16] « Je n'ai pas deux goûts. (C'est) le nerf de poisson (que Dieu met) dans ma bouche ; la fouace reste (aux pendus).
[17] « Il (me) dépèce, (Il) envoie m(es) main(s), m(es) jambe(s au) loin. Il prend ma femme pour Son Travail. (Il) fend la porte (de) ma maison. »

## Les frères ou Pèlerins d'Arès, apôtres du monde...

[18] Bats le(ur) genou, (qu')il plie !
[19] Couche(-toi) sur le(ur) crâne, (qu')il frappe (le sol où apparaît) Mon Feu !
(Alors) Je lance Ma Main (sur eux).

## ...avec l'aide du Père de l'Univers

[20] (Mais) le frère a (déjà) le Feu (quand il a) le bouillon dans son cœur, le tison (de la Parole) dans sa moelle.
[21] Le frère (qui) monte (dans) sa chambre monte (après) Ma Hanche.
[22] (Ici où) Je parle (et où) tu parles pour les jours (et) les jours, l'homme (à) l'œil crevé prend la force ;

---

xxx/10 : Le-Reste-Revient = traduction de Shéar-Yashoub, nom prophétique du premier fils du prophète Isaïe (Isaïe 7/3). Ce nom est ici donné à Mikal, témoin de La Révélation d'Arès. Allusion au petit reste d'hommes de bien que Mikal doit commencer de rassembler (24/1, 26/1, 29/2, 33/12).

xxx/12 : en-Haut la Mer = la Mer sur les Hauteurs (20/4). Il s'agit des Hauteurs de Lumière et de Vérité où le bonheur, mais non l'or (le matérialisme) sera la valeur essentielle.

xxx/13-16 : Le-Dos-Porte-la-Mer = autre nom donné à Mikal, témoin de La Révélation d'Arès. presse mon œil = exige trop. est en-Haut = parle au nom du Créateur.

xxx/17 : Si les frères de Mikal se plaignent des peines et difficultés de leur mission, que devrait dire Mikal lui-même, auquel le Père a demandé de sacrifier toute sa vie ?

xxx/19 : Couche-toi sur leur crâne = Fais entrer dans la tête de tes frères (marmots) sans te lasser (26/15) les raisons pour lesquelles ils doivent être apôtres du bien contre le mal qui menace le monde du pire.

xxx/20-21 : le bouillon = la foi brûlante et active de l'apôtre. Le frère qui monte dans sa chambre = le frère qui prie (Matthieu 6/6) pour se rappeler quotidiennement ce qu'il lui faut accomplir (35/6).

xxx/22-23 : pour les jours et les jours = chaque jour qui vient, désormais.
l'homme à l'œil crevé = le monde obtus, sourd et aveugle, qui peu à peu comprendra le Message du Créateur et finira par se décider à abattre le mal (le riban, mot d'origine inconnue).

*xxx/24 : Youou = Yahwé, un des noms du Créateur dans l'Ancien Testament. Le témoin aurait pu l'écrire « Youououououou », car le son « ou » était prononcé long et inimitablement modulé.*

*Mikal a écrit à propos de la 4ème Théophanie : "La **Voix** de Dieu gronde. Je comprends que je cherche encore à l'église des raisons d'exister, quand elles sont — Dieu est clair — plus que douteuses." (Notes et Réflexions du Témoin, éd. 1989 et 1995). Le Créateur, une fois de plus, dénonce les dogmes de la trinité et de la rédemption des péchés par la **croix**, idées poétiques qui ont généré le christianisme d'église et ses fausses espérances, parce que seule la pratique du **bien** sauve comme le rappelle La Révélation d'Arès. **Jésus** (le **Bon**) n'est pas Dieu ; c'est le Christ (32/2), l'image du Créateur qu'est tout homme de **bien** (Genèse 1/27), qui est assassinée sur la **croix** que dresse en permanence le **mal** sur le monde.*

*xxxi/4-7 : la mort enlève sa griffe = le Créateur ressuscite Jésus dans la grotte (cave) où il gît pour montrer au monde qu'il était bien le Bon prophète. Le crucifié n'étant qu'un assassiné, non un rédempteur, la mort continue de gaver la terre (= la planète) après sa résurrection, parce que l'humanité reste pécheresse. La croix n'a rien résolu. la tempe = tempe de boucher.*

*xxxi/10 : Ta parole est ma Parole = le témoin, Mikal, est confirmé comme prophète (i/12, xxxvii/2). Ton ventre ne s'ouvre pas = ton courage ne doit pas faillir. ton œil court autour = tu restes vigilant, car le mal est partout.*

*xxxi/13 : Aghéla = (les anges en grec, ici nom générique singulier) l'aide angélique promise à Mikal. piche = colle. Si le prophète reste collé aux illusions religieuses (la liqueur qui fume) les anges ne pourront rien pour lui.*

$^{23}$il abat le déviateur, (le) riban, (qui) coupre Mon Feu ce matin.
$^{24}$Mikal est béni (par) Youou.

### Jésus n'est pas mort pour racheter les péchés

# XXXI

$^{1}$La croix du Bon, le sang roule sur la croix.
$^{2}$Le bras (du crucifié n'est) pas la patte du chien dans le piège.
$^{3}$La terre prend le sang du Bon, lumière de terre (comme la) peau de pendu.
$^{4}$Le poids (de la mort en)lève sa griffe, le Bon monte,
la cave (est un) ventre vide, ventre (qui) a toujours faim.
$^{5}$Le matin, le soir, la mort gave la terre.
$^{6}$Yëchou crie son nom sur le roi blanc (qui) mange son pain,
(qui passe) la tête dans sa robe.
$^{7}$(Le roi blanc) vend les mains (et) les pieds (de Yëchou, il) tient la tempe.

### Le témoin d'Arès doit démystifier les dogmes

$^{8}$Tu laves le sang (de Yëchou), l'eau va dans le jardin gras, tu (en) presses (la terre pour en faire) la tour, Je souffle, (Je la) cuis.
$^{9}$Tu vois Mon Doigt (qui) va (de) la croûte de ton pied (à) Mon Œil, (où) les soleils tournent.
$^{10}$Ta parole (est) Ma Parole. Justice de juste.
$^{11}$Ton ventre n(e s)'ouvre pas, ton œil court autour.
Dors, il court (encore) autour.

### Le Ciel aide *Mikal,* mais pas contre son libre arbitre

$^{12}$Ton nez gerce(-t-il) ? Le roi blanc, le roi noir (t'en)fument.
$^{13}$Aguéla bat ta main (si) elle tient la vipère, (mais si) tu bois la liqueur (qui) fume, ta main (est) la piche.

### Le soutien du Créateur promis à son témoin

¹⁴La tempête couche sur ton pied (comme) un chat ; (crie-lui :) « Debout ! », elle meule. Mon Pacte n'est pas déçu.
¹⁵Un (seul) tire Mon Bras.
¹⁶J'ouvre ton œil (comme) l'aurore, ton col (est comme) le saule,
(mais de) ta gorge coule la Parole, tu peux (parler en Mon Nom).
¹⁷(Pour) une dent (qu'on lui) casse Je donne double (à Mikal) ; Mikal clame (de) deux dents.
¹⁸Suis l'Eau ! Ta jambe (aur)a quatre âges.
¹⁹Le Saint ne (re)pousse pas le siffleur (qui) chante avec toi.

*xxxi/14-17 :* meuler = débrutir, polir le monde comme fait une meule. Le Créateur affirme qu'il ne sera pas déçu par Mikal comme prophète et lui donne la force d'honorer (xxxvi/16) sa mission. Mon Pacte = l'alliance que le Créateur établit avec Mikal, son témoin et prophète (35/9, xxxvii/2).

*xxxi/18 :* Ta jambe a quatre âges = tu auras le temps d'accomplir ta mission, si tu ne t'éloignes pas des rives de la Vérité et du Bien (l'Eau).

*xxxi/19 :* Le Saint = le Créateur. Le Créateur ne méprisera pas celui qui sans rejoindre le petit reste des purs disciples suivra à sa manière la voie du Bien et de la Vie que montre La Révélation d'Arès.

### Le *roi blanc* (les religions) avant de disparaître...

## XXXII
¹Le roi blanc, son fils, son corps coule dans l'eau noire.
²La mouche court sur l'œil du pendu, sa lèvre (est comme du) cuir pâle ;
³la mort serre le nez de(s) fils unis.
⁴Garde(-toi) !
Le roi blanc avale l'Air, (il re)jette l'Air hors (de) toi.

### ...adaptera à sa façon la Parole d'Arès...

⁵(De ton) œil chasse la mouche !
⁶Trempe la main, la jambe !
⁷Couds le voile, couds le voile (sur toi) !
⁸Le bruit d'homme : yhoudi, mousselmi, christane.
⁹Bruit de (la) chair lourd, la chair (qui) a le sang ! Vide (est) le sang.

### ...mais seul *Mikal* aura suivi le sens du *Vent*

¹⁰Les caillots tombent (comme) les pierres du ciel : afar.

*xxxii/1 :* Le roi blanc, son fils = toutes les religions et leurs dérivés. Elles sont vouées à se noyer (couler) dans leurs propres erreurs (eau noire).

*xxxii/2-3 :* le pendu... les fils unis = ici les fidèles des religions. Peu à peu la vie spirituelle simple, c.-à-d. la vie de bien, remplacera la religion.

*xxxii/4 :* l'Air = la grande bouffée d'air pur que La Révélation d'Arès apporte à la Vérité. La religion adoptera mais déformera La Révélation d'Arès et se fera même passer pour son dépositaire à la place du témoin.

*xxxii/6-7 :* Trempe la main, la jambe ! = Durcis (comme on trempe l'acier) ta détermination ! Couds le voile sur toi ! = Abrite-toi !

*xxxii/8-9 :* Le judaïsme (yhoudi), l'islam (mousselmi) et les églises (christane) s'inspirent de la Parole du Créateur, mais sont surchargés d'idées et de lois humaines (bruit) parfois criminelles (sang) qui en font des religions, des systèmes et non des sources de vie spirituelle.

*xxxii/10 :* afar = (hébreu) poussière. Le sang (caillots) du crucifié n'a rien racheté. Ce n'est qu'un crime.

xxxii/11-xxxiii/11    LE LIVRE    136

*xxxii/11-12 : quand le Vent on le couche : quand on rabat le Vent (la Parole de Vérité) par des pièges intellectuels ou théologiques. Le Vent est ma Salive = La Parole de Vérité jaillit du plus profond de mon Être divin.*

¹¹Il pleut (des périls, quand) le Vent (on le) couche.
¹²(Le Vent est) Ma Salive !
¹³Je tombe (depuis) les Ciels à ta face.

### Vouloir enjôler le prophète est vouloir enjôler Dieu

*xxxii/14 : les crudes = ceux pour qui la fin justifie les moyens les plus grossiers comme tenter le prophète par les femmes ou l'argent, ce qui revient à tenter le Créateur. Ils croient dominer le prophète comme ils dominent le monde en l'appâtant comme on jette des gourmandises (crème) aux chiens pour mieux les atteler. ils écachent ma Main = ils tentent d'amollir le Créateur lui-même.*

¹⁴Après le mur les crudes couchent les femmes, le(ur) râble tire l'argent, (ils) mangent la crème de la terre ;
(ils) couvrent Ma Main (comme) la blatte, (ils L'é)cachent ;
(ils) attellent (le peuple comme) les chiens.

### L'homme de bien sera patient face à la malice

*xxxiii/1 : J'entre un fouet dans ta bouche = la vérité que Je t'envoie répandre va te valoir la haine du monde, qui se sentira fouetté et qui te fouettera en retour.*

# XXXIII

¹J'entre un fouet dans ta bouche, Ma Main à ton sein (fait) un mur.
²Le fer (entre) dans ton sein (comme) dans Ma Main.

*xxxiii/2-4 : Qu'elle soit de fer ou de mots (gorge qui commère = diffamation), toute arme dirigée contre Mikal est dirigée contre le Créateur, mais comme celui-ci l'homme de bien garde sa patience et se défend sans excès de violence.*

³Mikal monte (dans) la patience ; Je serre l'artère, les ennemis (s'en) vont morts, l'heure et l'heure.
⁴La gorge (qui commère) sur ton bougon passe l'épaule ; (celui dont) la gorge (re)mâche ta langue lace la tille (autour d'elle), il pue ce matin.

*xxxiii/5-7 : Tel ennemi de La Révélation d'Arès se repent et retrouve l'amour et la raison, c.-à-d. l'image du Créateur (la Voix qui lui est prêtée), mais tel autre ennemi s'endurcit dans son hostilité et redevient l'animal pensant (la bête) que fut Adam avant d'être fait image spirituelle du Créateur (vii/4-5). montagne = montagne de mépris et de calomnie contre la Parole. poupes = poupées, le théâtre que se joue ce monde malveillant.*

⁵(S')il prend ton genou, (s'il) pleure, Je (lui) prête Ma Voix,
⁶(mais) la langue (qui) entre dans la gorge mange avec la bête.
⁷La montagne sur ta barbe (et la montagne qui) dort avant ta porte, tu vas entre (elles comme entre) les poupes.

### Le devin perd la raison, l'homme de bien a la raison

*xxxiii/8 : Il lit dans la sèbe = (phrase substantive : celui qui lit dans le suif) le devin, l'astrologue, etc.*

⁸Il lit (dans) la sèbe, (dans) le nuage, (même) la faim ment (à) son ventre ; bannis(-le) !
⁹Ton œil va dans la Lumière, Ma Main tire ta langue (comme) le rollet, le frère (y) lit le vrai.

*xxxiii/9 : rollet = livre enroulé au lieu d'être relié.*

¹⁰Le frère, envoie(-le) dire (Ce Que Je dis) !

*xxxiii/10-11 : Tout homme de bien (pénitent) est un frère travaillant à l'avènement du Bien.*

¹¹Le Bien (re)tourne dans le frère.

## Ce qu'écrit *Mikal* est écrit au Nom du Père

¹²Tu écris (comme) le Vent ride la Mer.
¹³Tu écris, le frère parle ; (il) rend la pustule de sa bouche, la fièvre sort (de lui), le cœur entre (en lui).
¹⁴Mikal (est) le(ur) père, le(s) frère(s) monte(nt depuis) les (con)fins de la plèbe, (ils) ne bute(nt) pas (contre Mikal).

### Le vin et le pain de l'amour, non ceux de la messe

¹⁵Le frère boit le vin de ta bouche, (il) mange le pain face (à) toi, (il fait) coule(r) l'huile sur ta tête.
¹⁶Le fou (s')assoit (sur) ses cheveux, (il) couronne son pied ; le roi blanc oint le quêteur (qui) entend le rien.
¹⁷Le citron à ta dent (que) tu lèches (encore), ne (le) lèche pas !
¹⁸(Si) le fou (est) dans toi, plante(-lui) la fourche !
¹⁹La paille (est) le lit de(s) coucou(s).

### Le *Fond des Fonds* remonte à la surface du monde

## XXXIV

¹Mikal annonce le Vrai.
²Ma Main grisse sous l'écorce (et) dans le coude ; l'homme n(e L)'entend pas.
³(Ma Main) pèse le soleil, (Elle l'at)tise ; (de) Ma Lèvre coule(nt) le(s) fonts.
⁴Ruine (sur) le maître (qui) ne donne pas l'obole du Vrai !
⁵Le clone ne sait pas la mère (qu'il a).
⁶Mon Œil, sa Force (se) tire du Fond des Fonds.
⁷Le(s) relais de(s) soleil(s) ne trouve(nt) pas le Fond.
Ton œil cherche le Fond, (tu ne vois) pas le Fond,
⁸tu vois l'ongle (du pied), pas la jambe.
⁹Tu prends ta cervelle, tu (la) manges, ton œil mange ta cervelle, ton œil (al)long(e) le nerf, (mais) tu ne vois pas le Fond.

---

*xxxiii/12 : Ce qu'écrit Mikal dans le cadre de sa mission est comme écrit par le Créateur (le Vent).*

*xxxiii/13 : le frère (rappel) = le Pèlerin d'Arès, l'homme de bien, le pénitent, bref, le disciple de La Révélation d'Arès et de son témoin. Ce frère a renoncé aux erreurs et comportements de la culture (il rend la pustule de sa bouche).*

*xxxiii/14 : leur père = le guide spirituel ou éducateur du petit reste. depuis les confins de la plèbe = de toutes les couches de la société, même les plus déshéritées du peuple (plèbe).*

*xxxiii/15 : On retrouve ici le vin, le pain et l'huile de la Mémoire du Sacrifice (8/2-9, 10/4-6, 33/12 et 37, etc.), rite que prescrira le témoin (12/1), s'il le juge utile, car il a reçu ce pouvoir de décision (xx/6-7).*

*xxxiii/16-19 : (voir n. 21/1-2) Les sacrements, notamment de synagogue (circoncision) ou d'église (eucharistie, absolution) n'apportent rien. Si le témoin a des réminiscences de vie ecclésiastique, qu'il les chasse !*

*xxxiv/1-3 : le Vrai = la Vérité. Le Créateur et le Vrai sont partout, même sous l'écorce d'arbre, même dans les muscles et les nerfs qui font plier le coude, mais l'homme ne les voit plus, et cependant c'est la Force même qui donne au soleil et aux fleuves ou torrents (les fonts) leur formidable énergie.*

*xxxiv/5 : Le clone = (ici du grec klôn, branchette, jeune pousse) L'homme comme descendant de formidables forces antiques et divines dont il n'a plus conscience.*

*xxxiv/6 : le Fond des Fonds = les grandes Vérité et Forces essentielles et primordiales.*

*xxxiv/7-9 : Les relais des soleils = les télescopes, la science qui cherche les origines du monde, mais qui ne voit rien. Même le prophète, comme homme biologique, a perdu ses facultés de vision primordiale, essentielle, que la science ne remplace pas.*

*xxxiv/10-11 : Le Créateur crée tout. Il s'implique donc dans les choses les plus insignifiantes comme un ongle qui tombe.*

*xxxiv/12-13 : La philosophie athée et rationaliste de la science risque de tenter le croyant quand il veut paraître « sérieux ». Qu'il n'hésite jamais à affirmer sa foi (dire au Créateur : Entre !) et qu'il hausse les épaules (relève son dos) quand on le traite de crédule arriéré ou d'affabulateur (menteur).*

¹⁰(Dans) Mon Œil les soleils (seront-ils) éteints avant (que) le bruit (ne cesse de dire) : « Il n'a pas le Fond » ?
¹¹Mon Œil voit l'ongle, l'ongle (qui) tombe.
¹²(Même) Mikal ne cherche pas le Fond. Ouvre tes veines !
Dis(-Moi) : « Entre ! »
¹³Ils disent : « Menteur ! » Digne, (re)lève ton dos !

*xxxiv/14 : musette = musaraigne, souris, mot comique désignant « l'intellectuellement correct ». le cheval de Mouhamad = la foi (pas spécialement musulmane) prophétique, active et créatrice.*

*xxxiv/15-19 : Le scientifique rationaliste (homme noir, créature du roi noir) croit qu'il maîtrisera les secrets de la vie et vaincra la maladie, mais il ne guérit qu'un bobo (bubon), parce que le mal a des racines plus profondes que celles explorées par la science, et la mort continue ses ravages.*

## La science ne guérit ni la bêtise ni la mort

¹⁴La musette ne paie pas le salaire du cheval ; le cheval de Mouhamad ne revêt pas le cuir.
¹⁵L'homme noir n'a pas la paupière.
¹⁶L'homme noir lèche l'étal, son cil (le) balaie.
¹⁷(S')il guérit le bubon, il monte (sur) le nuage.
¹⁸(Il n'est) debout (qu')un matin après le matin de mort.
¹⁹La mort couche dans l'homme. La mort (se) lève avant (ou) après.

*xxxv/1 : Le sénat des morts = la politique. Le mot morts n'est pas à prendre au sens propre. Il signifie que la politique paralyse la liberté, la créativité, le bonheur, la vie en somme, plus qu'elle ne les favorise.*

## La politique ne sauvera pas le monde du mal

# XXXV

¹Le sénat de(s) mort(s), le sénat descend (en terre).
²Le sénat (suivant) prend la (même) queue de vache (qui) mugit.

*xxxv/3-6 : Mikal, le sénat n'a pas sa main = Le prophète ne fait pas de politique. La politique, qui régit la masse humaine par des lois, ne peut promouvoir le changement volontaire (30/11) de l'individu par la pénitence (amour, pardon, paix, liberté absolue, renaissance de l'intelligence spirituelle). De ce fait, l'avenir spirituel du monde dépend non du politicien mais du héros de la pénitence, laquelle ne consiste pas à prier et chanter des cantiques (téfilotes), mais à devenir bon, effectivement bon.*

³Le frère de Mikal, le sénat n'a pas sa main.
⁴Tu es le maître des héros, tu (les) appelles.

## Le bonheur viendra des *héros* de la vie spirituelle

⁵Les héros quittent la fête de(s) mort(s), la fête de(s) hère(s) de(s) hère(s).
⁶La fête (où l'on) chante téfilotes (en versant des) larmes froides.
⁷Frère de l'aube, ton frère assis sur son front léger.

*xxxv/7-10 : Frère de l'aube = homme de bien, pénitent, qui par le changement de vie personnelle, mais non par des lois politiques, prépare le monde de demain. Le Jus = la quintessence, le meilleur.*

⁸La vigne bleue monte (jusqu'à) sa tête.
⁹Le Jus, le peuple (y) donne sa langue.
¹⁰Les héros attendent.

¹¹Ton bras (se) lève (à) gauche (pour rappeler que J'existe).
¹²Les héros (se) lèvent, la mort descend sous les îles.
¹³Ils ne dorment pas. (Quand) tu veilles, ils dorment (à leur tour).

**Le mal a des dehors moraux et généreux**

¹⁴L'homme noir sait sa cache.
¹⁵(Mais) les frères de Mikal fendent le(s) dos, le(s) dos (qui) cache(nt) l'or, l'eau (qui) fume (et qui) parle, le fer tors.
¹⁶La lune goûte le nuage ; sourds (sont) les fils unis.

**Toute vraie ressource de Bien est dans la Création**

¹⁷Je suis la Mine (et) l'Eau.
¹⁸(Sur le) froid J'appelle le feu, (et sur) la sueur Je flère.
¹⁹Adame va (alors comme) l'onde (de) la main à Ma Main.
²⁰Sur son chaume bouillon(ne) la moelle, (se re)plante la jambe encore, la flamme (re)vêt la peau.

**L'apparemment faible bien vaincra le puissant mal**

# xxxvi

¹Ma Main, J(e L')entre dans la faille ;
(la faille) ne (se re)ferme pas ; ton épaule va.
²Le roi blanc, lace(-lui) la te(s)te !
Les bouvillons, l(eur) glotte (est) sèc(he).
³Le jars fort (et) beau (est) dans la cage. Qui voit la cage ?
L'œil du roi blanc (en)lace le jars ; le roi blanc sait (que) le jars n'a pas l'œuf.
⁴J'entre le fouet dans ton poing.
⁵Lave ta tête, lève ton bras ! Annonce ! Récuse (ce que) Je récuse !
⁶L'ennemi, l'horreur choit (sur lui).

*xxxv/11 : Dans La Révélation d'Arès le Créateur se situe sur la gauche de l'homme (35/15, 38/4, xLiv/11).*

*xxxv/12-13 : héros = ceux et celles, les frères, qui vouent leur vie à l'avènement du bien dans leurs propres vies et dans le monde. Quand tu veilles, ils dorment à leur tour = la vigilance contre le mal ne doit jamais cesser.*

*xxxv/14-16 : L'homme noir sait sa cache = le système sait se faire passer pour rationnel et bon. fendent le dos = (le sens n'est pas violent) percent à jour, dévoilent. Finance et technologie (or, eau qui fume = chimie, fer) ne sont pas un mal en elles-mêmes, mais l'usage qui en est fait l'est souvent. Il faut le démontrer au monde. La lune goûte le nuage = l'illusion fait et aime les valeurs surfaites. La masse soumise au système (ses fils unis) n'a pas conscience du mal dont elle est complice, parce qu'elle en vit pour le moment.*

*xxxv/18-20 : Tout miracle n'est en fait que recréation de ce qui est détruit ou malade. Les hommes de bien, qu'ils soient conscients ou inconscients qu'existe un Créateur, feront des miracles en recréant l'homme et la société en bien.*

*xxxvi/1 : dans la faille = entre les mâchoires du puissant mal qui, comme un étau, voudraient se refermer sur les faibles hommes de bien (pénitents, frères, héros).*

*xxxvi/2-3 : teste = testicule, tout ce qui permet à la religion (roi blanc) de se reproduire ou se perpétuer. bouvillons = personnel religieux, clergé, etc. Le jars = François d'Assise, modèle d'innocence, de paix et de bonté. Peu de points communs entre le jars ou tout authentique homme de bien et les religions (la cage) qui s'en font une vitrine.*

*xxxvi/4-5 : Mikal n'est pas violent. Ce sont la politique et la religion qui se sentiront comme fouettées par sa parole (i/12) qui les récuse.*

*xxxvi/7-9 : pied de fer qui va sur le papier = presse à imprimer sur laquelle La Révélation d'Arès fut éditée par Mikal lui-même de 1978 à 1993 après le refus de 47 maisons d'édition d'éditer cette Parole. Cette machine (la tournette) est conservée à Arès en souvenir de cette époque très difficile (un lit fait de carde = d'épines et de sueur).*

*xxxvi/10 : cata = en bas, devant, derrière, partout, tout autour.*

*xxxvi/11 : le Livre = il s'agit ici de toute la Parole du Créateur : Bible, Coran, Révélation d'Arès (1974 et 1977), etc. Si Le Livre est aussi le titre du message de 1977 (2ᵉ partie de La Révélation d'Arès), c'est parce qu'il sembla à Mikal que « Théophanies » ne serait pas compris du grand public.*

*xxxvi/12 : Le prophète d'Arès parle au nom des hommes de toutes couleurs, qui ne forment qu'une seule race (xii/5) humaine.*

*xxxvi/15 : Tu fends le front = Tu te donnes un mal fou.*

*xxxvi/17 : « Fumée, l'agile ! » = « C'est un malin qui se fait bien voir du monde en peinant à la tâche, » disent ceux qui n'aiment pas Mikal.*

*xxxvi/18 : Le grand roi = le roi blanc et le roi noir, tous les pouvoirs du monde qui se font des renoms tapageurs (kafor = parfum de camphre qui prend la tête). Le Créateur préfère la discrétion de Mikal (il reste sous la Narine comme un parfum discret).*

*xxxvi/20 : Missi et fer = (sens complexe) la bêtise des pouvoirs.*

*xxxvi/22 : Le far = les sciences et technologies de pointe : nucléaire, spatiale, etc. qui se lancent en vain à la conquête des étoiles (soleils). ta justice = la justesse de tes actes et paroles, mais non ta loi ou ton tribunal.*

*xxxvi/23 : Ta pante = ton estomac, organe invisible, mais vital, pour désigner Mikal comme homme inaperçu dans le monde, mais tout aussi indispensable.*

## Le prophète, ouvrier imprimeur de la Parole

⁷(À) Mikal Je donne le pied de fer (qui) va sur le papier (et) les frères (qui col)portent Ma Trace ; (c'est) Mon Doigt (qui) ouvre le Livre.
⁸Ma Fortune (est) ton bât.
⁹Ton lit (est fait) d('un)e carde, (mais) tu couches dans Ma Main ;
tu sues (à) la tournette, (mais) le Vent (la) vire.
¹⁰L(es) ange(s sont) avec toi cata.

## La Parole n'est la propriété d'aucune culture

¹¹Tu tiens le Livre fort(ement). (Quand) tu parles, le Livre parle.
¹²(Tu es) l'uni, l'œil (qui s')ouvre (et) l'œil (qui) ferme, le mêlé, la lèvre jaune (et) la lèvre noire, la pluie (et) la grêle.
¹³(Tu es) devant (et au) revers, fils de père (humain et) de ventre, (et pourtant) fils de Mon Bras (et) de Ma Parole.
¹⁴Debout (sur) ta jambe, entends (et) parle !

## Les tourments du prophète honorent le Créateur

¹⁵Tu fends le front (dur comme) le mur.
¹⁶(Tu es) Mon Honneur.
¹⁷Le mauvais rit : « Fumée, l'agile ! »
Mange ton pain (en paix) ; tu as ton pain.
¹⁸Le grand roi fume (comme) le kafor (et) l'huile, (mais) Mikal reste sous la Narine.
¹⁹Droit (va) ton pas dans Ma Sandale.

## L'humble *Mikal* plus grand que les grands du monde

²⁰Missi (et) fer (font la couronne) ; le roi pend (à) la couronne (que voilà).
²¹Fort(e)s (sont) la main, la roue.
²²Le far (qui pour)suit les soleils ?
Le soleil (de ta justice) brûle le far (et) donne deux mains.
²³Ta pante coûte (plus que) le(s) musée(s).

**Cinquième Théophanie,
22 novembre 1977, Arès (Gironde, France)**

Le Créateur conforte et stimule le témoin inquiet

# xxxvii

¹Ta voix sonne (à) la cloche. Pure, (ta voix) sonne.
²Juste prophète, (va) les mains devant !
³(Tes mains) donnent, (mais l')argoule prend.
⁴(Re)jette l'encens(! Il) brûle.
⁵(Un) chant (sur) ta langue (est Ma Parole accomplie) avec zèle !
⁶Tu parles aux frères, tu parles au Saint ; ta voix (est) étalée.
⁷L'air vole (comme) une vague (jusqu'à Moi) ; Mon Œil (s')ouvre.
⁸L'air, ta voix (en) est le maître ; l'air porte ta voix au(x) frère(s).
⁹Le(s) frère(s) pren(nent) ta voix ; le Bon (t')écoute aussi, il dit : « Tu es le juste, la bonne pensée. »
¹⁰Le sourd (est) bavard la nuit ; ta voix ne parle pas la nuit.
¹¹Ta voix le jour (va) droit.
¹²(D')oreilles (pour M'entendre) et (de) mains (pour Me servir tu as une) armée devant toi, assis(e) sur le fer. (Que) les mains (retournent le monde comme) les houes ! (Que) les lèvres (proclament) Ma Parole !
¹³Tu dis : « Va ! » La main va.
¹⁴Le roi blanc, le roi noir, même cuisse. L'enfant (qui en) sort, le roi blanc (ou) le roi noir envoie l'enfant devant toi ; il dit : « Garde ta main ! »
¹⁵Mais Je suis ton dos, Mes Bras (sont) tes côtes. Dis : « Ma main va sur le bruit ; le bruit (qui) rend sourd, (elle le) fend. »

---

Michel Potay est réveillé comme il le fut pour chaque théophanie depuis le 2 octobre. Au dehors, l'air nocturne est rempli des mêmes éclairs et chocs métalliques et sur les murs il voit les mêmes coulées de lumière (p. 101), mais sur le trajet de la chapelle deux obstacles inattendus. Un défilé lent de **"spectres** lamentables", sinistres, traverse le jardin de mur à mur, d'Ouest en Est. Plus loin une masse sombre, comme une tour suspendue à la nuit, se balance lentement et semble attendre que le **témoin** passe au-dessous pour l'écraser. C'est transi de peur que **Mikal** traverse le défilé de **spectres** et passe sous la tour, mais dans la chapelle il est accueilli par "l'exquise odeur florale, le parfum consolateur" déjà senti là. "Une fête entre en moi," écrit-il (Notes et Réflexions du Témoin, éd. 1989 et 1995). Commence alors la dernière théophanie, dont le Message est un des plus sublimes de toute La Révélation d'Arès.

*xxxvii/6 : le Saint = le Créateur, le Père de l'Univers (12/4), Dieu.*

*xxxvii/9 : Les frères prennent ta voix = les frères qui forment le petit reste de compagnons du témoin (appelés aussi pénitents, Pèlerins d'Arès) répercutent vers le monde ses paroles prophétiques. Le Bon (Jésus) lui-même écoute ce que dit Mikal.*

*xxxvii/13 : N'étant le chef de personne (16/1), le prophète ne peut pas donner d'ordre, mais ses compagnons savent que sa parole est la Parole du Créateur (i/12) et considèrent comme naturel et salutaire de suivre ses conseils.*

*xxxvii/14 : Le roi blanc, le roi noir, même cuisse = tous les pouvoirs du monde, religieux, politiques, financiers, industriels, etc. s'entendent entre eux très bien dès qu'ils sont menacés et usent des mêmes ruses pour tromper ou amadouer le contradicteur.*

| | |
|---|---|
| *xxxviii/1 : pythie* = ensemble des gens qui semblent tout savoir, le présent et l'avenir, voyants, conseillers, pronostiqueurs, etc.<br><br>*xxxviii/4-5 : Ton œil voit dans la nuit* = le Créateur donne à Mikal le charisme de sagesse et de discernement, même dans des situations difficiles et obscures. *Je consulte ta voix = Dieu a besoin des hommes*, comme on dit. Le Créateur a besoin d'un *prophète*, parce que celui-ci vit *dans le temps* et peut faire certaines choses que le Créateur, qui est *hors du temps* (12/6) et loin des complications humaines, ne peut pas faire.<br><br>*xxxviii/6-8 : De ma Main... les pieds tombent* = c'est Moi, le Créateur, qui donne la vie (tout ce qui *court*). Le Créateur assurera au *prophète* une certaine aide, mais peu d'hommes lui fourniront l'aide complémentaire dont il aura besoin et le Créateur ne pourra les y forcer, parce qu'il ne peut pas les amputer de leur *liberté*, qui est fondamentale (*image* du Créateur, Genèse 1/27), aussi facilement qu'il pourrait les amputer de leurs *pieds*, qui sont accessoires.<br><br>*xxxviii/10-11 :* Confirmation que Jésus (*le Bon*) *n'est pas Dieu* (32/2) contrairement à ce que prétend le dogme ecclésiastique de la trinité. De même *Mikal n'est pas Dieu* (il est *en-bas*).<br><br>*xxxviii/12 :* Le Créateur est le seul *Maître* (18/3) de l'univers, des forces et des cycles cosmiques.<br><br>*xxxix/1-3 : Mon Bras court, il ne touche pas* = Mon immensité est infinie et indescriptible. *le fil jaune* = le lien spécifique entre le Créateur et son *prophète*.<br><br>*xxxix/4 :* La matière n'est que matière, animale (*os*) ou végétale (*bois*), par nature périssable ou transformable. Ce n'est pas la matière qui dans l'homme est *l'image* du Créateur (Genèse 1/27).<br><br>*xxxix/5-6 :* Ce qui donne à l'humain *l'image* divine, la perpétuité, c'est *l'ha* (*l'âme*, 4/5-8, 17/4, etc.), qui ne naît pas *du ventre de la mère* (17/3), mais que produit le *bien* que pratique l'homme. | **Suivre le Père, mais non les voyants et conseillers**<br><br>**xxxviii** $^1$La pythie va sous la tête, (elle) cite le ver, (elle) crie : « Je coupe la tête, (je) coupe le ver. »<br>$^2$(Mais toi,) tu vas haut, bonne pensée.<br>$^3$(Le) Bien (est) dans le creux de ta langue.<br>$^4$Ton œil voit dans la nuit.<br>$^5$Je consulte ta voix. Réponds !<br><br>**Liberté et caprice rendent l'homme imprévisible**<br><br>$^6$De Ma Main deux pieds, quatre pieds tombent, les pieds (qui) courent.<br>$^7$Dis(-Moi) : « Coupe le(s) pied(s) ! » Je coupe le(s) pied(s).<br>$^8$(Mais) dis au(x) pied(s) : « La route (que je vous montre), suivez(-la) ! », ils vont (ou) ils ne vont pas. Ma Main ne pousse pas le(s) pied(s).<br><br>**Jésus n'est pas Dieu, mais il est *le Bon* parfait**<br><br>$^9$Je consulte ta voix. Réponds !<br>$^{10}$Tu es (en-)bas ; Je suis (en-)haut.<br>$^{11}$Le Bon (s'en) tient (à) la terre.<br>$^{12}$L'aube Je (la) suis ; le soir Je (le) suis, sur tous les soleils.<br><br>**L'*ha* (*âme*), pont par quoi l'homme retourne à Dieu**<br><br>**xxxix** $^1$Mon Bras court, (Il) ne touche pas (quelle que limite que ce soit).<br>$^2$Réponds ! Pourquoi Mon Œil voit(-il) ton œil ?<br>$^3$Ton nerf (est le) fil jaune de Mon Nerf.<br>$^4$L'os (est comme) le bois ; (du) bois pousse le bois ; devant l'aube le bois, derrière le soir (encore) le bois.<br>$^5$(Mais) l'ha, l'ha ne sort pas (du) nez ; (l'ha n'est) pas dans la bouche, pas dans la main ;<br>$^6$(de) la cuisse ne coule pas l'ha dans la femme.<br>$^7$L'ha (n'est) pas dans le bruit. |

⁸(Comme) le lait caille, tu chauffes (en toi) le Fond, (et) l'ha caille.
⁹Tu chauffes (l'ha), tu brûles l'or ; ton front frappe la pierre ici (où va) Mon Pas ;
¹⁰(alors) l'ha caille, (devient dur comme) la pierre, (et pourtant plus) léger (il n'y a) rien.
¹¹Le sang (fait) le sang (comme) la pluie (fait) la pluie, (mais) l'ha n'est pas fils de l'ha.

**Polone, âme du peuple, harmonie collective des *has***

¹²(De) la boue coule la polone ;
la nuit (est alors) finie, le jour fraye ta lance.
¹³L'homme (sans ha) n'a pas la corne (du) grill(on).
(De) la corne (de l'homme pécheur) ne coule pas (la polone).

**L'*intelligence* et l'*amour* caractéristiques du *Bien***

¹⁴Ma Main fonde la (bonne) corne dans ton œil (comme) la rave.
¹⁵Le Vent (est) lourd (et) l'Eau ne noie pas.
¹⁶Mikal, l'ami.

**Appel au réalisme : L'apôtre du *Bien*...**

**XL** ¹Plante ton pied (ici) !
²(Si) ton pied (di)va(gue), (si) mâtin(e est) ta main sur les traîtres, ta lèvre fripe, ton pied pourrit dans la terre.
³(Ici tu) reste(s) pur.
⁴Après le(s) mur(s) la balène.
⁵Plante ton pied ! (Ici prend son) essor ta parole(, elle ira) où mille œils voient. Ta parole (est) Ma Parole.

**...n'est ni un désincarné ni un évaporé**

⁶La patelle sous ta lèvre, le roi (met) la berne sur Mikal.
⁷(Mieux vaut) garde(r) la joue creuse.
⁸Tu vois Ma Main, (Elle est comme) le four.

xxxix/8-9 : Chaque homme qui pratique la pénitence (qui chauffe en lui le Fond) fabrique son ha (âme, voir V. 17). Il faut, en suivant les Pas du Père (voir n. 2/12), donner plus de prix à la vie spirituelle qu'aux biens terrestres (l'or).

xxxix/11 : La naissance physique et psychique de l'homme (sang) est un cycle continu comme la pluie s'évapore pour former la pluie suivante. Mais l'ha ne doit rien aux parents, il est le produit existentiel, fini, individuel et non transférable, de chaque homme déjà né (17/3).

xxxix/12-13 : La masse humaine déspiritualisée est comme une boue brute et sans âme, mais un peuple qui se spiritualise prend une qualité et une force d'élévation spirituelle, une « âme » collective en quelque sorte : la polone (mot d'origine inconnue), quand il compte un nombre conséquent de pénitents, chaque pénitent ayant par principe un ha ou une âme. La polone est en somme un conglomérat des âmes ou has.

xxxix/14-15 : la bonne corne = l'intelligence spirituelle (32/5) ravivée. Le pénitent retrouve le Vent lourd (= la Vérité plus forte que l'intellect) et l'Eau qui ne noie pas (= l'éternité).
Mikal est tout à la fois l'ami du Créateur et l'ami des hommes.

xL/1-4 : Plante ton pied ici ! = Reste dans le monde ! Ne vis pas comme un ermite méprisant du monde. Si tu perds ton réalisme, ta mission est détruite par le mal !
On peut rester spirituellement pur dans le monde, même si tout autour de toi (derrière les murs) règne le mal.
balène = baliste, catapulte, le mal qui lapide le monde en tous sens.

xL/5 : Ta parole est ma Parole : le Créateur confirme au témoin qu'il reçoit le charisme prophétique de vérité (i/12, xxxvii/2, etc.).

xL/6 : patelle = plat appétissant, gourmandise, grande tentation. mettre la berne = berner, tromper.

xL/8 : comme le four = aveuglante en parlant de la lumière d'où sort la Voix du Créateur à Arès.

xL/9-10 : L'apôtre souffre, car sa mission est difficile, mais ce n'est que petit mal dans un monde qu'il encourage à la pénitence, dont les souffrances et les pleurs sont d'une tout autre dimension (grêlons).

xL/11 : tombe plus mort que mort = tombe dans des ténèbres (16/15, 33/33, etc.) bien plus pénibles et redoutables que la mort comme simple fait d'abandonner la chair.

xL/13-15 : Adam, fasciné par la liberté absolue que le Créateur lui avait donnée, assoiffé d'aventure, préféra la mort (2/5) à l'immortalité sans aventure d'Éden. Le mal (péché) se développa ensuite et ne cessa de raccourcir la vie humaine et de généraliser la mort pour les bons comme pour les mauvais (sociobiologie). La mort reste ainsi une anomalie et une souffrance pour la descendance d'Adam. Ici le Créateur décrit le processus rapide de la souffrance du défunt qui court après sa chair et sa vie perdues. De là la nécessité de la mortification (33/26-36) des vivants pour les morts qu'il faut aider à faire le passage.

xL/16-17 : Mais l'humain qui fut bon de son vivant a une âme (ou ha, xxxix/5-11), appelée ici l'Eau qui reste dans l'œil. Après une période pénible il finit par trouver une paix relative (il est moins mort que la mort).

xLi/1 : Je = le Créateur. Le Créateur, auteur de La Révélation d'Arès, ne dit pas « Je suis Dieu ». Il se désigne par des fonctions : Vigne du monde (30/6), Père de l'Univers (12/4), Je cours et Je fais 1.000 soleils (xxii/12) ou comme ici simplement Je suis.

xLi/2-5 : L'homme a besoin de signes comme de nourriture. C'est pourquoi le Créateur se manifeste physiquement et c'est pourquoi il est bon pour les humains de revenir où il s'est manifesté. Appel au Pèlerinage d'Arès.

xLi/6 : L'aragne = la mort. Ce n'est pas quand on est mort qu'on fait le Pèlerinage (qu'on prend le Feu).

⁹L'œil d'homme pleure (des) grêlons.
¹⁰Pleure(r n'est qu'un) petit mal.
¹¹(Mais si) l'œil (se) lève (pour Me défier), (si) la main laisse Ma Main, (l'homme tombe) plus mort (que) la mort.

## La mort, une très pénible anomalie pour l'homme

¹²(Une fois) avalée la cendre, le cri (est tout ce qui) reste (à l'homme perdu) ; le cri court sous la terre.
¹³(Quand) la mort (est d')un jour, la tête (repose) sur les fleurs douces, (elle) dit : « Bonne (est) la mort, arôme, été clair ! »
¹⁴Deux jours, tu cries : « Piège, la mort ! » (Comme) l'aragne (elle) suce ; la mort boit l'eau dans l'œil.
¹⁵Trois jours, le cri (qui te) reste court sous la terre : « Où (est) l'œil, où (est) la lèvre, où (est) la main ? » Vide.

## Une paix relative en attendant la résurrection

¹⁶(Si) la main tient Ma Main, l'œil (peut) pleure(r), l'Eau reste dans l'œil.
¹⁷L'os (devient comme) la craie, (mais l'homme sauvé est) moins mort (que) la mort.

## Le pèlerinage sur ce lieu que la Parole imprègne

# xLi

¹Je suis (ici).
²Tu (y) viens, le(s) frère(s y) vien(nen)t.
³La lèvre prend le Feu dans Ma Main.
⁴Le front brûle.
⁵Le Feu entre dans l'homme.

## Le Créateur invite les vivants à le rencontrer

⁶L'aragne suce(rait-elle) le Feu ?
⁷Appelle le(s) frère(s et) le(s) frère(s) :
« Viens prendre le Feu !
⁸(Quand) ton pied descend(ra), ton cri (s'en)vole(ra) haut. »

**Petit lieu (40 pas), mais signification immense**

⁹Quarante pas nouent Ma Force (et) Ma Faveur où le front frappe la pierre, où l'œil pleure (comme) ton œil pleure,
¹⁰(où) les piques (de Mon Feu) percent (le mal).

**Nulle part ailleurs on est plus près du Créateur**

¹¹Ma Main blesse l'homme, l'homme vit.
¹²Sa main (é)larg(i)e monte (à) Mon Bras.
¹³(Ici) la main d'homme prend Ma Main.

**Dans le prophète s'assemblent les forces du Bien**

# xLii

¹Michel, dans tes côtes (J'ouvre) une baie.
²Le frère (y) pale son île, (un lieu) sûr.
³La raie (dont) la gueule parle (en-)dessous, la raie (vient avec) la vague (qui) bave.
⁴Vireuse, (la raie) ; le fer n'(y) entre pas.
⁵Hors (de) ta côte (est contenue) la rage, (mais) la rage (peut se) coiffe(r comme) la napée.

**Le mal séduit et convainc mieux que le bien...**

⁶(Elle se) couche dans la patelle, (elle) dit : « Mange(-moi) ! »,
⁷(mais si) tu manges, la raie (te) boit dans le foie.
⁸Ta hanche va droit. (Abrite) le foie dans ta hanche !
⁹Le(s) frère(s s')assoi(en)t (sur toi comme) sur le pal (s'assoit) l'île ;
Ma Main (les) tire (en) haut.

**...mais son charme n'agit pas sur les *frères* de *Mikal***

¹⁰Le vent (qui) bave ne (les re)couvre pas.
La raie ne tue pas le(s) frère(s).
¹¹(Le) juste frère (reste) droit sur ta hanche.
¹²Le Livre (s')ouvre en face (des frères).

---

La lumière — le **témoin** l'appelle "bâton de lumière" — d'où sort la **Voix** du Créateur s'intensifie jusqu'à l'éblouissement total. Le **témoin** raconte : "Les craquements et explosions s'amplifient dans la charpente. Tremblement de terre ?... Je m'affole, je jette les bras en l'air, dérisoire réflexe pour arrêter le bruit... et deux **Mains** bouillantes saisissent mes poignets, tirent mes bras... Les **Mains** de Dieu ! De tout mon corps sort de la fumée, comme s'il brûlait. Je resterais l'éternité ainsi, les bras tenus en l'air à me vider de larmes heureuses." (Notes et Réflexions du Témoin, éd. 1987 à 1995). Puis les **Mains** lâchent les bras et le **témoin** reprend son crayon et son papier pour transcrire le Message qui reprend son cours.

*xLii/1-2* : Seul endroit dans Le Livre où le témoin est appelé Michel. paler = planter au fond de l'eau comme une pieu ou une pile de pont.

*xLii/3-4* : la raie = le mal dans toute sa force maligne et habile, figuré par un poisson plat carnassier à aiguillon vénéneux (vireux).

*xLii/5-7* : napée = déesse des forêts et des rivières. Le mal quand il se fait séducteur. dans la patelle = comme quelque chose de très appétissant. boire dans le foie = enlever la force vitale, déséquilibrer, engourdir.

*xLii/8* : Ta hanche va droit = tu ne te dandines pas pour séduire ni ne dévies de ta route pour égarer.

*xLii/9* : pal = pieu ou pile de pont solide, rien à voir avec le supplice du pal.

*xLii/10* : vent qui bave = tempête qui soulève vagues et écume.

*xLii/11-12* : juste frère = membre du petit reste (24/1, 26/1, 29/2, 33/12) de pénitents (8/4, 12/9, 27/7, etc.) ou d'hommes de bien. Le Livre = la Vérité en plénitude.

xLii/13-xLiii/3  LE LIVRE  146

*xLii/13-18 : la Laine que Je file sans nœuds = ma Parole d'une seule pièce, la Vérité ininterrompue. Iyëchayë = (écrit comme entendu) Isaïe ou Ésaïe, prophète biblique que le Créateur désigne comme celui qui a rectifié les erreurs (pilé sur les nœuds) qui ont altéré les livres d'autres prophètes. Isaïe est aussi celui dont le chameau tourne comme le soleil autour de Yëchou (Jésus), Mouhamad (Mahomet) et Mikal (Michel), c.-à-d. celui qui avait déjà dit tout ce que ces trois prophètes rappelleraient plus tard. Malgré cela, des parties du Livre d'Isaïe (Iyëchayë) ont disparu, car le passage cité aux versets 17 et 18 n'est pas trouvé littéralement dans la Bible.*

*xLii/19 : Le fer = il s'agit du gland de fer (xvi/6-13), arme à feu, attentat. paître la tête = tourmenter par le souci et l'angoisse. Le mal, que symbolise la raie, sera parfois si menaçant que les anges eux-mêmes (les saints) en auront peur, mais ils reprendront courage et défendront le prophète.*

*xLii/22 : ma Maison sur ma Maison = ma Maison par excellence, mon ultime Maison. La citation d'Isaïe (Iyëchayë, xLii/17-18) n'a pas été trouvée dans la Bible, mais une citation proche du v. 22 l'a été (Isaïe 66/1) : « Je suis assis sur le Ciel, mes Pieds posés sur la terre, mais quelle maison y bâtirez-vous pour Moi ? Où trouverai-Je enfin le repos (la suite est sous entendue :) après que J'aurai pendant des millénaires appelé l'homme, mon fils, à faire pénitence pour qu'il revienne au Bien ? »*

*xLii/23 : Je fais les frères = Je donne la Parole qui sauvera tous les hommes qui l'accompliront et qui ainsi deviendront des frères.*

*xLiii/1-2 : Tant que Mikal se limite sagement aux recommandations du Créateur (Mon Poing) la raie (= le mal) peut le tourmenter (xLii/19) mais non le détruire.*

*xLiii/3 : ton Poing = ta sécurité. la raie, tu en fais le javeau = le mal a beau sévir partout sur terre, tu le rendras aussi passif et stérile qu'un banc de sable (javeau).*

[13]Dans tes côtes (respirent) Mouhamad, Yëchou, quatre bras étalés (comme) Ma Voix étalée, la Laine (que Je) file sans nœuds.

**Isaïe a tout dit mais tout n'en a pas été conservé**

[14]Le Livre de (la) Voix ; Iyëchayë pile sur les nœuds,
[15]Iyëchayë tranche le jour (de) la nuit.
[16]Crieur, le chameau (d'Iyëchayë est) le soleil (tournant) autour (de Yëchou, Mouhamad et Mikal).

**C'est à *Mikal* qu'est redonnée toute la Vérité...**

[17](De Mikal Iyëchayë) dit : « Vois ton bras épais, (il en)lace la raie, (en)roule sa peau, le livre (qui) ment.
[18]Le(s) prêtre(s) dégorge(nt) l'Eau qu'ils ont bue indûment). »

**...et cette Révélation n'en sera que plus attaquée**

[19]Le fer (vise) à ta tête (ou bien) la gueule paît ta tête ; (la raie a) la fureur plein le nez.
[20]Les saints voient (cette fureur, ils) tremblent, (ils) s'égaillent ;
[21]Mikal (les r)appelle, le(urs) bec(s) troue(nt) la raie (comme) la neige.
[22](Par) Iyëchayë (J'ai) parl(é) : « Mikal bâtit Ma Maison sur Ma Maison. J('y) pose Mon Pied.
[23]Mon Œil (se) ferme sur Mikal. Je fais les frères de Mikal. »

**Insistantes recommandations à *Mikal***

# xLiii

[1]Mikal est dans Mon Poing.
[2]Crochée, la raie. (Si) tu lâches, (tu es) percé.
[3]Je suis ton Poing, tu mouds (la raie ; tu en fais) un javeau.

⁴Mouhamad foule le javeau ;
le cheval (de Mouhamad le foule) sous le pied.
⁵Yëchou, le fer de feu, la mer (qui) bout ; verre (devient) le javeau.
⁶(En) mille (et) mille ans la gouée (s'est) glacée, (est devenue) le fer en frutte ;
⁷(mais) Mikal (rendra) le cœur rouge (comme le fer rouge) dans la braise.
⁸L'homme frère voit (Mikal), l'homme frère va (vers lui) ; (il s'y attache comme l')écorce au cœur ; (l')écorce (devient) fer (affûté).
⁹Un pont dans le froid (est jeté de) toi à Ma Main.

**Force et vérité coulent de la Main du Créateur**

¹⁰(De) Ma Main la Moelle coule ;
¹¹Le chien noir ne mange pas ton cœur (dans lequel) la Moelle coule.
¹²(Comme) la chaux (la Moelle réduit) l'œil (et) la langue du roi blanc (à de) la bourbe.
¹³Le roi noir, son bras (devient comme) la langue du pendu.
¹⁴Le Feu monte dans le fer (rouge), perce la sole ; (il s'é)lève (depuis) le Fond (jusque) dans la tête du frère.
¹⁵La Moelle court le long (du) fer (jusqu')à la tête du frère froid(e).
La tête froid(e) parle (clair), (mais) la tête chaud(e) est (comme) neuf têtes.

**La grande aventure spirituelle commence**

# xLiv

¹Le Mont sur le Fond (se re)ferme.
²Mikal (se) jette dehors.
³(Des) rémiges (sont) tes mains.
Tu voles, (mais) tu laisses ton pied dans la terre.
⁴Je suis (et) Je viens prendre ton pied ;
(Je l')attache (à) ta lèvre.
⁵Le Signe n'est pas (encore donné).

xLiii/4-7 : Mahomet (*Mouhamad*) et Jésus (*Yëchou*) ont eu des missions différentes, l'une toute d'action (par le *cheval*), l'autre toute de transparence de *l'âme* ou *ha* (transparence du *verre*), mais l'un et l'autre ont piétiné (*foulé*) le *mal* (*javeau*).
Toutefois, en *1.000 et 1.000 ans* (= 2.000 ans) leurs enseignements ont perdu de leur tranchant (*gouée* = faucille, en *frutte* = effritée), mais *Mikal* va leur redonner leurs vrais sens et vigueur (va *rendre leur cœur rouge*).

xLiii/11 : *Le chien noir* = les forces du *mal* sur la terre, notamment les partisans du *roi noir* (politique, finance, industrie, loi, etc.)

xLiii/12 : *le roi blanc* = (rappel) la religion dans son ensemble. *le roi noir* = (rappel) politique, finance, industrie, loi, etc.

xLiii/14 : *Le Feu* = l'ensemble des forces que le Créateur donne à tous ceux qui se lancent dans la foi active et apostolique.

xLiii/15 : *la tête froide* = le pénitent ou *frère* lucide, réfléchi, efficace. *la tête chaude est comme neuf têtes* = le croyant trop bouillant, précipité, irréfléchi et inefficace.
Il faut garder à l'esprit que La Révélation d'Arès ne fait pas du croyant un fidèle passif. Tout croyant doit être apôtre, comme dit *Mikal* : « Nul ne se sauve sans tenter de sauver d'autres hommes. C'est le fond même de *l'amour*. »

xLiv/1-3 : *Le Mont* = La *Montagne Sainte* (7/7, 25/9, etc.)
Le Créateur a maintenant rappelé les grands principes (*le Fond* = voir xxxiv/6). Le *petit reste* de *pénitents* peut déployer ses ailes (*rémiges*) et parcourir le monde pour inciter les hommes à *changer* (28/7, 30/11).

xLiv/4 : L'apôtre ou missionnaire allie l'action (le *pied*, le voyage) à la *parole* (la *lèvre*).

xLiv/5 : *Le Signe* est notamment la réapparition de *l'image* du Créateur (Genèse 1/27) chez les *pénitents*, la preuve *donnée* au monde que l'homme et la société peuvent *changer* (30/11, 28/7).

## Prophètes d'hier en renfort du prophète présent

xLiv/6-12 : *la glace* = impiété, scepticisme, cynisme, etc., tout ce qui étouffe des grands sentiments latents, pas morts mais immobilisés comme l'eau dans la *glace*. *l'Eau* = (thème répétitif) tout ce qui fait le *Bien* supérieur : Vie spirituelle, *Vérité*, *Force* de l'*amour*, etc. À l'appui de La Révélation d'Arès, qui est l'expression de l'*Eau* même, la plus pure *Parole* du Créateur, *Mikal*, le *témoin*, le *prophète*, utilisera les Évangiles (*la braise de Yëchou* = Jésus ou *le Bon*) et le Coran (*la lance de Mouhamad* = Mahomet). Ces deux *prophètes* aideront *Mikal* à *voler* par-dessus les difficultés qu'il va rencontrer.

⁶(Mais quand) Mikal vole(ra, il sera comme) le Vent chaud.
⁷Ta bouche étale la braise de Yëchou ; ton bras a la lance de Mouhamad.
⁸(Par)tout la glace est (maîtresse de) l'Eau.
⁹La tête du frère a l'Eau.
¹⁰Tu voles, (alors) Mouhamad, son cheval vient sous toi ; son crin vole à (ta) droite.
¹¹(À) ta gauche le Bon tourne autour (de la terre).
¹²Mikal vole.

## Flétrissure et calomnie à l'assaut de *Mikal*

xLv/1-7 : *chiens à la queue noire* = agents des pouvoirs chargés de réduire l'influence du *prophète* de La Révélation d'Arès. *Le râle à 300 gueules* = (désigne autant l'oiseau qu'une voix de poitrine rauque) tous les media, aboyeurs, moqueurs, dénigreurs, flétrisseurs. Le *témoin* de La Révélation d'Arès subira dénigrement et calomnie, qui n'auront pas grosse prise sur un homme, certes vulnérable par sa faiblesse, mais sans reproches, et qui est l'envoyé du Créateur (*Mikal est dans ma Main*).

xLv/8 : *la rouille* = aspect faussement inoffensif par un côté respectablement ancien (*rouillé*). Le *roi blanc* (religion) ou le *roi noir* (politique, finance, etc.) voulant garder sa majesté n'use pas directement de son *bras* contre la *Parole* du Créateur qui le blâme et qui dresse contre lui la conscience de *l'opprimé* et du *spolié* (28/10). Le *roi blanc* ou *noir* fait faire sa sale besogne *par-dessous*, par des calomniateurs à gages.

xLv/10 : *Le Mont a les pics* = La Révélation d'Arès descend des *Hauteurs Sacrées* (37/9, *pics*) inimaginables pour les puissants (*les chefs*) qui croiront qu'il s'agit seulement d'une propagande protestataire nouvelle. Leurs conseillers et polices (*guetteurs*) ne détecteront pas d'avantage la libération fondamentale qu'annonce La Révélation d'Arès.

# xLV

¹Mon Poing abat le(s) chien(s à) la queue noire.
²Le râle (a) trois cents gueules, vieille voix dans la pente,
³(mais) la barbe pousse (sur) son œil.
⁴Tu voles,
(mais) le râle (ne) voit (que) son poil dans l'œil, le poil (qui re)luit.
⁵Long(ue est) la patte (du râle, mais elle est) valgue.
Elle va, la hanche tourne.
⁶L'œil (du râle) tourne, l'œil (du râle) guette l'œil (de l'homme) transi (de peur) sous la patte,
⁷(mais) l'œil (du râle) ne voit pas Mikal dans Ma Main.
⁸Son bras a la rouille ; contre toi (il envoie) la raie ; son fer (t'attaque par-)dessous.
⁹Mais tu voles (au-dessus du péril).

## La *pieuse* troupe de l'espérance libérée déboulera

¹⁰Le Mont (a) les pics (que) le(s) guetteur(s), (dont) l'œil (ri)boule, ne voi(en)t pas.
¹¹Le(s) chef(s ont) le ver dans l'œil, (c'est pourquoi ils) ont le(s) guetteur(s).

¹²La gent(e) parle (du haut du Mont) : « La Taure entre dans la cuisse. »
¹³(La) pieuse gent(e) choit, le sein devant, le sein dur (comme) Mon Poing (qui) bat (la terre) ;
¹⁴le faucon, (dont) les ois(ill)ons (ont) les serres ; (par) mille (et) mille (ils) battent la terre, (comme) les haches (ils s'a)battent.

**Un peuple spirituel renaît et reconquiert le monde**

¹⁵(De) haut elle choit, blanc(he comme) l'Eau ; elle bout (quand) elle choit, (elle) frappe (comme) le fouet,
¹⁶(de) haut la pieuse gent(e) choit, (elle éclate comme) l'orage ; les oreilles crèvent.
¹⁷Elle crie (comme) les scies. Brume les perles (d'Eau du Ciel).
¹⁸Le(s) guetteur(s), le(ur) ventre perd ; tu coupes le(ur)s jambes (et) le cou de(s) chef(s auquel) l'or pend (comme) les loupes.
¹⁹Mes unis roulent la graisse dans l'eau (sale du monde qui deviendra) l'Eau (qui) bout.

**Le bien vaincra le mal comme le faucon le vertige**

²⁰Mes pieux (é)lèvent ton signe, le faucon sans peur.
²¹(Le faucon survole) la vague (qui) bave (par-)dessous ; il (la) voit (petite comme) un pois.
²²La Mer noie la raie (et) le(s) guetteur(s).
²³La Mer (sou)lève les frères (comme) la fane.
²⁴Le roi blanc, le roi (qui) a la peau lourd(e, est mis) nu.
²⁵Mikal a le Blanc ; voilà le Retour !
²⁶Mon faucon vole, (et au repos) son pied dort sur Ma Main.

**Quelques conseils pour les funérailles de pénitents**

xLvi ¹Tes frères à bras (ou) à cinelle, beaucoup (sur qui l'on) ferme(ra) la coute.
²La coute serre le rein (et) la main ; (dans) le bras blanc (l'on) coud la tête ;
l'os rit dans le(s) pli(s).

*xLv/12-13 : La pieuse gente = le petit reste de pénitents ou hommes de bien d'abord, puis à sa suite le peuple spirituel dont il sera l'amorce, le peuple d'hommes libérés du besoin d'être gouvernés par la religion et/ou la politique.*

*xLv/14 : le faucon = image donnée à Mikal, le témoin de La Révélation d'Arès, dont les compagnons et les frères (les oisillons) forment la troupe (la gente) qui incitera l'humanité à reprendre son envol vers le Bien et à vaincre le mal. les haches = (n'a pas de signification violente) la force de conviction dont une pieuse troupe de pénitents peut s'armer contre les arguments du mal qui règne sur le monde.*

*xLv/18 : tu coupes leurs jambes = (n'a pas de signification violente) le bien que tu prêcheras et montreras sera plus fort que tout l'argent (l'or) que pourraient utiliser les pouvoirs (les chefs) contre l'esprit de liberté spirituelle que souffle La Révélation d'Arès.*

*xLv/19 : la graisse = le mal qui règne dans la vallée grasse (26/4) du monde. Comme on purifie l'eau sale en la distillant (en la faisant bouillir), beaucoup de ce qui fait aujourd'hui le mal aidera à reconstruire le bien demain.*

*xLv/22-23 : La Mer = la force spirituelle que peut récupérer l'homme, qui n'a pas idée de son immensité et profondeur, tout le sublime de la Création : l'amour, la vérité, etc.*

*xLv/24 : Le roi blanc = (rappel) la religion en général. le Blanc = pureté de la Vérité et de la Vie spirituelle comme opposées au blanc artificiel et plus ou moins déteint du roi blanc.*

*xLvi/1-2 : frères à bras ou à cinelle = Pèlerins d'Arès à pénis ou à clitoris, c.-à-d. des deux sexes. sur qui l'on fermera la coute = qui mourront et qu'on coudra dans leurs tuniques (coutes) de pèlerins pour leurs funérailles (33/27-36). l'os rit dans les plis = le mort qui fut un pénitent de son vivant n'a pas à craindre un au-delà triste et éprouvant.*

³(Dans) la nappe, le manteau du frère — le frère (qui) a le pied corné —, (on) coud le pied.
⁴Ma Bouche (est) la chambre (du frère mort, la) kitoneth ;
le frère mange sur Ma Dent.

## On vaincra enfin l'inertie de la conscience

# xLvii

¹Je parle (depuis) mille (et) mille ans ;
l'oreille (se) ferme.
²Yërouch'lim ne tient pas dans Ma Main ; le bruit (M'a remplacé) dans Yërouch'lim.
³L'(é)change, Je (le) donne.
⁴La rive (d'Arès), la rive a le sel (qu'on met) dans le pain, la rosée (d'Arès est) le vin (qui) lave la langue du frère.

## Arès, lieu du renouveau (Hanouka) de la Parole

⁵(Arès est) le val Hanouka (au) ras (de la mer), (où) le frère ne lèche pas le bois.
⁶Hanouka-la-langue-propre, le val béni sous ta paupière large.
⁷Le pied (pris) dans le javeau est radice mort(e).
⁸La lèvre (et) le front (s'al)long(ent) vers le Four ; (comme d'un) léger rabab J'entends (leur chant).

## En *Mikal* se puise la force ascensionnelle du salut

⁹Et Mikal (quoique fragile comme) la soie, Mikal (dont) la gorge est la fontaine (où) Ma Parole nage, monte (comme) la trombe ;
¹⁰(Mikal devient) dur (comme) l'Eau (qui) pile sur la terre.
¹¹Mais le frère vole (au-)dessus avec toi.

## La Parole décisive donnée au monde

¹²Ton front (est) le marteau sur les nations.
¹³Je lave ton cœur.

---

xLvi/3-4 : *nappe* : La nappe (33/27) de la table sur laquelle le défunt célébrait la Mémoire du Sacrifice (8/2-9, 10/4-6, 36/20, etc.) est en principe cousue par-dessus la coute ou *kitoneh* (tunique) dont on habille sa dépouille.

xLvii/1 : *l'oreille se ferme* = depuis des millénaires la Parole du Créateur est faussée par les interprétations religieuses.

xLvii/2 : *Yërouch'lim (Jérusalem) ne tient pas dans ma Main* = Jusqu'à présent le peuple croyant M'a sans cesse échappé.

xLvii/3-4 : *L'échange, Je le donne* = il faut échanger les mauvaises interprétations de la Bible et du Coran contre la Lumière (12/4) de La Révélation d'Arès. La Vérité est unique.

xLvii/5 : *Hanouka* = Rénovation de la Parole de Yawhé à Jérusalem après que la ville eut été paganisée de force par Antiochus Épiphane (Bible, 1 Maccabées 1/10-4/60). Similairement, Arès (une rive du Bassin d'Arcachon, France) marque un retour de l'humanité à la Vérité.

xLvii/7-9 : *javeau* = banc ou île de sable stérile, symbole d'aridité. *Le pied... est radice morte* = la vie spirituelle ne peut prendre racine. *le Four* = la lumière intense d'où sort la Voix du Créateur à Arès (le témoin l'appelle « bâton de lumière » et d'où revient la Vie. *rabab* = (arabe ?) rebec, violon. Mikal est le témoin d'un formidable retour de la Parole.

xLvii/11 : *le frère vole au-dessus avec toi* = le petit reste de pénitents qui vivra après toi perpétuera en tous points ta parole prophétique.

xLvii/12 : *le marteau sur les nations* = le retentissement de la mission prophétique de Mikal sera mondial (sur les nations).

xLvii/13 : *Je lave ton cœur* = Je sais que tu es encore imprégné des erreurs et obscurités de la religion et de la culture, mais Je te donne les moyens de les dépasser.

## Le rythme de la piété quotidienne

**XLviii** ¹Les barde(aux et) l'aïsse clament (tandis que) Je (te) parle.
²Tu clames (Ma Parole quand) l'ombre rampe ; (quand) le soleil (se) penche (vers toi), tu clames ; (quand) ta bouche mange le soleil, tu clames ; le soleil sous ton pied, tu clames ;
³tu clames : « (C'est) Je (Qui) parle ! »

## Le rythme du pèlerinage

⁴Appelle le frère, le frère, le frère !
⁵Quarante (fois) sept jours, le voile (est) sur Ma Tête,
ton pied dans le lacet ;
⁶ta langue sèc(he) court sur le voile,
(mais) l'huile blanc(he) monte (dans) le voile
(comme) l'huile dans le vin.
⁷Douze (fois) sept jours (c'est) le Ciel, le voile (s'en)vole,
l'huile blanc(he) entre dans l'œil du frère.
⁸Sous Mon Pied le frère a sa main, le cal (de sa main) brûle,
sa main (devient comme) la soie.
⁹Le frère, sa lèvre prend le Feu.
¹⁰(De) douze (fois sept jours) deux parts chaud(e)s,
(de) douze (fois sept jours) une part froid(e).

## Tout croyant sera apôtre de la lumière et de l'amour

**XLix** ¹Le Four cuit l'épée.
²Mon Bras (entre) dans la gorge du frère ; (Mon Bras) pousse le Fer dans la main (du frère), le Fer (qui) est dur.
³Le frère fend le souci de(s) nation(s) ;
⁴le Fer garde le jardin d'Adame.
⁵Le frère (est) parleur.

---

*xLviii/1-2 : l'aïsse = (écrit comme entendu) ais, pièce(s) de bois. Les bardeaux et l'aïsse désignent la charpente qui craque fortement au-dessus de l'éclatante lumière d'où sort la Voix du Créateur. Tu clames = tu prononceras (35/6) ma Parole quatre fois par jour (12/5) à voix haute (comme les bardeaux et l'aïsse clament) : le matin (quand l'ombre rampe), à midi (quand le soleil se penche vers toi) = est au-dessus de ta tête), le soir (quand ta bouche mange le soleil = quand le soleil est à hauteur de ta bouche), la nuit (le soleil sous ton pied).*

*xLviii/4 : le frère, le frère, le frère = beaucoup de frères. Nouvel appel au Pèlerinage à Arès !*

*xLviii/5 : Pendant 40 semaines pas de Pèlerinage. L'endroit où se dresse « le bâton de lumière » d'où sort la Voix du Créateur sera fermé par un voile derrière lequel brûlera une lampe à huile (Cette lampe n'est plus installée actuellement pour des raisons de sécurité).*

*xLviii/9 : Le frère = il s'agit ici du pèlerin qui vient à Arès reprendre des forces spirituelles (le Feu). Sa lèvre baisera le sol où se dresse la lumière d'où sort la Voix du Créateur.*

*xLviii/10 : Des 12 semaines de Pèlerinage dans l'année deux tiers sont chauds (pèlerinage d'été), un tiers est froid (pèlerinage d'hiver). Actuellement, seul le pèlerinage d'été a lieu, faute de personnel d'accueil, d'entretien et de sécurité suffisant en hiver.*

*xLix/1 : Le Four cuit l'épée = La Parole qui sort de la lumière devant le témoin détrempera (rendra inoffensive) l'épée du mal.*

*xLix/2-5 : le Fer qui est dur = l'amour du Créateur n'est pas sentimental, c'est un amour qui s'oblige à aimer tout homme, bon ou mauvais. De même, le frère (pénitent, compagnon du prophète) devra aimer tout homme même si cela lui paraît difficile (dur), car il est parleur (apôtre).*

## L'apôtre sait accueillir comme éconduire

*xLix/6-7 : Le frère, c.-à-d. le membre du petit reste de pénitents et de moissonneurs (5/2-5, 6/2, 31/6, 35/1-2, etc.) est apôtre et ne parle pas seulement de ce qui sauve. Il avertit aussi. Avec amour, il prévient contre la tentation du mensonge (langue comme la cire), de la violence (trou dans le front), de tout ce qui égare (bras au dedans) et rend passif (moumia = momie) face au mal.*

⁶Le frère parle : « L'œil a l'Eau claire, la langue (est) rouge ; entre ! »
⁷(Sinon il avertit :) « Le front (a) un trou, la langue (est comme) la cire, le bras (se) tourne (au) dedans (comme le bras de) la moumia ; va-t'en ! »

*xLix/8-9 : L'amour évangélique, l'amour conforme à l'Amour du Créateur n'est pas sentimental mais est énergique (le Fer). C'est à cette condition qu'il triomphera de toutes les forces (armées) du mal.*

## C'est l'amour sans mollesse qui vaincra le mal

⁸Le Fer fend l'épée (comme) la noix.
⁹Mille armées contre le Fer, (mais) le Four cuit l(eurs) épée(s, les rend) mou(s).

Quand s'achève la dernière théophanie le **témoin** est lévité assis quelques centimètres au-dessus de son siège. D'émotion et d'épuisement il se répand soudain en paroles amères : "Qu'est-ce que Tu me fais ? Que T'ai-je demandé ?" et il reçoit pour toute réponse une gifle violente qui "claque dans ma tête comme un éclair... Je suis pétrifié, je fonds en larmes." (Notes et Réflexions du Témoin, éd. 1987 à 1995).

## Le témoin préparé à devenir prophète

*L/4-6 : pierre de feu = lave, pierre en fusion, ici symbole de la lumière et de l'amour apostoliques.*

L ¹Je lave ton cœur,
²(et toi,) tu laves le cœur du frère.
³Le Fer, tu (en) es le fil.
⁴Je souffle (sur) ton cheveu, (il tombe de ta tête comme) la pierre de feu coule,
⁵il couvre la terre,
⁶(il) ouvre l(es) porte(s du monde comme) la pierre de feu (ouvre le volcan, porte de la terre).

---

⊂3⊃

# NOTES

# NOTES

# NOTES

# NOTES

ISBN 978-2-9700584-1-0

Composé en Euclid
pour le texte principal
et en Myriad
pour les annotations
par Michel Potay et Nina Mazeau-Potay

Imprimé et relié par
*Imprimerie Nationale Rochat-Baumann S.A.*
Genève, Suisse

Achevé d'imprimer en décembre 2019
Dépôt légal : juin 2009
Imprimé en Suisse